MUSÉE

DE

PEINTURE ET DE SCULPTURE,

OU

RECUEIL

DES PRINCIPAUX TABLEAUX,

STATUES ET BAS-RELIEFS

DES COLLECTIONS PUBLIQUES ET PARTICULIÈRES DE L'EUROPE.

DESSINÉ ET GRAVÉ A L'EAU FORTE
PAR RÉVEIL;

AVEC DES NOTICES DESCRIPTIVES, CRITIQUES ET HISTORIQUES,
PAR DUCHESNE AINÉ.

———

VOLUME XI.

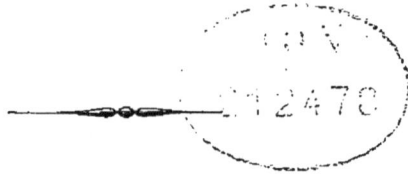

PARIS.

AUDOT, ÉDITEUR,

RUE DU PAON, N°. 8, ÉCOLE DE MÉDECINE.
——
1831.

PARIS. — IMPRIMERIE ET FONDERIE DE FAIN,
Rue Racine, nº. 4, place de l'Odéon.

MUSEUM

OF

PAINTING AND SCULPTURE,

OR

A COLLECTION

OF THE PRINCIPAL PICTURES,

STATUES AND BAS-RELIEFS,

IN THE PUBLIC AND PRIVATE GALLERIES OF EUROPE,

DRAWN AND ETCHED
BY REVEIL:

WITH DESCRIPTIVE, CRITICAL, AND HISTORICAL NOTICES,
BY DUCHESNE Senior.

VOLUME XI.

LONDON:

TO BE HAD AT THE PRINCIPAL BOOKSELLERS

AND PRINTSHOPS.

1831.

PARIS. — PRINTED BY FAIN.
Rue Racine, n°. 4, place de l'Odéon.

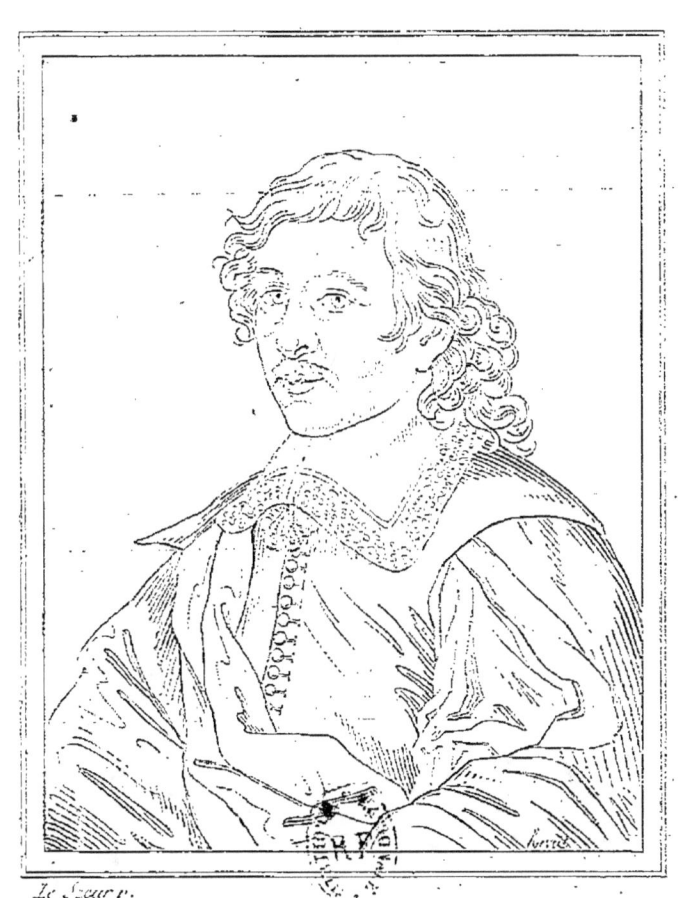

Le Sueur p.

EUSTACHE LE SUEUR.

NOTICE

HISTORIQUE ET CRITIQUE

SUR

EUSTACHE LE SUEUR.

———

Michel-Ange, Titien et Léonard de Vinci, qui vécurent près d'un siècle, ont laissé des productions justement admirées, et leur nom est toujours cité de la manière la plus honorable; mais une aussi longue existence n'est pas nécessaire pour arriver à une semblable célébrité, puisqu'on parle avec autant d'éloge de Raphaël, de Lucas de Leyde, de Paul Potter et de Le Sueur, qui n'atteignirent pas leur quarantième année, et laissèrent pourtant de nombreux tableaux justement admirés. Les travaux de Le Sueur, loin de le conduire aux honneurs et à la fortune qu'il aurait dû en attendre, l'ont laissé dans un état voisin du besoin : ses contemporains semblaient faire peu d'attention à son mérite, et on croyait trop payer ses travaux en lui donnant à peine le nécessaire.

Eustache Le Sueur, né à Paris en 1617, reçut de son père, sculpteur peu connu, les principes du dessin; mais les dispositions naturelles qu'il montra pour la peinture devinrent un motif suffisant pour quitter l'atelier de son père et entrer dans l'école de Vouet, où il se trouva avec Mignard et Le Brun. On ne sait rien de particulier sur la jeunesse de cet artiste, si ce n'est qu'il ne fit aucun voyage en Italie, et qu'il se forma par l'étude des statues antiques, par celle des tableaux de Raphaël qui se trouvaient à Paris, et par les estampes gravées d'après ses plus grands ouvrages.

Le Sueur se maria en 1642, à l'âge de 25 ans; mais il n'eut probablement pas d'enfans, et il s'occupa de divers travaux, dont les plus importans sont les vingt-deux tableaux de la vie de saint Bruno, qu'il peignit dans le cloître des Chartreux, pendant les années 1645 à 1648. Ceux qui aiment à trouver partout du merveilleux et du romanesque ont prétendu que si ces tableaux lui avaient été peu payés, c'est que Le Sueur les fit pour acquitter sa dette envers les Chartreux où, quelques années auparavant, il avait trouvé un asile assuré contre les poursuites qu'il craignait, à cause d'un duel dans lequel il aurait dangereusement blessé son adversaire. Un récit aussi absurde ne mérite aucune foi, et une preuve irrécusable de la modicité des prix qu'on accordait aux travaux de Le Sueur se trouve dans l'*Isographie des hommes célèbres*, où on a rapporté une quittance de cent livres pour le prix d'un tableau de l'autel de la Madeleine. Cette pièce est datée de la fin de 1651, lorsque le peintre avait acquis sa trente-cinquième année. La quittance était faite au nom de dom Anselme; on peut présumer que le tableau dont il est question est un de ceux qu'il fit dans cette année pour l'abbaye de Marmoutiers, près de Tours. Il fut encore chargé de plusieurs tableaux pour l'église de Saint-Gervais; on ignore en quelle année.

Le Sueur, ainsi que tous les peintres de Paris, faisait partie de l'Académie de Saint-Luc. Lors de l'établissement de l'Académie royale de peinture, en 1648, il fut un des douze anciens, c'est-à-dire un de ceux qui devaient professer pendant un mois chaque année.

Il fut chargé de peindre, en 1647, pour la compagnie des orfèvres, le tableau que les syndics présentaient tous les ans, au mois de mai, à l'église cathédrale de Paris, et dont on parle souvent sous la dénomination de *mai de Notre-Dame*. Ce tableau, représentant saint Paul faisant brûler les livres des gentils, est un chef-d'œuvre qui place Le Sueur à côté du peintre illustre dont se glorifie la ville de Rome. C'est avec raison qu'on a nommé Le Sueur le *Raphaël de la France*, car aucun peintre plus que lui n'a ressemblé à ce prince de la peinture, par la sagesse et la grandeur de ses compositions, par l'art de jeter les draperies et d'en disposer les plis avec noblesse et simplicité : comme Raphaël, il sut varier ses airs de tête, suivant l'état, l'âge et le caractère des personnages ; comme lui, il sut bien rendre les affections de l'ame ; et de même que lui, il ne posséda pas cette vigueur de ton et cette entente parfaite du clair-obscur qui ont été le partage des écoles vénitienne et flamande ; mais il n'eut pas dans son dessin l'extrême pureté qui fait le principal mérite de Raphaël.

Ainsi que l'ont déjà fait remarquer Lévêque et Taillasson, les compositions de Le Sueur sont simples et majestueuses ; rien d'inutile n'y est amené pour faire des contrastes, pour établir les beaux groupes, pour étonner le spectateur par le fracas d'une scène théâtrale ; ses peintures sont composées et dessinées avec tant de goût qu'on croirait qu'elles ne sont que l'ouvrage de l'art ; elles paraissent si vraies qu'elles semblent prises d'après nature : ce qui a manqué à Le Sueur pour donner à son talent tout le développement dont il était susceptible est d'avoir eu, comme Le Brun, de grands travaux à exécuter.

La pureté des mœurs de Le Sueur et la douceur de son caractère lui attirèrent l'estime de tout le monde ; mais ses talens lui suscitèrent des envieux, tandis que sa modestie et son exacte probité l'empêchèrent de chercher à s'appuyer de puissans protecteurs ; cependant il fut aimé de M. Lambert de Torigny, qui l'occupa pendant onze années à peindre divers appartemens de son hôtel. Il avait à peine terminé ses travaux, lorsqu'au mois de mai 1655 il mourut à la suite d'une maladie de langueur, augmentée peut-être par les tourmens que pouvait lui occasioner un ancien émule devenu son rival heureux ; c'est du moins ce qu'on peut augurer de la phrase de Félibien, qui dit : « Sa trop grande passion pour l'art, le désir de la gloire, et une application trop assidue au travail pour surpasser les autres peintres qui avaient plus de réputation, lui fit faire de si grands efforts d'esprit qu'il épuisa bientôt toutes ses forces. » C'est donc à tort qu'on a prétendu que ses jours avaient été abrégés; on aurait pu dire seulement, sans cesser d'être vrai, que le chagrin qu'on lui causa empoisonna ses jours.

Le Sueur fut enterré à Saint-Étienne-du-Mont. Florent Le Comte rapporte au sujet de sa mort une anecdote qu'il raconte avec une naïveté qui doit donner à réfléchir, disant que « Le Brun, pénétré de son mérite et de ses vertus, ne put s'empêcher de dire, en apprenant sa mort, que *la France avait perdu en lui un des plus rares génies de l'Europe*, ce qui, ajoute-t-il encore, surprit fort les élèves de M. Le Brun, qui savaient que huit jours auparavant il le craignait plus qu'il ne l'aimait. » C'est cependant encore une erreur de penser que des méchans aient poursuivi la réputation de Le Sueur jusque dans son tombeau, en mutilant plusieurs de ses tableaux du cloître des Chartreux; il est plus naturel de croire que des ignorans, des gens grossiers aient détérioré ces précieuses peintures, comme il arrive si souvent de voir mutiler les statues qui décorent les jardins publics.

Le Sueur, qui aurait tant influé sur l'école française s'il eût vécu plus long-temps, n'a pas formé d'autres élèves que ses trois frères, Pierre, Philippe et Antoine Le Sueur, qui n'ont acquis aucune célébrité, et Thomas Gouslai, son beau-frère, qui l'a aidé quelquefois dans plusieurs de ses tableaux.

Les compositions gravées d'après lui passent le nombre de 112; Gérard et Benoît Audran, Étienne et Bernard Picard, Fr. Chauveau, Duchange, Duflos, Bartholozzi, Audouin, R. U. Massard, et Henri Laurent, sont les principaux graveurs qui aient travaillé d'après lui.

HISTORICAL AND CRITICAL

NOTICE

OF

EUSTACHE LE SUEUR.

———

Michael Angelo, Titian and Leonardo di Vinci, who lived nearly a century, have left productions that are justly admired, and their names are always mentioned in the most honourable manner; but so long a life is not necessary for the acquisition of equal celebrity, for as much praise is bestowed on Raphael, Lucas de Leyden, Paul Potter and Le Sueur, who did not attain their fortieth year, and yet left many pictures which merit the admiration they receive. The works of Le Sueur, so far from leading him to the honours and wealth which he ought to have expected from them, left him in a state bordering upon poverty. His cotemporaries seemed to pay little attention to his merit, and in giving him what was scarcely sufficient for his subsistence, considered his labours overpaid.

Eustache Le Sueur, who was born at Paris in 1617, was taught the principles of design by his father, a statuary but little known; but the natural genius that he evinced for painting became a sufficient motive for him to quit his father's workroom, and enter the school of Vouet, where he became the companion of Mignard and Le Brun. Nothing particular is known relative to the youthful period of this artist's life, except that he did not go to Italy, but formed his style by the study of antique statues, such pictures of Raphael as were at Paris, and engravings taken from the best productions of that master.

Le Sueur married en 1642, at the age of twenty five years; but he probably had no children, and devoted himself to different works, the most important of which are the twenty two pictures of the life of St Bruno, painted by him in the cloister of the Carthusian friars, between 1645 and 1648. Some persons who take pleasure in finding the marvellous and the romantic in every thing have pretented that if he was so ill paid for these pictures, it was because Le Sueur executed them to discharge a debt towards the Carthusians, with whom, some years before, he had found a secure asylum from proceedings which he dreaded, on account of a duel in which he dangerously wounded his adversary. Such an absurd relation is entitled to no credit, and an irrefragable proof of the lowness of price paid for the productions of Le Sueur is contained in the *Isographie des hommes célèbres*, in which is inserted a receipt of one hundred livres for a picture for the altar-piece of the Magdalen. This receipt is dated towards the end of 1651, when the artist had attained his thirty fifth year; and being made out in the name of Dom Anselme, it may be presumed that the picture in question is one of those which he executed that year for the abbey of Marmoutiers, near Tours. The likewise undertook several pictures for the church of St Gervais, but in what year is not known.

Le Sueur, as well as all the painters of Paris, formed a part of the Academy of St Luke. Upon the establishment of the royal Academy of painting in 1648, he was one of the twelve ancients, that is one of those who was to deliver lectures for a month in every year.

In 1647, he was employed to paint, for the company of goldsmiths, the picture which the chiefs of that corporation presented annually, in the month of May, to the cathedral church of Paris, and which is often mentioned under the denomination of *mai de Notre-Dame*. This picture, representing St Paul causing the books of the Gentiles to be burnt, is a *chef-d'œuvre* which elevates Le Sueur to the rank of the illustrious painter in whom the city of Rome glories. Le Sueur has rightly been named the *Raphael of France*, for no artist resembles more closely that prince of painting, by the judgment and grandeur of his compositions, by the art of casting drapery and arranging the folds of it with elegance and simplicity. Like Raphael, he possessed the skill of varying the attitudes of is heads, according to the condition, age and character of the personages; like him, he was able to depict the affections of the soul; and like him too he was deficient in that vigorous tone of colouring and that perfect skill in clare-obscure, which were attributes of the Venetian and Flemish schools; but his design was wanting in that extreme purity which forms the chief merit of Raphael.

As Leveque and Taillasson have already remarked, the compositions of Le Sueur are simple and majestic; nothing useless is introduced into them to form contrasts, to create fine assemblages of figures, or to astonish the spectator by the bustle of a theatrical scene; his paintings are composed and designed with so much taste that one might believe them to be not merely the work of art; they appear so real that they seem to be taken after nature. What Le Sueur wanted to give to his talents the full developement of which they were susceptible, was to have had, like Le Brun, grand works to execute.

The purity of Le Sueur's morals and the mildness of his disposition acquired him universal esteem; but his talents raised up envious persons against him, whilst his modesty and strict integrity prevented him seeking the support of powerful patrons; he was, however, in favour with M. Lambert de Thorigny, who employed him eleven years in painting different apartments of his mansion. He had scarcely terminated his labours when in the month of May 1655, he died of a consumption, augmented perhaps by the mortification that might have been caused him by a former competitor having become his successful rival; this may at least be inferred from the following phrase of Felibien : « His too ardent passion for the art, the thirst of glory, and a too assiduous application to labour, in order to excel other painters who enjoyed a higher reputation, led him to make such great efforts of mind that he soon exhausted all his strength. » It has been erroneously asserted therefore that his days were shortened ; and can only be said with truth that the mortification he experienced embittered his life.

Le Sueur was buried at the church of St Etienne-du-Mont. Florent Le Comte gives on the subject of his death an anecdote which he relates with an artlessness that must afford ground for reflexion, saying that « Le Brun, impressed with his merit and his virtues, could not refrain from saying, upon learning his death, that *France had lost in him one of the rarest geniuses of Europe,* which, adds Felibien, greatly surprised the pupils of M. Le Brun, who knew that only a week before he feared him more than he loved him. » It is however an error to suppose that malicious men persecuted Le Sueur's reputation to the tomb, by disfiguring several of his pictures in the cloister of the Carthusians; and is more natural to conclude that ignorant and mischievous persons spoiled these valuable paintings, as it happens so frequently that we see the statues which adorn the public gardens mutilated by their hands.

Le Sueur, who would have exerted so much influence upon the French school if his life had been prolonged, formed no other pupils than his three brothers, Pierre, Philippe and Antoine Le Sueur, who acquired no celebrity, and Thomas Gouslay, his brother-in-law, who assisted him with several of his pictures.

The number of engravings taken from his compositions are upwards of one hundred and twelve; Gerard and Benoit Audran, Etienne and Bernard Picard, Fr. Chauveau; Duchange, Duflos, Bartholozzi, Audouin, R. U. Massard, and Henri Laurent are the principal engravers who laboured after him.

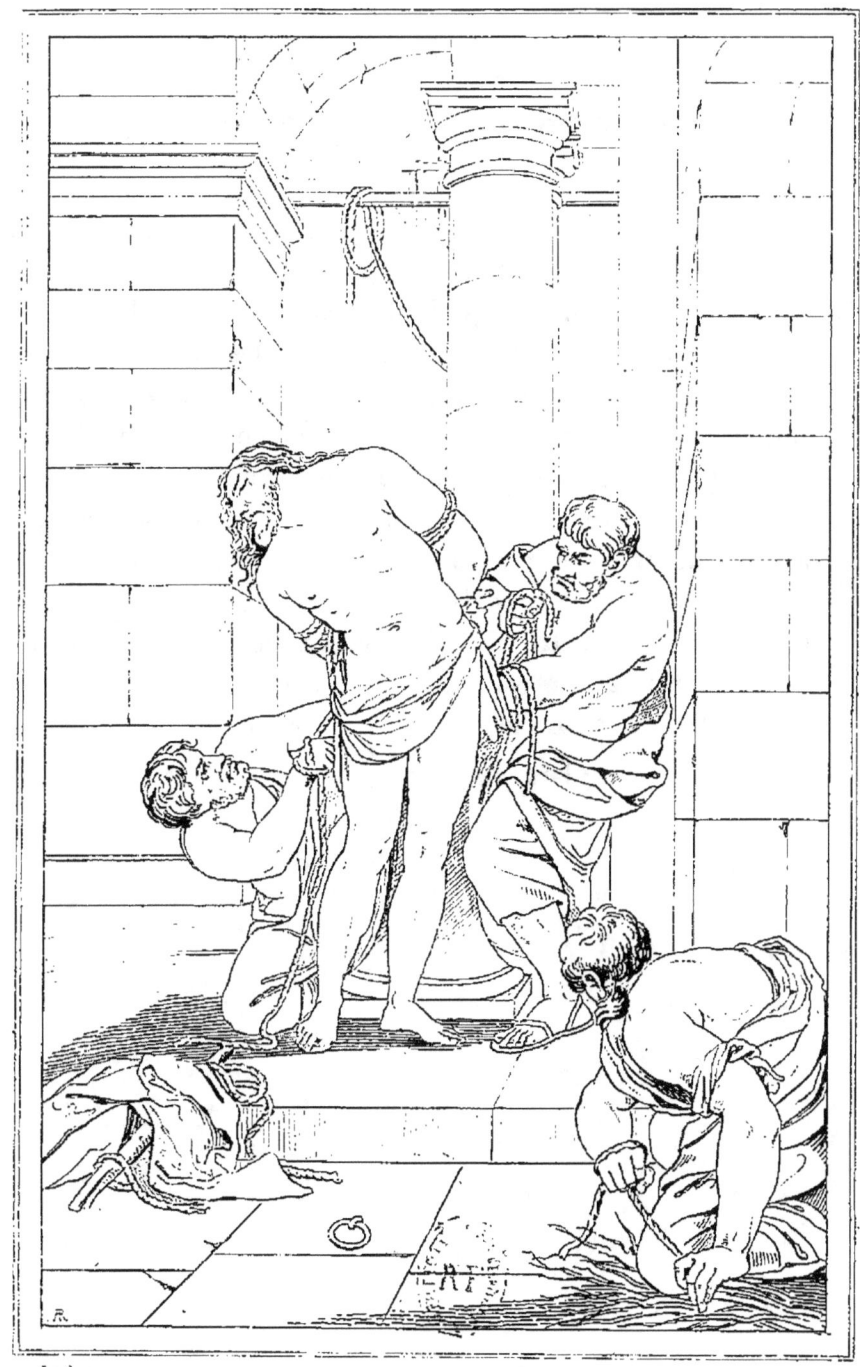

FLAGELLATION DE J. CH.

FLAGELLATION DE JÉSUS-CHRIST.

Quoique ce tableau soit incontestablement de Le Sueur, il est dans une manière si rapprochée de celle de Vouet, il se sent tellement de son école, qu'il est facile de voir qu'il est de la jeunesse de l'auteur. Les formes peu nobles de la figure du Christ, les attitudes peu naturelles des bourreaux, les contours outrés et incorrects de leurs muscles, le coloris faux et blafard de la figure principale avec le ton généralement trop rouge des trois autres, semblent autant d'indications que Le Sueur sortait à peine de chez son maître lorsqu'il a fait cet ouvrage. Dans d'autres tableaux, nous le verrons devenir pour ainsi dire l'émule de Raphaël, et celui dont il est maintenant question pourra servir à faire voir quel pas immense a fait ce peintre qui ne vit jamais l'Italie, et mourut à 38 ans.

Haut., 4 pieds ; larg., 2 pieds.

CHRIST SCOURGED.

Although this picture is indubitably by Le Sueur, yet its style is so similar to Vouet's, and smacks so much of his school, that it is easy to trace it to have been produced in the author's youth. The ignoble form of the figure of Christ, the forced attitudes of the executioners, the exaggerated and incorrect outlines of their muscles, the false and murky colouring of the principal figure, besides the tone, generally too red, of the other three, seem so many tokens that Le Sueur had scarcely left his master when he did this work. In other pictures, however, we shall see him become, in a manner of speaking, the rival of Raphael, whilst the performance in question may serve to show, what an immense stride was subsequently taken by this painter, who never saw Italy, and who died in the 38th year of his age.

Height, 4 feet 3 inches; width, 2 feet 1 ½ inch.

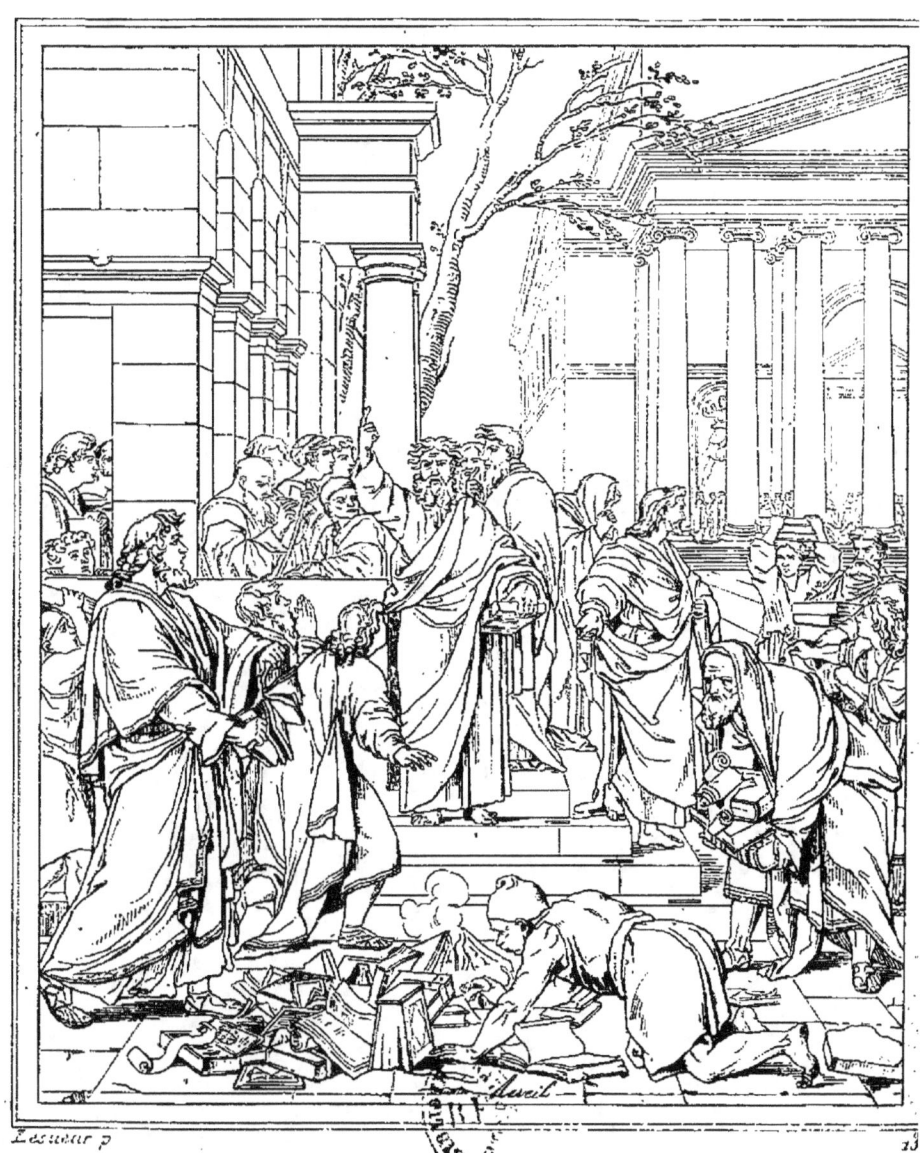

Lesueur p

13

SAINT PAUL PRÉCHANT.

SAINT PAUL PRÊCHANT.

Tandis que saint Pierre prêchait pour convertir les Juifs, saint Paul, qui avait reçu de Dieu la connaissance de l'Évangile, devint l'apôtre des Gentils : il parcourut diverses contrées pour amener les païens à la foi de Jésus-Christ. Ayant plus d'instruction qu'aucun des autres apôtres, ses discours faisaient d'autant plus d'impression qu'il avait l'esprit vif et insinuant, parlait avec facilité, avec éloquence, et avec une autorité à laquelle il était difficile de ne pas céder.

Il avait déja été à Antioche, à Athènes, à Corinthe, et partout il avait opéré des conversions. Lors de son arrivée à Éphèse, un miracle effraya tellement les habitans de cette ville que «ceux qui avaient cru venaient confesser et déclarer ce qu'ils avaient fait. Plusieurs de ceux qui s'étaient occupés des sciences curieuses (l'astrologie et la magie) apportèrent leurs livres, les brûlèrent devant tout le monde ; et le prix en étant supputé, se trouva monter à cinquante mille deniers. Ainsi la parole de Dieu s'étendait et se fortifiait. »

Le Sueur peignit ce tableau à l'age de 32 ans, il s'y montra sublime par la pensée. Quelle inspiration ! que de force et de majesté dans la figure de saint Paul ! la confiance et la soumission se font voir dans ceux qui l'entourent ! Combien sont nobles toutes les attitudes de ses personnages ! comme les expressions sont justes ! quel style dans les draperies ! S'il restait quelque incertitude sur le sujet du tableau, on serait bientôt reporté sur le lieu de la scène en voyant le grand temple du fond et la statue de Diane qui décore l'une des niches du péristyle.

Ce tableau a été gravé par Étienne Picart et M. R.-U. Massard.

Haut., 11 pieds 10 pouces ; larg., 10 pieds.

135.

S^T. PAUL PREACHING.

While St Peter was preaching to convert the Jews, St Paul, who had received from God the knowledge of the Gospel, became the apostle of the Gentiles; he wandered over various countries to convert the pagans to the christian faith. Being more learned than any of the other apostles, his sermons were the more impressive from his ready and persuasive mind, his facility in speaking, and that authoritative style of eloquence and manner, which was almost irresistible.

He had already been to Antioch, to Athens, and to Corinth, and had every where made converts. Being arrived at Ephesus, he wrought there a miracle which inspired the inhabitants of that city with such fear that « many that believed came, and confessed, and shewed their deeds. Many of them also which used curious arts brought their books together, and burned them before all men : and they counted the price of them, and found it fifty thousand pieces of silver. So mightily grew the word of God and prevailed. »

Le Sueur painted this picture when he was 32 years old : he exhibits in it the most sublime powers of thought. What inspiration! what strength! what majesty is displayed in St Paul! what confidence and submission in those assembled around him! How noble are the attitudes of his personages! what a correctness of expression! what a style in the drapery! If any doubt remained as to the subject of the picture, we would soon be reminded of the spot, by seeing the great temple in the back-ground, and the statue of Diana which adorns one of the niches of the peristyle.

This picture has been engraved by Stephen Picart and R.-U. Massard.

Height, 12 feet 7 inches; width, 10 feet 7 ½ inches.

135.

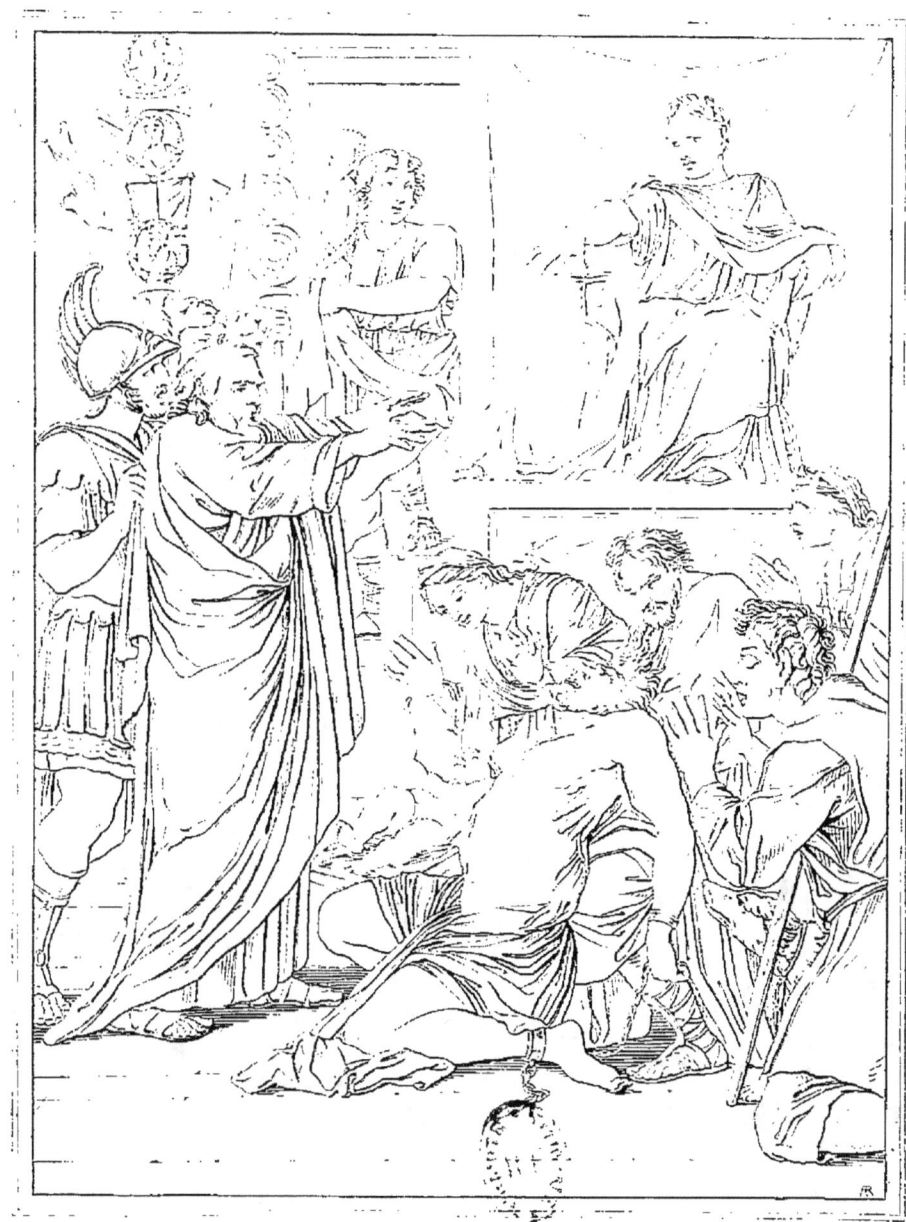

St PAUL GUÉRISSANT LES MALADES

SAINT PAUL
GUÉRISSANT DES MALADES.

Remarquable par son ordonnance et par l'expression, ce tableau a été peint par Le Sueur pour sa réception à l'académie de Saint-Luc. Il est fait pour donner une haute idée du talent de son auteur; mais on est obligé de convenir que cette composition est idéale, car on ne connaît aucune circonstance de la vie de saint Paul qui l'ait placé en présence de l'empereur; comment l'apôtre aurait-il donc invoqué devant lui l'esprit de Dieu pour obtenir la guérison des malades qui lui étaient amenés?

Ce défaut n'ôte assurément rien au mérite du tableau; la composition en est sublime, et les expressions sont aussi vraies que variées. La pose de saint Paul est des plus nobles; il étend les mains avec dignité, sa figure calme annonce la conviction et la certitude du miracle qu'il va opérer au nom de Dieu.

Ce tableau fait partie du cabinet de Lucien Bonaparte. Il a été gravé en Italie par Bauzo, et à Paris par Massard père.

Haut., 6 pieds; larg., 4 pieds 6 pouces.

454.

≋·◉·≋

Sᵀ. PAUL

HEALING THE SICK.

This picture, remarkable for its composition and the expression, was painted by Le Sueur for his reception in the Academy of St. Luke. It gives a high notion of its author's talent; but, it must acknowledged that the subject is ideal, no circumstance being known in the life of St. Paul which brought him in presence of the Emperor: how then could the Apostle have invoked before him the Spirit of God to obtain the cure of the sick that were brought to him? This defect certainly in no manner diminishes the merit of the picture: its composition is sublime, and the expressions are as faithful as they are varied. The attitude of St. Paul is one of the noblest: he stretches forth his hands with dignity, his calm countenance displays the conviction and certitude of the miracle that he is on the point of operating in the name of God.

This picture forms part of Lucien Bonaparte's collection. In Italy, it has been engraved by Bauzo; and in Paris, by Massard Senʳ.

Height, 6 feet 4 inches; width, 4 feet 9 inches.

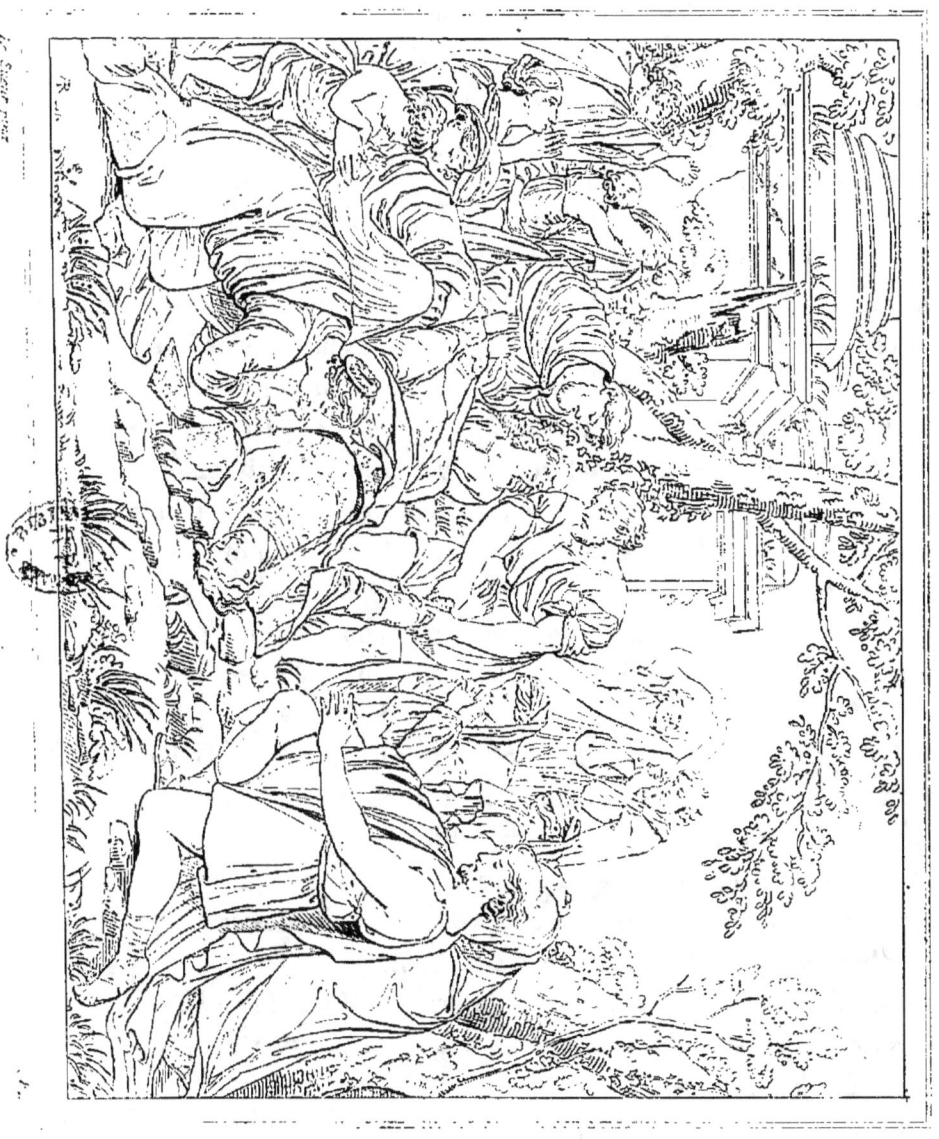

LAPIDATION DE SAINT ÉTIENNE.

C'est à tort qu'on a regardé ce tableau comme représentant la mort de saint Étienne *le jeune,* moine du viiie siècle; rien ne caractérise ce personnage, car on sait que le moine Étienne, craignant qu'après sa mort on déchirât ses habits, eut le soin de s'en dépouiller avant de sortir de prison. On sait aussi que cette victime de la vengeance de Léon l'Isaurien fut traînée par les pieds dans les rues de Constantinople; on sait enfin qu'un homme du peuple lui ayant brisé la tête, un des assistants fit semblant de tomber sur le martyr, et s'empressa de recueillir la cervelle du saint, qu'il donna ensuite au monastère de Die.

Quoique dans ce tableau l'un des personnages tienne le martyr par les pieds, rien n'indique qu'ils aient été liés. Le saint est revêtu de la dalmatique et du manipule, qui dénotent les fonctions que les Apôtres avaient confiées à saint Étienne en le choisissant pour l'un des premiers diacres. Enfin la tête du saint, loin d'être fracassée, est parfaitement belle, ce qui peut bien être encore après une lapidation, mais serait de toute impossibilité lorsqu'un homme aurait été traîné long-temps par les pieds.

Les personnages qui entourent le saint sont des chrétiens venus pour donner la sépulture au premier martyr. Leurs expressions sont toutes variées et toutes sublimes; les draperies sont d'une beauté digne de Raphael; le coloris ne manque pas de vigueur, mais on regrette un peu de lourdeur dans la figure de l'homme qui tient le bras droit du saint.

Ce tableau, maintenant dans la galerie de l'Ermitage à Saint-Pétersbourg, vient de la collection de milord Hougton; il a été gravé par Fr. Aliamet.

Larg., 8 pieds 9 pouces; haut., 8 pieds 2 pouces.

STONING OF S^T. STEPHEN.

This picture has been erroneously thought to represent the death of St. Stephen *the younger,* a monk of the VIII century, yet nothing characterizes this personage, for it is known that the monk Stephen, fearing lest, after his death, his garments should be rent, took care to strip himself of them, previous to leaving the prison. It is also ascertained that the victim of the vengeance of Leo the Isaurian was dragged by his feet through the streets of Constantinople : it is moreover known that a man, from amongst the people, having smashed the martyr's head, one of the by-standers, pretending to fall on the saint, eagerly gathered up the brains, which he afterwards presented to the monastery of Dia.

Although, in this picture, one of the personages holds the martyr's feet, yet nothing indicates them to have been tied, the saint is dressed in the dalmatic and the maniple, which denote the functions that the Apostles had confided to St. Stephen by chusing him for one of the first deacons. In a word the saint's head, far from being disfigured, is perfectly handsome, which might be the case after a lapidation, but would be absolutely impossible had the individual been dragged by the feet.

The personages who surround the saint are christians assembled to bury the first martyr. Their expressions are all varied and are all sublime : the draperies are in a style of beauty worthy of Raphael : the colouring is not wanting in vigour, but it is regretted that a little heaviness appears in the figure of the man who holds the saint's right arm.

This picture, now in the Hermitage Gallery, at St. Petersburg, comes from lord Houghton's Collection : it has been engraved by Fr. Aliamet.

Width, 9 feet 3 ½ inches ; height, 8 feet 8 inches.

382.

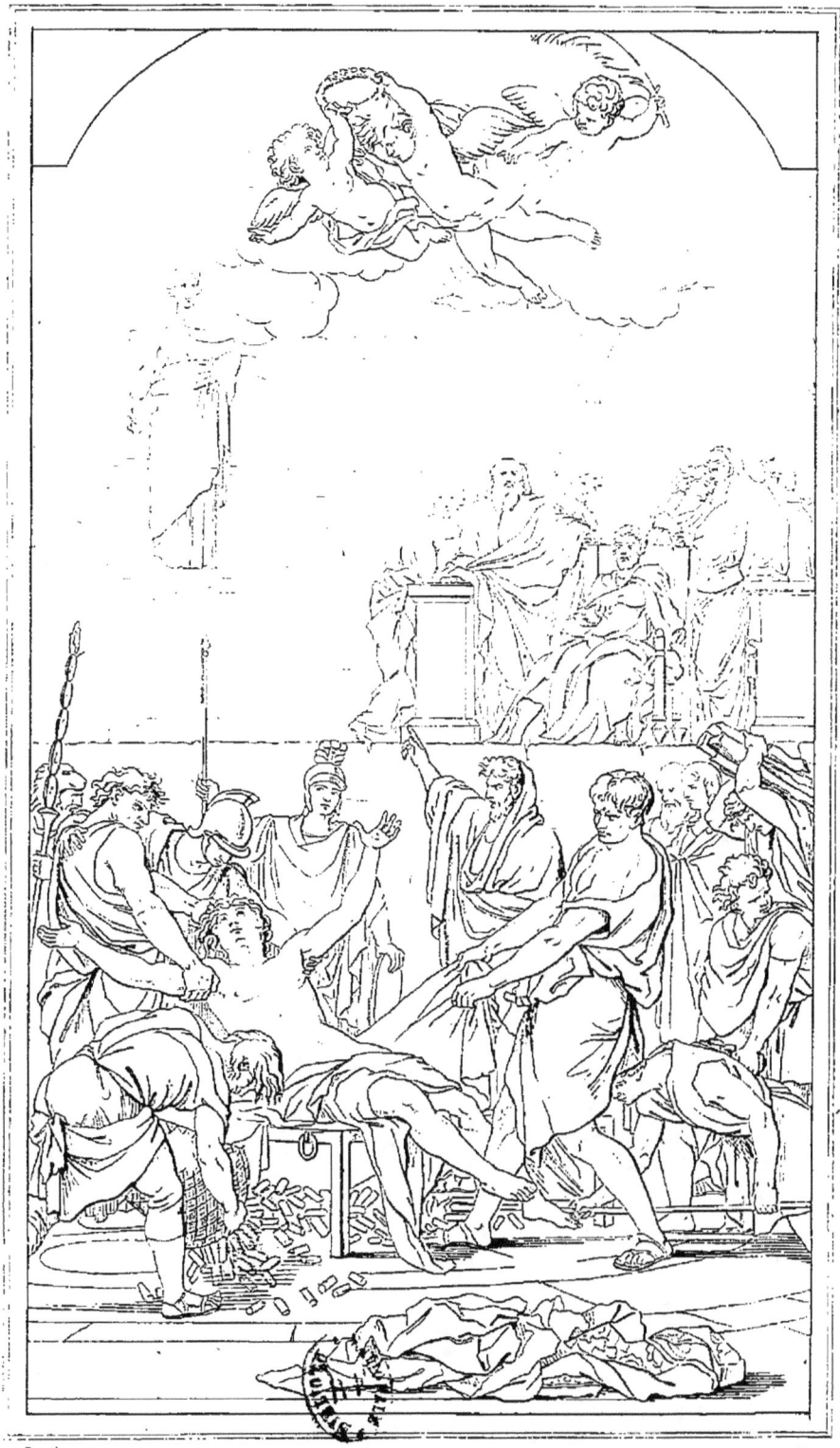

Le Sueur p.

27.

MARTYRE DE St LAURENT.

LE MARTYRE DE SAINT LAURENT.

La composition de ce tableau est admirable, et ne le cède point à celle de saint Paul prêchant les Éphésiens, que Le Sueur peignit pour l'église de Notre-Dame. Il a été peint pour l'église de Saint-Germain-l'Auxerrois, et sa perte, qu'on ne peut expliquer, sera toujours un motif de regret pour les amis des arts. On ne peut citer une plus belle ordonnance, une plus heureuse disposition de plans et de groupes, une scène plus noble et plus pathétique. Quant au coloris, on ne peut en juger que d'après une copie assez bien exécutée, qui se trouve à Paris dans le cabinet d'un artiste; il ne paraît pas supérieur à celui du tableau de saint Paul, et ce n'est pas sous ce rapport que les ouvrages de Le Sueur doivent être proposés pour modèles.

Le tableau du martyre de saint Laurent a été gravé par Gérard Audran. Ce grand artiste, loin d'affaiblir les beautés de l'original, comme cela arrive quelquefois, en a rendu avec énergie le caractère et l'expression. Savant dessinateur, il eut le talent d'en épurer les contours, lorsque le peintre avait laissé échapper quelque négligence ou quelque incorrection. C'est une justice que lui rendit plus d'une fois Le Brun, dont il a gravé, dans une si grande manière, les principales productions.

Haut., 12 pieds; larg., 7 pieds.

21. C.

THE MARTYRDOM OF S⊤ LAWRENCE.

The composition of this picture is admirable, it is not in the least inferior to that of saint Paul preaching to the Ephesians, painted by Le Sueur for the cathedral of Notre-Dame. The martyrdom had been intended for the church of Saint-Germain-l'Auxerrois, and the loss of it, which is inexplicable, will always be a subject of regret for the friends of the fine arts. It is impossible to cite a more beautiful arrangement, a happier disposition of masses and of groups, a scene more noble and more pathetic. With regard to the colouring, it can be judged of only from a copy, tolerably well executed, belonging to the collection of an artist in Paris; it cannot be considered superior to the colouring in the picture of saint Paul; and it is not for this quality that the works of Le Sueur are to be proposed as models.

The martyrdom of saint Lawrence has been engraved by Gerard Audran. This great artist, far from weakening the beauties of the original, has rendered its character and expression with energy. Accomplished draftsman, he had the talent of perfecting the contours, which escaped the painter either from negligence or want of correctness. This justice has often been done him by Le Brun, whose principal productions have been engraved by Audran in so masterly a manner.

Height, 12 feet 9 inches; breadth, 7 feet 5 inches.

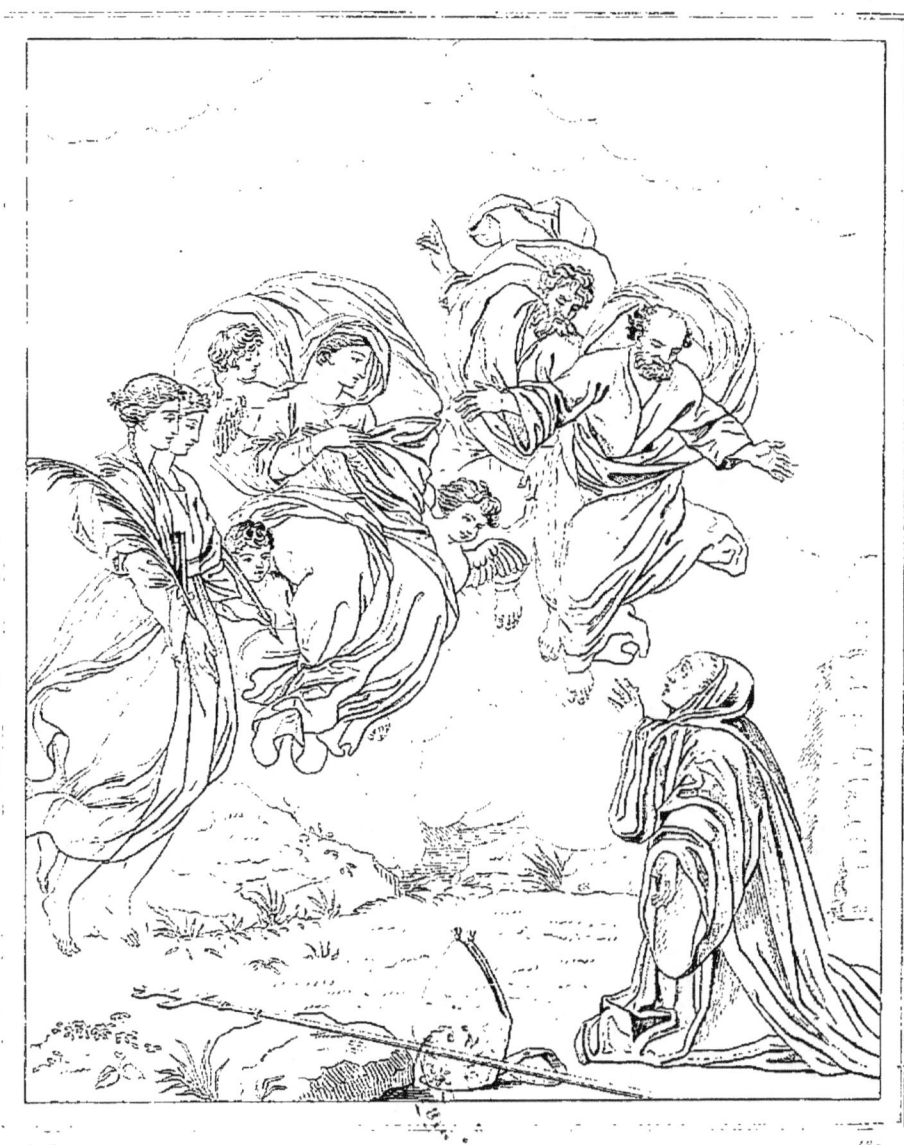

VISION DE St BENOIT

VISION DE SAINT BENOIT.

Saint Benoît étant retiré dans le monastère du mont Cassin, sa sœur, sainte Scolastique, fonda un couvent de religieuses à Plombariola, qui n'était éloigné que de cinq milles du couvent des bénédictins. Ces deux saints personnages se réunissaient quelquefois dans une maison peu distante de leurs couvens. Un jour qu'ils y avaient passé la journée à prier, sainte Scolastique, craignant de ne plus revoir son frère, le pria de différer son départ. Puis, un orage terrible étant survenu, personne ne put sortir de la maison, et la nuit se passa à s'entretenir de la félicité des saints après laquelle ils soupiraient tous deux. Saint Benoît étant retourné au mont Cassin, trois jours après sainte Scolastique mourut. Dans le même temps, le saint religieux, étant en contemplation, eut une vision dans laquelle il aperçut l'ame de sa sœur portée au ciel par des anges; elle était accompagnée de deux jeunes filles couronnées de roses blanches, symbole de la virginité. Les apôtres, saint Pierre et saint Paul, lui apparurent aussi pour lui indiquer le nouveau séjour de sa sœur.

Cette composition est bien ordonnée; les figures en sont gracieuses et sveltes; la couleur est des plus suaves. Le Sueur, dans ce tableau, est toujours digne des plus grands éloges. S'il a donné à sainte Scolastique un costume idéal, c'est sans doute parce que, ne la considérant plus sur la terre, il a cru pouvoir prendre cette licence, qui lui offrait des draperies plus agréables que celles d'un habit monastique.

Ce tableau, peint pour l'abbaye de Marmontiers, est au Musée de Paris; il a été gravé par M. Guérin.

Haut., 6 pieds; larg., 4 pieds 6 pouces.

430.

THE VISION OF S^T. BENEDICT.

St. Benedict having withdrawn to the monastery of Monte Cassino, his sister, St. Scholastica, founded a Convent of Nuns at Plombariola, at the distance of five miles only from the Benedictines. These two holy personages met sometimes in a house little removed from their convents. One day, that they had spent there in prayer, St. Scholastica fearing she should not see her brother again, requested him to defer his departure; and a dreadful storm taking place, no one could leave the house: the night was passed in conversing on that beatitude of Saints, after which they both sighed. St. Benedict returned to Monte Cassino, and three days afterwards St. Scholastica died. At the same time the holy monk, being in a contemplation, had a vision, wherein he saw his sister's soul borne to heaven by angels and accompanied by two young maidens, crowned with white roses, the symbol of virginity. The apostles, St. Peter and St. Paul, appeared also, to point out to him his sister's new abode.

This composition is well cast; the figures are graceful and light; the colouring is in the softest style. In this picture, Le Sueur continues worthy of the highest praises. If he has given an imaginary costume to St. Scholastica, it is no doubt because not considering her any longer on earth, he thought he might take a licence which offered him more pleasing draperies than those of the monastic dress.

This picture, which was painted for the Abbey of Marmontiers, in now in the Paris Museum; it has been engraved by M. Guerin.

Height, 6 feet 4 inches; width, 4 feet 9 inches.

430.

SAINT GERVAIS ET SAINT PROTAIS

REFUSENT DE SACRIFIER AUX IDOLES.

Le Sueur a eu recours à quelque légendaire pour trouver dans la vie de saint Gervais une scène que l'on peut regarder comme apocryphe, puisque l'on ne connaît avec certitude, aucun des faits qu'il a plu à quelques auteurs de lui attribuer.

Nous avons vu, sous le n°. 71, le martyr de saint Portais, qui fut condamné au fouet pour avoir refusé de sacrifier aux faux dieux. Le Sueur l'a représenté ici avec son compagnon, dans le moment où ils sont amenés devant l'idole de Jupiter.

La scène se passe sous un portique majestueux qui fait sans doute partie du palais d'Artase, que l'on voit assis à gauche à l'entrée d'une galerie. Les sacrificateurs sont près de l'autel; un victimaire est sur le devant, tandis que les deux jeunes chrétiens sont amenés par des soldats et suivis d'une foule immense.

Ce tableau est un chef-d'œuvre de composition, d'expression et d'exécution; il est placé au premier rang parmi les ouvrages de Le Sueur. Long-temps il a décoré l'église de Saint-Gervais, à Paris. Il est maintenant dans la grande galerie du Musée.

Étienne Picart en a donné la gravure.

Larg., 20 pieds 4 pouces; haut., 11 pieds.

S^t. GERVAIS AND S^t. PROTAIS,

REFUSING TO SACRIFICE TO THE IDOLS.

Le Sueur must have dipped into some legendary tale to find in the life of S^t. Gervais a scene that may be looked upon as dubious, since none of the facts which it has pleased some authors to attribute to him are known as positive.

We have seen, n°. 71, the Martyrdom of S^t. Protais, who was condemned to be scourged for refusing to sacrifice to false gods. Here Le Sueur has represented him with his companion, at the moment when they are led before the image of Jupiter.

The scene takes place in a majectic portico, which no doubt forms part of the Palace of Artasius, who is seen sitting on the left of an entrance to a gallery. The priests are near the altar, a victimarius stands in front; whilst the two young christians are brought forwards by soldiers and an immense crowd following.

This picture is a masterpiece for composition, expression, and execution : it ranks among Le Sueur's best performances. It adorned for a long time the church of S^t. Gervais at Paris : it now is in the Grand Gallery of the Museum.

Etienne Picart has given a print from it.

Width, 21 feet 7 inches; height, 11 feet 8 inches.

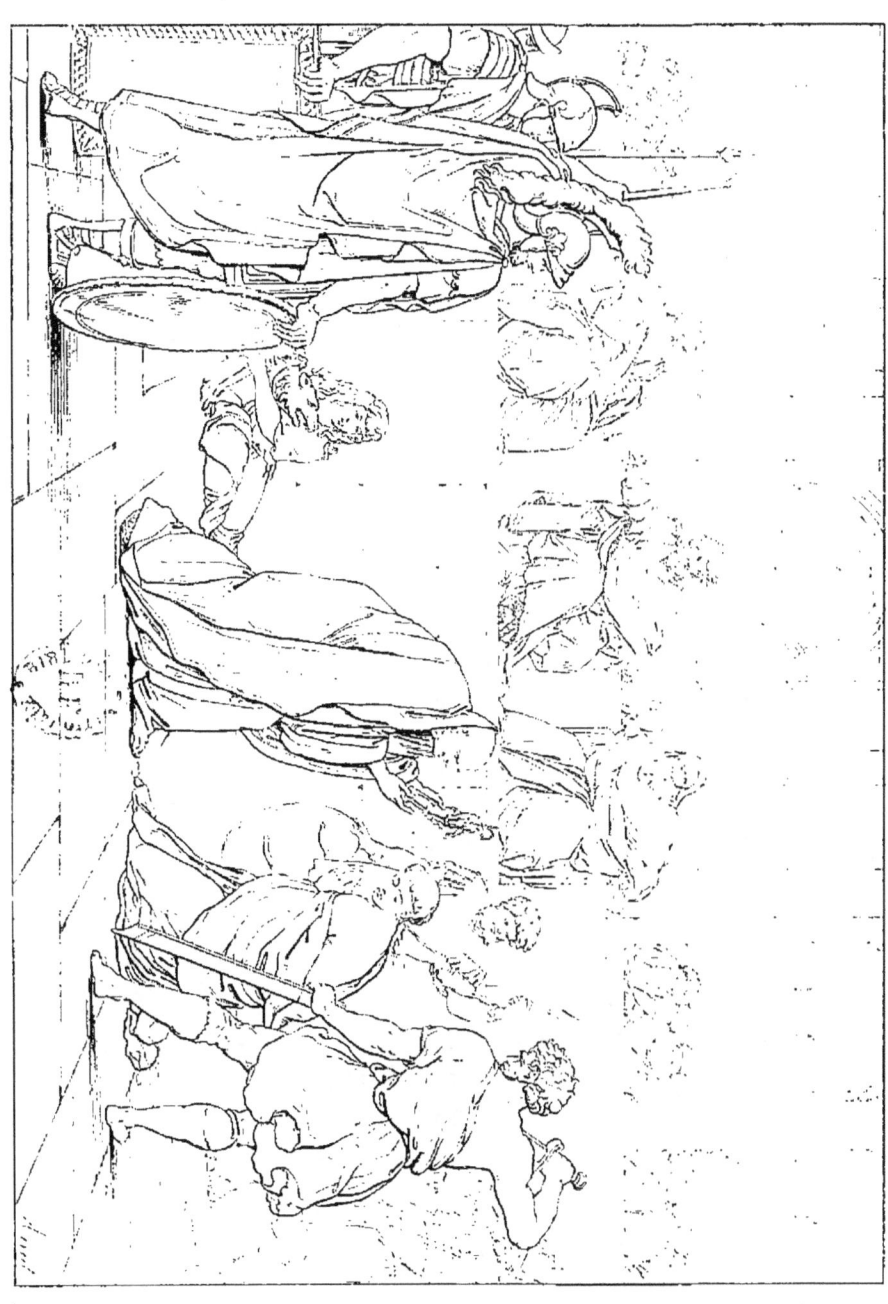

MARTYRE DE SAINT PROTAIS.

On a l'habitude de réunir saint Gervais et saint Protais, parce que leurs corps furent trouvés ensemble par saint Ambroise, évêque de Milan, en l'an 386; mais, excepté ce fait, tout le reste de ce qui regarde ces saints martyrs peut être révoqué en doute.

On ne sait donc pas s'ils étaient frères, s'ils ont porté les armes, s'ils furent victimes des persécutions de Néron, ou s'ils vécurent sous le règne de Marc-Aurèle, et s'ils furent mis à mort par ordre d'Artase, pour avoir refusé de sacrifier aux faux dieux. C'est cette dernière version que Le Sueur a suivie; mais nous ignorons pourquoi il a séparé saint Protais de son illustre compagnon.

La noblesse du sujet, la beauté des caractères, la sévérité et la justesse des draperies, tout annonce le plus grand talent. C'est un des plus beaux tableaux de Le Sueur, et il a eu l'avantage d'être gravé par Gérard Audran.

>·⊛·⩤

THE MARTYRDOM OF SAINT PROTAIS.

It is customary to unite saint Gervais with saint Protais, because their bodies were found together by saint Ambrose, bishop of Milan, in the year 386; but, except this circumstance, every thing related concerning these martyred saints may be called in question.

It is not known therefore whether they were brothers, whether they bore arms and were victims of Nero's persecution, or whether they lived in the reign of Marcus Aurelius, and were put to death by command of Artasius, for having refused to sacrifice to false gods. Le Sueur has followed the latter account; but we are at a loss to find why he has separated saint Protais from his illustrious companion.

The sublimity of the subject, the beauty of the characters, and the accuracy and just proportions of the draperies, all display most exalted talents. It is one of Le Sueur's finest pictures, and has had the advantage of being engraved by Gerard Audran.

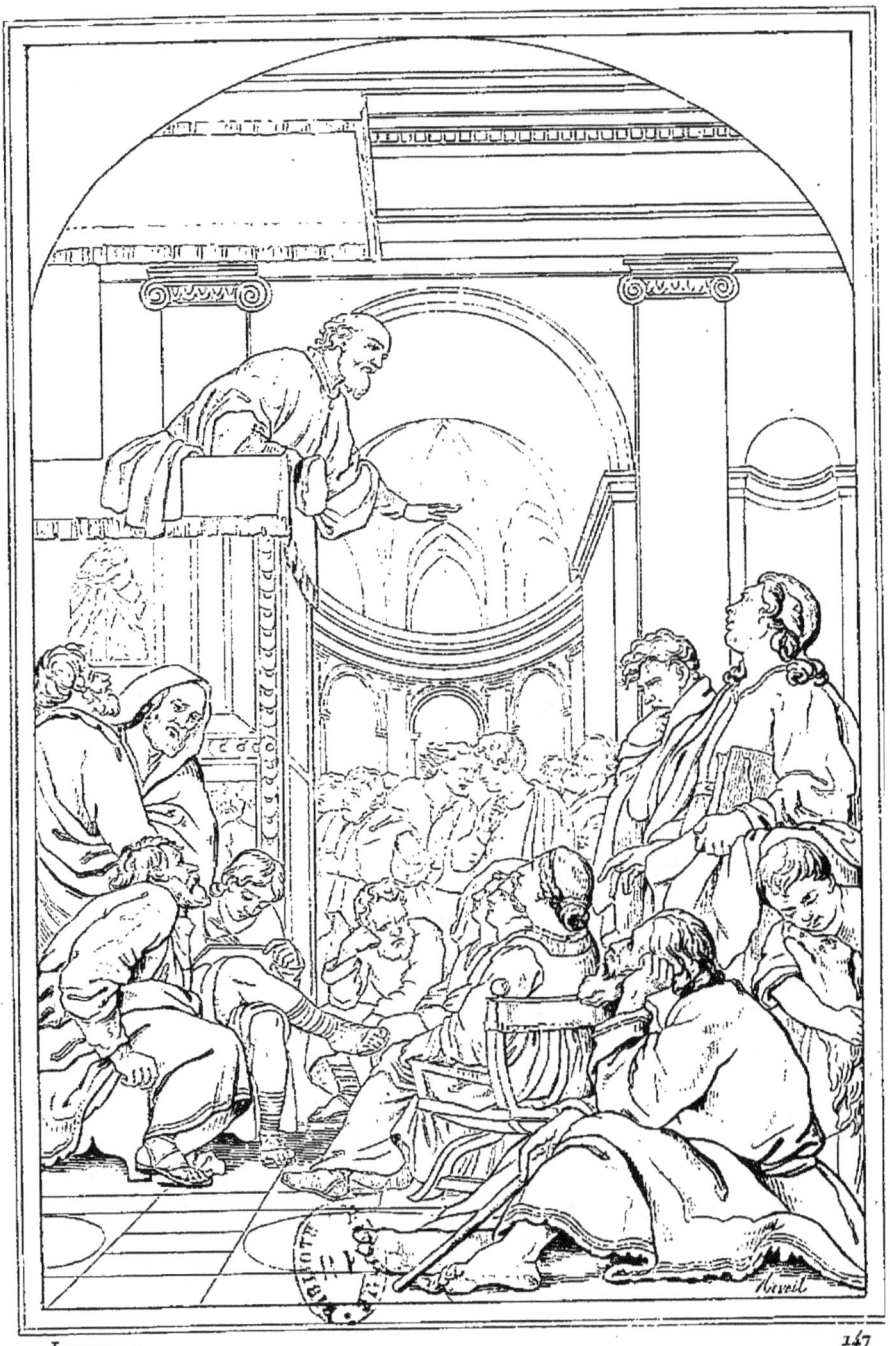

Lesueur p.

Sᵗ BRUNO ASSISTE AU SERMON DE RAIMOND.

SAINT BRUNO

ASSISTE AU SERMON DE RAIMOND DIOCRÈS.

Le Sueur, en représentant diverses actions de la vie de saint Bruno, a suivi ce que rapportent les anciennes chroniques, quoiqu'il s'y trouve plusieurs faits fabuleux, tels que l'histoire du chanoine Raimond Diocrès : il dut y être entraîné d'autant plus facilement qu'elle avait été consacrée par l'office de saint Bruno, d'où elle fut réformée en 1607 dans le Bréviaire de Paris, et plus tard dans le Bréviaire romain par Urbain VIII. Malgré cela il s'est trouvé des personnes qui ont voulu défendre cette tradition, et qui ont publié des volumes avec l'intention d'en démontrer la véracité.

Raimond Diocrès était, dit-on, chanoine de l'église Notre-Dame de Paris, vers le milieu du XIe siècle ; il était renommé pour ses vertus et ses talens ; ses prédications attiraient un grand concours de monde, et saint Bruno y assistait : c'est lui qu'on voit debout en face de la chaire, tenant un livre sous son bras. Cette composition tient beaucoup de l'école de Vouet ; Le Sueur n'y est reconnaissable que dans ses draperies, qui sont simples et bien jetées.

Toute la suite de l'histoire de saint Bruno a été peinte sur bois pour le petit cloître des Chartreux à Paris ; elle a été gravée par Chauveau en sens inverse des tableaux. Il en existe à la Bibliothèque du Roi un exemplaire extrêmement curieux, colorié avec le plus grand soin, et entouré d'ornemens en relief et dorés. Cette suite ornait une des salles de la Chartreuse du Mont-Dieu, près de Reims.

Haut., 6 pieds ; larg., 4 pieds.

SAINT BRUNO

ASSISTING AT THE SERMON OF RAYMOND DIOCRÈS.

Le Sueur, in describing the various actions in the life of saint Bruno; has followed reports of ancient chronicles, though he there found many fabulous stories, for instance, that of the pretendary Raymond Diocrès. Le Sueur was more easily led away by this legend as it had been consecrated by the office of saint Bruno, from whence it was reformed in the Breviary of Paris in 1607, and later in the roman breviary by Urban I. Still there have been persons who defended it and have published volumes to establish its veracity.

It is said that Raymond Diocrès was prebendary of the church of Notre-Dame at Paris, about the middle of the 11 century, he was renowned for his virtues and talents; his preaching always drew a crowded assembly, and there saint Bruno assisted; it is he who is seen standing opposite the pulpit with a book under his arm. This composition bears very much the character of the school of Vouet; the style of Le Sueur is only distinguishable in the draperies, which are simple and very free.

All the subsequent history of saint Bruno has been painted upon wood for the little cloister of the Chartreux at Paris. It has been engraved by Chauveau, inversely from the pictures. In the kings library there is an extremely curious copy, coloured with infinite care, and surrounded with gilt ornaments in relief. This sequel ornamented one of the halls at the Chartreuse of Mont-Dieu near Reims.

Height, 6 feet 4 ½ inches; breadth, 4 feet 3 inches.

147.

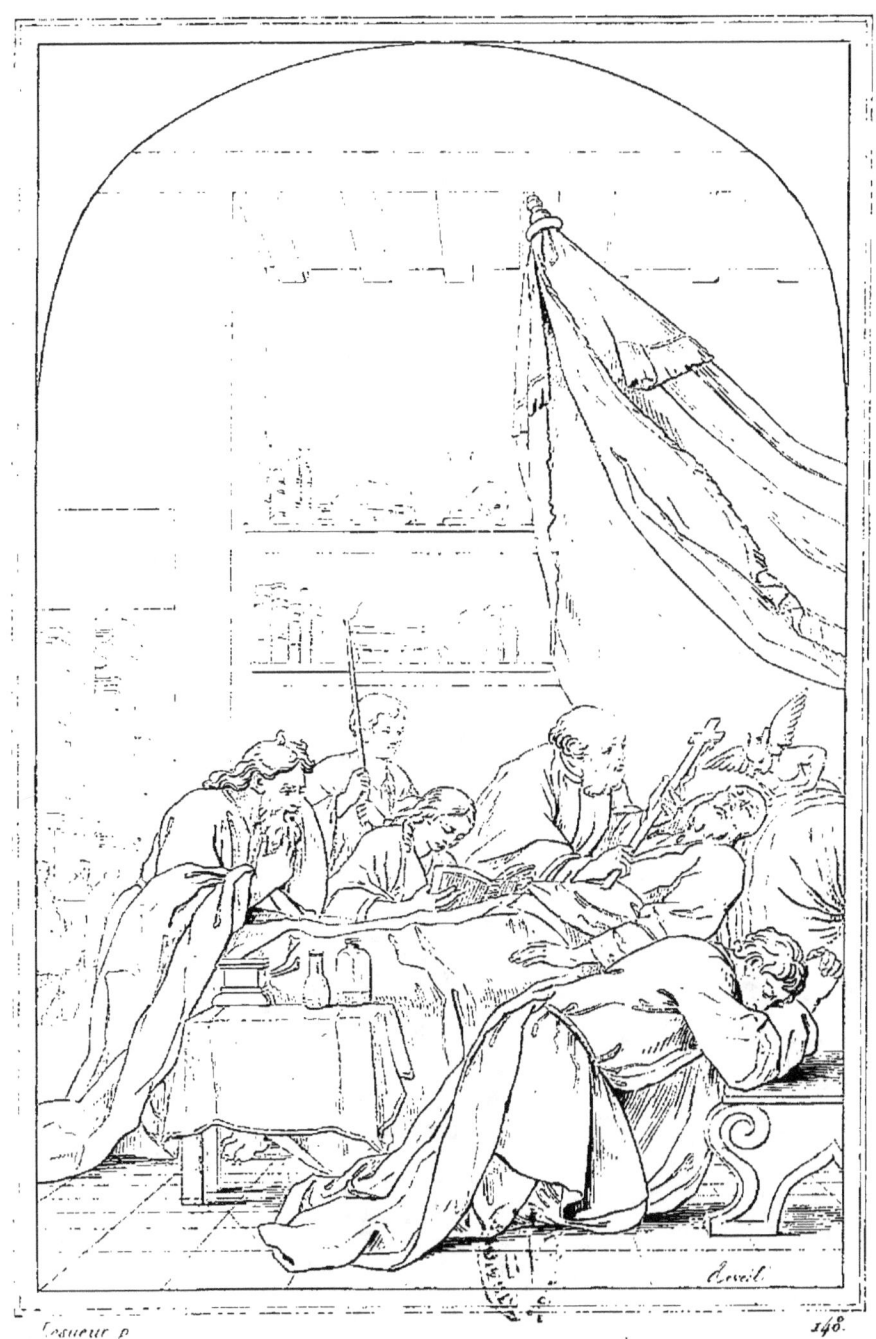

Lesueur p   148.

MORT DE RAIMOND DIOCRÈS.

MORT DE RAIMOND DIOCRÈS.

Le chanoine Raimond Diocrès étant tombé grièvement malade fut assisté dans ses derniers momens par les maîtres de l'école, par ses compagnons et par ses élèves. Saint Bruno paraît à genoux, accablé de douleur, priant avec ferveur pour celui qui fut son maître et son ami. Mais, tandis qu'un vénérable ecclésiastique présente la croix au mourant, le démon est au chevet du lit, prêt à s'emparer de son âme.

Ce serait en 1084 qu'aurait eu lieu la mort de Raimond Diocrès, selon quelques chroniqueurs; mais cette date ne s'accordant pas avec les autres événemens de la vie de saint Bruno, elle peut servir à démontrer l'invraisemblance de toute cette histoire.

Le Sueur, entraîné par l'exemple de quelques anciens peintres, s'est permis de représenter une double scène, en montrant dans l'éloignement le convoi du chanoine; mais si c'est une faute, elle paraît à peine, tandis qu'on découvre des beautés du premier ordre dans la figure de saint Bruno, qui devient l'objet principal par la place qu'elle occupe au premier plan, et par la manière dont elle est dessinée.

La suite des tableaux de l'histoire de saint Bruno fut exécutée par Le Sueur entre les années 1645 à 1648, et placée dans le petit cloître des Chartreux de Paris. Cette partie du bâtiment étant devenue mauvaise, on en ordonna la destruction, et les tableaux furent donnés au roi en 1776; ils ont été mis sur toile en 1786, et sont maintenant placés dans la galerie du Louvre.

Haut., 6 pieds; larg., 4 pieds.

⋙•◉•⋘

DEATH OF RAYMOND DIOCRÈS.

The prebendary Raymond Diocrès falling seriously ill, was assisted in his last moments by the masters of the school, by his companions and by his pupils. Saint Bruno appears on his knees overwhelmed by grief, praying fervently for him who had been his master and friend. But while a venerable ecclesiastic is presenting him the cross, the devil appears by his side ready to seize upon his soul.

According to some chronicles Raymond Diocrès died in 1084, but this date does not at all agree with the other events of saint Bruno's, which may serve to show the improbability of the whole story.

Le Sueur, excited by the example of some ancient painters, has allowed himself to represent a double scene, by introducing, in the distance, the funeral of the prebendary; but if it be a fault it is scarcely discernable, whilst beauties of the first order are clearly portrayed in the figure of saint Bruno, which becomes the principal object, by the situation in which it is exhibited, and likewise by the masterly manner in which it is executed.

The succeeding pictures of saint Bruno were executed between the years 16— and 16—, and placed in the little cloister of the Chartreux at Paris. That part of the building falling to decay it was taken down, and the pictures were presented to the king in 1776; they were put upon canvass in 1786, and are at present in the gallery of the Louvre.

Height, 6 feet 4 $\frac{1}{2}$ inches; breadth, 4 feet 3 inches.

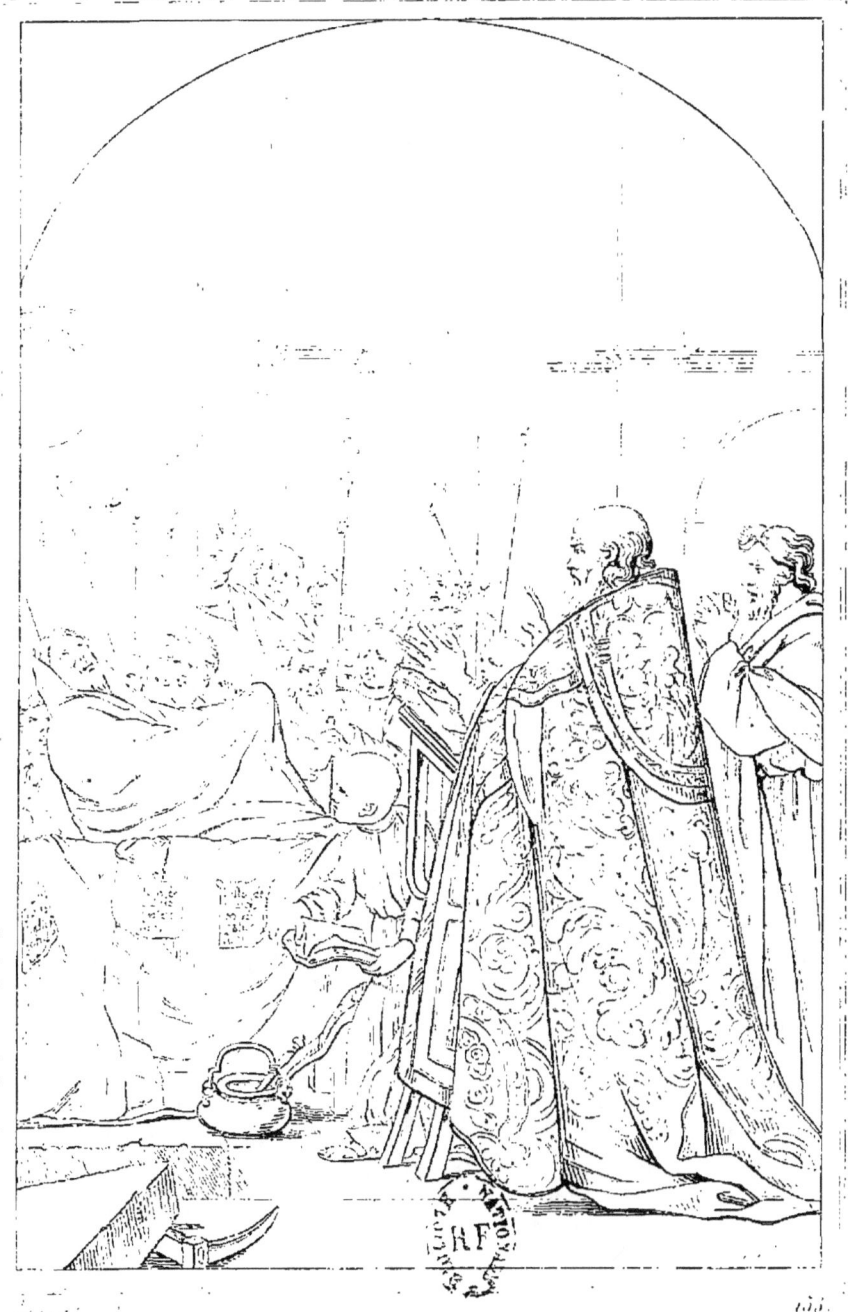

RAIMOND DIOCRÈS
RÉPONDANT APRÈS SA MORT.

La dignité du personnage et la manière dont il avait vécu attirèrent un grand concours de monde aux funérailles de Raimond Diocrès; l'évêque même, dit-on, y assistait : mais au moment où l'officiant récitait la leçon tirée du livre de Job et commençant par ces mots, *Responde mihi*, Raimond leva la tête, et on l'entendit prononcer ces mots: *Justo Dei judicio accusatus sum* (je suis accusé). Un événement aussi extraordinaire fit suspendre la cérémonie. On déposa le corps dans une chapelle, nommée depuis chapelle noire ou chapelle du damné; mais aucun signe de vie ne s'étant plus manifesté, le lendemain on recommença la cérémonie, et au même moment le mort répondit : *Justo Dei judicio judicatus sum* (je suis jugé). Les funérailles furent encore suspendues; le troisième jour le même phénomène se présenta, et l'on entendit cette terrible phrase : *Justo Dei judicio condemnatus sum* (je suis condamné). Les assistans ne conservant plus de doute sur la fausse piété et l'hypocrisie de Raimond, ne crurent pas devoir placer le corps en terre sainte, et il fut abandonné à la voirie.

Saint Bruno, témoin de cet événement, lève les mains jointes, et implore la miséricorde divine. Le Sueur, dans ce tableau, a su donner des expressions vraies et variées suivant les personnages. La tête du chanoine exprime un mouvement surnaturel, vainqueur de la mort. L'officiant témoigne sa surprise, en conservant cependant la gravité d'un vieillard vénérable. Saint Bruno, profondément ému, montre la crainte que lui fait éprouver ce terrible châtiment, et sa soumission à la volonté de Dieu.

Haut., 6 pieds; larg., 4 pieds.

153.

RAYMOND DIOCRES

ANSWERING AFTER HIS DEATH.

The dignity of the personage, and the manner in which he had lived, drew a great concourse of people to the funeral of Raymond Diocres, at which, it is said, the bishop himself attended; but at the moment the officiating priest read the lesson from the book of Job, beginning with these words *Responde mihi*, Raymond lifted up his head and was heard to pronounce : *Justo Dei judicio accusatus sum* (I am accused). Such an extraordinary event caused the ceremony to be suspended. The body was then deposited in what was called the black chapel or chapel of the damned; however, no sign of life appearing, the ceremony was recommenced on the following day, he then answered : *Justo Dei judicio judicatus sum* (I am judged). The funeral was again suspended, but on the third day following, the same phenomenon occured, and the following terrible phrase was heard : *Justo Dei condemnatus sum.* (I am condemned.) The assistants, no longer doubting the false piety and hypocrisy of Raymond, would not inter his body in holy ground, and it was cast on the highway.

Saint Bruno, witness of this event, lifted up his clasped hands, and implored divine clemency. Le Sueur, in this picture, has nobly given the different expressions suitable to each person. The head of the prebendary exhibits a supernatural movement overcoming death. The officiating priest shows his wonder, preserving, at the same time, the gravity becoming a venerable old man. Saint Bruno, profondly affected, exibits the fear inspired by so terrible a scene, and his submission to the will of God.

Height, 6 feet 4 ½ inches; width, 4 feet 3 inches.

153.

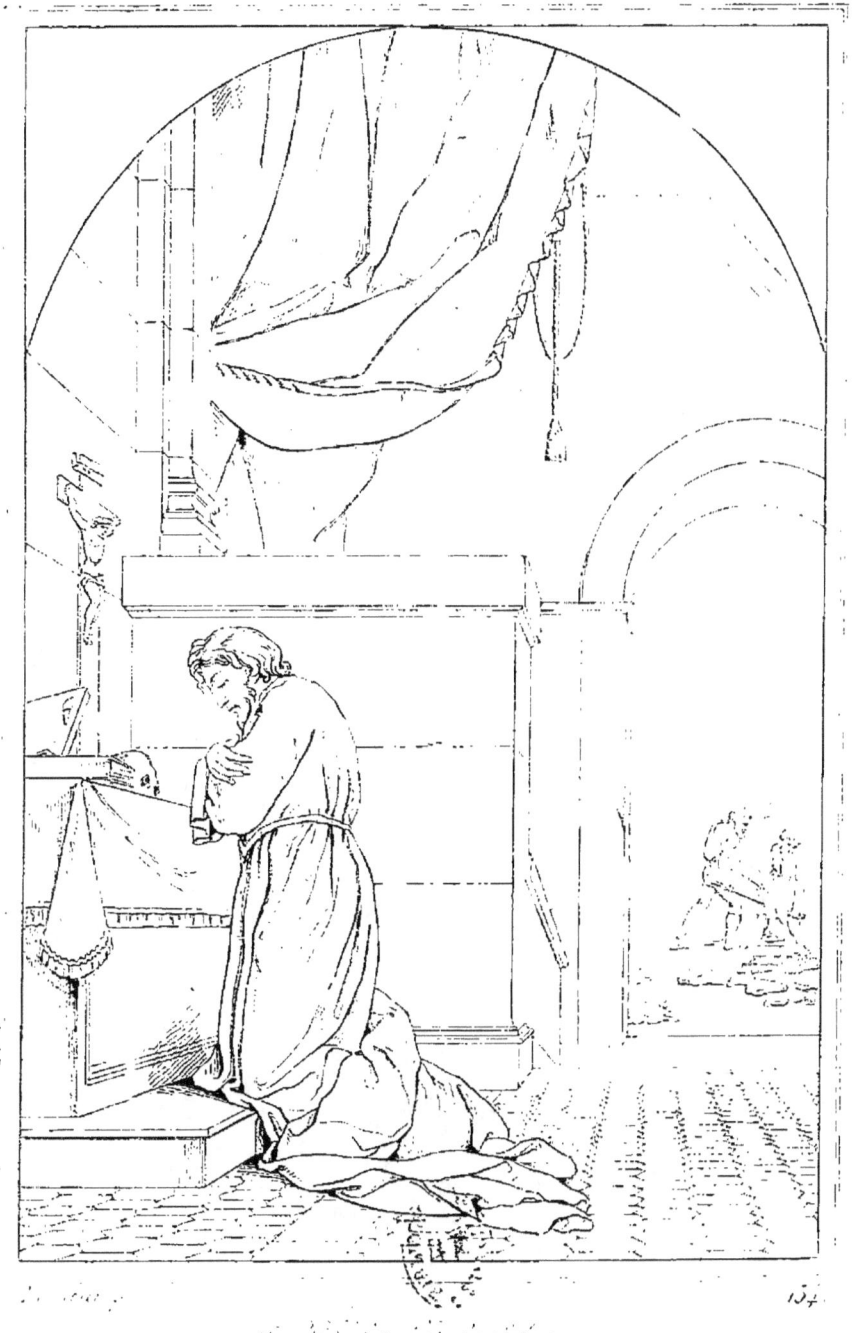

154

S^T. BRUNO PRAYING.

The strange event that occured after the death of Raymond Diocres, led saint Bruno to make the most profound reflection upon the dangers of this life; he feared that the friend whom he loved, and whose life appeared so exemplary, nevertheless had not been accepted by God. Alarmed therefore for the welfare of his own soul, he prayed to be inspired, and, in order to secure his salvation, made a solemn vow to quit the world, and devote himself in retirement to the service of heaven.

The whole of these particulars probably are not true, but we may certainly believe that saint Bruno, who from the year 1055, had been connected with the church at Reims, brought an accusation against archbishop Manassus I, whose scandalous conduct obliged the council held at Autun in 1077, to suspend him from his functions. The persecutions of the archbishop against his accusers might probably induce saint Bruno to embrace the monastic life, and we shall eventually see the result of this determination.

Whilst saint Bruno is engaged in his oratory, two men are beheld in the back-ground who throw the body of the reprobate, not into a grave but under a gibbet, and there leave it abandoned and exposed.

The figure of saint Bruno is admirable, it forms by itself a truly sublime picture, so true is it that simplicity and sentiment are the chief merit of this composition.

Height, 6 feet 4 inches; width, 4 feet 3 inches.

N. B. This print is reversed from the painting : the publisher wished to have it re-engraved but was prevented, in consequence of the difficulty of effacing and engraving a fresh part of a large steel plate without damaging the other subjects.

154.

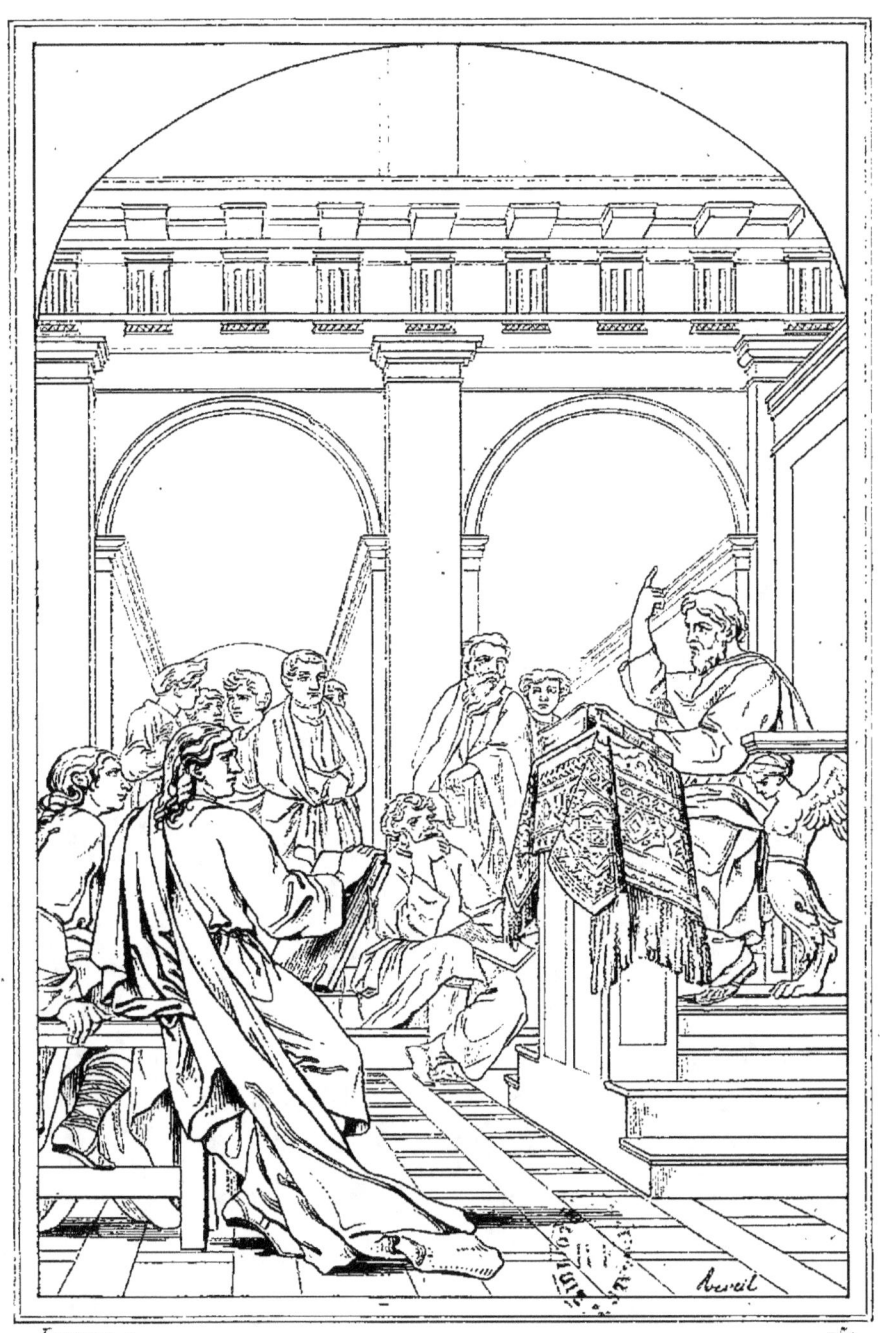

Lesueur p.   159.

ST BRUNO DANS LA CHAIRE DE THÉOLOGIE.

SAINT BRUNO
DANS LA CHAIRE DE THÉOLOGIE.

Il faut se rappeler qu'il y a souvent quelque différence entre l'histoire de saint Bruno et les scènes poétiques représentées par Le Sueur. Saint Bruno professa la théologie à Reims, et, par suite des persécutions que lui suscita l'évêque Manassé I, il quitta ce poste honorable pour vivre dans la retraite, tandis que, suivant une ancienne chronique, c'est après la mort de Raimond Diocrès, et toujours entraîné par la scène miraculeuse dont il avait été témoin, que, déterminé à vivre dans la retraite, il cherche à entraîner plusieurs de ses élèves, en leur montrant que Dieu, le principe de tout, doit être aussi le but unique des pensées d'un chrétien, et que pour mériter un jour sa clémence, il faut se hâter de quitter le monde, vivre dans la solitude, et n'avoir d'autre pensée que celle de le servir.

En admirant toujours, dans les compositions de Le Sueur, la noblesse de ses figures, tant pour l'expression que pour la pose, ainsi que la simplicité et la justesse de ses draperies, nous ferons cependant observer que ses fonds sont d'une architecture qui n'a aucun rapport avec celle du siècle où vivait saint Bruno.

Haut., 6 pieds; larg., 4 pieds.

❧❦❧

SAINT BRUNO

IN THE CHAIR OF THEOLOGY.

It is always necessary to remember, that there is some diffe-
rence betwen a history of saint Bruno and the poetical scenes
represented by Le Sueur. Saint Bruno, professor of theology
at Reims, after a succession of persecutions which he suffered
under bishop Manassus I, quitted his honorable employ-
ment in order to live in retirement: instead of which, according to ancient chronicles, it was after the death of Raymond
Diocrès, and occasioned by his being sensibly affected at the
miraculous scene he witnessed, which induced him to leave
his pursuits, seck retirment, and endeavour to persuade his
pupils to follow his example, showing them that God, the
principal of all things, ought to be the only subject of a
christian's thoughts, and that one day to merit his clemency,
they should hasten to renounce the world, live in solitude,
and devote themselves entirely to his service.

Whilst we are compelled to give full credit to Le Sueur for
the nobleness of his figures in his compositions, and for their
free and easy expression, united to a justness and simplicity in
his draperies, we must observe, that his back scenes bear no
ressemblance with the indications of the time in which saint
Bruno lived.

Height, 6 feet 4 ½ inches; breadth, 4 feet 3 inches.

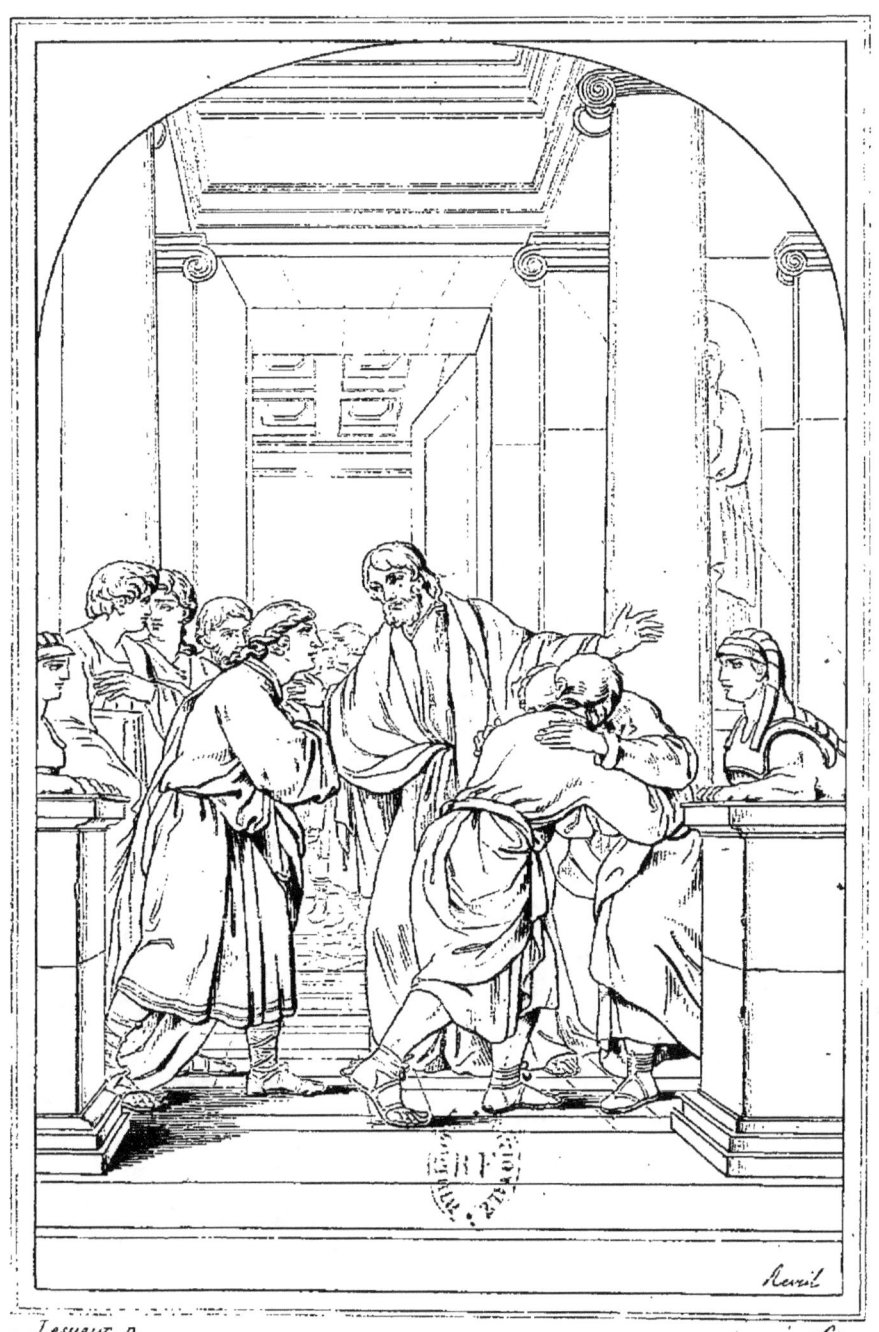

Lesueur p.   160

St BRUNO SE DÉTERMINE À QUITTER LE MONDE.

SAINT BRUNO

ET SES AMIS SE DÉTERMINENT A QUITTER LE MONDE.

Les discours de saint Bruno ayant inspiré ses auditeurs, six d'entre eux se déterminèrent à le suivre. Le peintre nous les représente au moment où, le regardant déjà comme leur chef unique, l'un d'eux reçoit les derniers embrassemens de son vieux père.

L'histoire nous a conservé les noms de ces hommes fervens, qui consentirent à renoncer au monde pour suivre saint Bruno, sans savoir même où il conduisait leurs pas. Ce sont le docteur Landwin, qui le premier succéda à saint Bruno; Étienne de Bourg et Étienne de Die, tous deux chanoines de Saint-Ruf; Hugues, déja fort âgé, et qu'ils nommaient le chapelain, parce que seul parmi eux il avait reçu la prêtrise, enfin André et Gerin, tous deux laïcs.

Cette composition n'aurait pu à elle seule placer le peintre au premier rang, ainsi que l'a déjà fait observer M. Miel: « L'action est vague et indécise, et sans l'épisode des adieux, on pourrait ne pas la comprendre; pour caractériser une composition, ce n'est pas assez d'une scène épisodique; mais il faut faire attention que tel tableau qui serait peut-être inintelligible s'il était isolé, s'explique dans une suite à l'aide du tableau voisin.

Haut., 6 pieds; larg., 4 pieds.

SAINT BRUNO

AND HIS FRIENDS FINALLY RESOLVING TO RENOUNCE THE WORLD.

The discourses of saint Bruno having inspired his auditors with a holy zeal, each of them resolved to follow him. The painter represents them at the moment, when, considering him as their sole chief, one of them is receiving the last farewell of his venerable father.

History has recorded the names of those devoted men, who consented to renounce the world and follow saint Bruno, without even knowing whither he intended to direct their steps. They were doctor Landwin, who was the immediate successor to saint Bruno, Etienne de Bourg and Etienne de Die, both prebendaries of saint Ruf; Hugues, already very old and whom he nominated chaplain, because he only had been received into the priesthood; the others were Andre and Gerin, both laymen.

This composition of itself could not raise the artist to the first rank, according to the following observations of M. Miel : « The action, » says he, « is vague and undetermined, and indeed without the episode of the adieu it could not be understood : to characterise a composition, an episodical scene is not sufficient; but it must be remarked that this painting, which might be unintelligible by itself, is well explained in connection, and by means of the accompanying picture.

Height, 6 feet 4 ½ inches; breadth, 4 feet 3 inches.

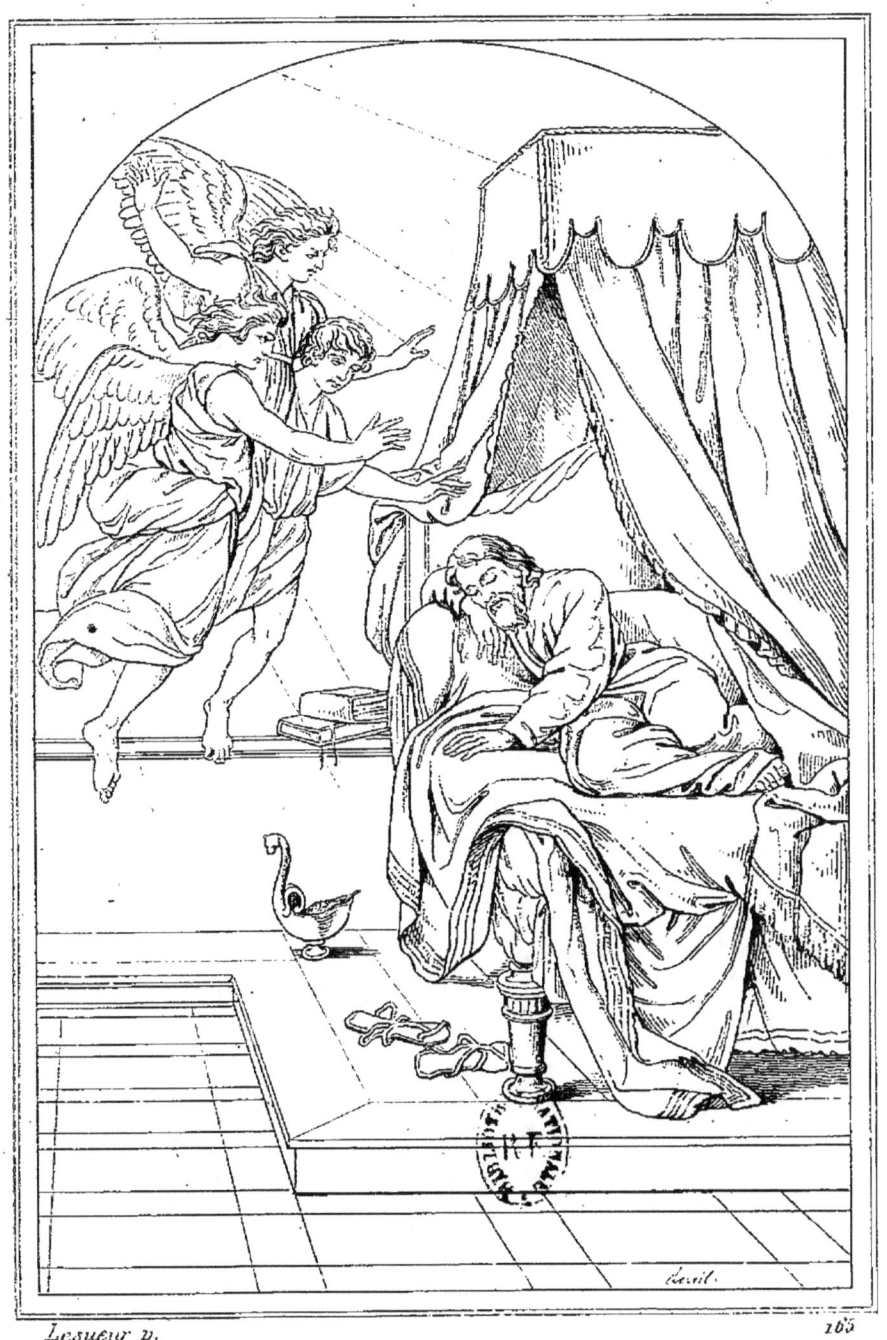

Lesueur p.   165

SONGE DE St BRUNO.

SONGE DE SAINT BRUNO.

Chargé maintenant de la conduite de six autres personnes, ce n'est plus pour lui seul que saint Bruno adresse ses prières à Dieu, c'est pour obtenir de lui qu'il daigne inspirer tous ses compagnons, pour la suite de leur détermination. Cette composition est due au génie de Le Sueur, car on ne la trouve mentionnée dans aucun écrivain ; mais il est naturel de penser qu'après avoir veillé toute une nuit, saint Bruno s'endormit vers le matin, et put apercevoir en songe trois anges qui lui annoncèrent que Dieu approuvait ses projets.

Le Sueur a voulu donner à cette scène quelque chose de céleste en introduisant dans la chambre des rayons bleuâtres qui font de ce tableau une espèce de camaïeu. La figure de saint Bruno est posée avec calme ; elle annonce bien la persévérance. Les anges sont groupés avec grâce, et le dessin de Le Sueur rappelle ici Raphaël qu'il avait étudié avec une prédilection toute particulière ; mais le lit est une représentation trop exacte de ceux en usage du vivant de l'auteur.

Haut., 6 pouces ; larg., 4 pouces.

165.

THE DREAM OF Sᵀ. BRUNO.

Having taken six individuals under his protection, it is not only for himself that saint Bruno addresses his prayers to God, it is to implore that he will also inspire his companions with constancy in the pursuit of their object. The idea of this composition originated in the genius of Le Sueur, for the circumstance is not mentioned by any writer; but it is natural to suppose that, after having been wakeful all night, saint Bruno should have slept towards the morning, and dreamed that angels announced to him that his project had been approved by God.

Le Sueur, wishing to give a celestial character to this scene, has illuminated the chamber with azure-coloured rays, which have given a monotony to the tints of the picture. The figure of saint Bruno reposes with perfect calmness, the angels are grouped with grace, and the design is after the manner of Raphael, which he had long studied with particular predilection; but the bed is too close a representation of such as were used in the time of the artist.

Height, 6 inches; width, 4 inches.

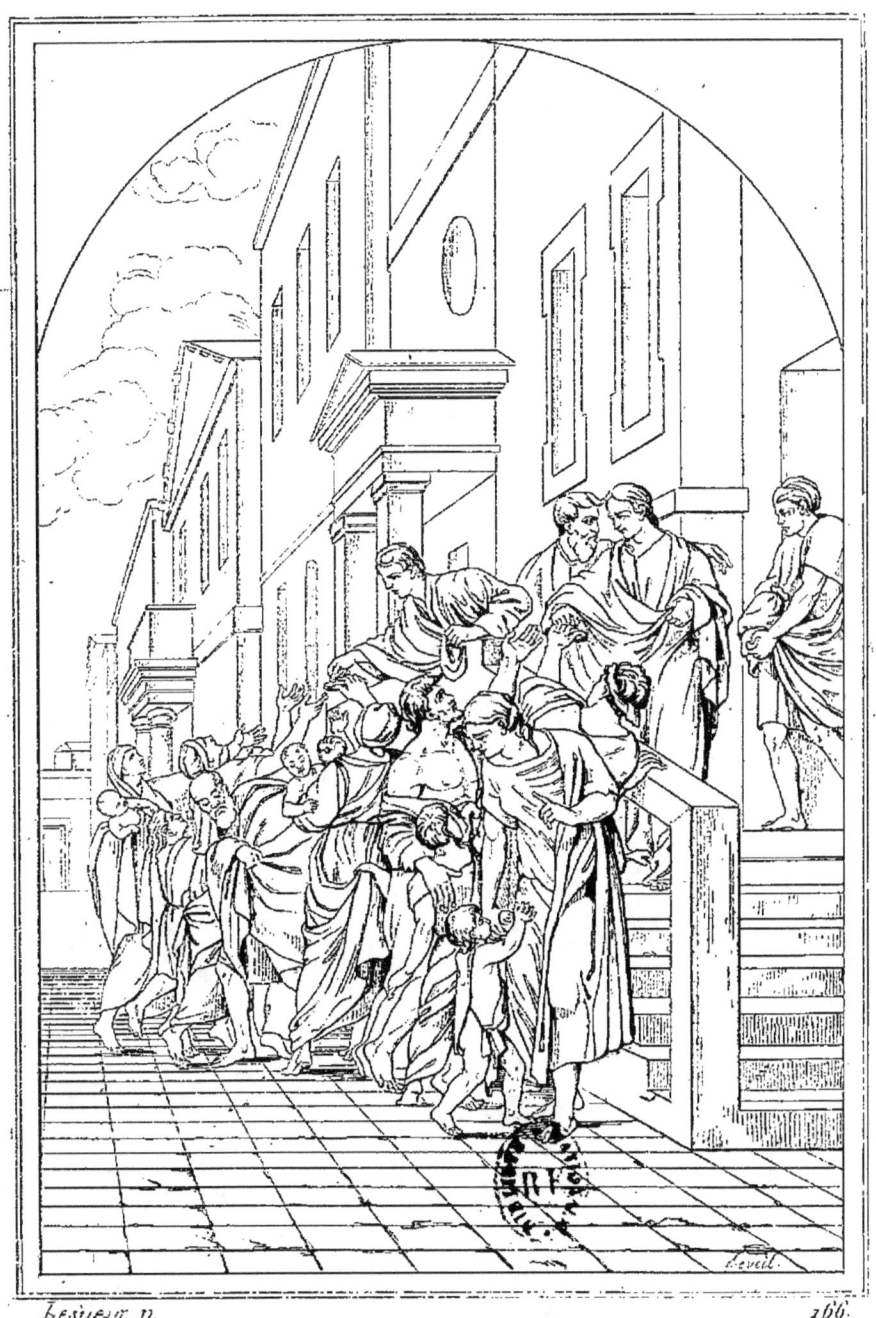

Lesueur p.   166.

St BRUNO ET SES COMPAGNONS DISTRIBUENT LEURS BIENS.

SAINT BRUNO

ET SES COMPAGNONS DISTRIBUANT LEURS BIENS.

Déterminés à se retirer dans la solitude, saint Bruno et ses compagnons n'ont plus aucun besoin des biens de ce monde, ils distribuent donc aux pauvres tout ce qu'ils possèdent, et sans savoir encore ce qu'ils deviendront par la suite, ils vont aller à Grenoble consulter un prélat remarqué par la sainteté de sa vie, et duquel ils espèrent obtenir l'indication de quelque lieu retiré où ils puissent vivre oubliés des hommes.

La tranquillité des pieux compagnons de saint Bruno contraste bien avec l'empressement des malheureux, toujours avides de recevoir quelques soulagemens à leurs peines. Cette composition présente une foule sans désordre; elle peut aussi servir d'instruction en la comparant avec une esquisse du même sujet qui se voit également au Musée, et dans laquelle se trouve un pauvre estropié, véritable *cul-de-jatte*, qui fait des efforts impuissans pour s'approcher, et que le peintre retrancha sans doute comme un objet hideux, qui aurait déparé une aussi noble composition.

Haut., 6 pieds; larg., 4 pieds.

166.

S^T. BRUNO

AND HIS COMPANIONS DISTRIBUTING THEIR GOODS.

Determined upon retiring into solitude, saint Bruno and his companions have no longer any occasion for wordly possessions; they are distributing therefore every thing that belonged to them among the poor, without knowing what their destiny may be; they are going to Grenoble for the purpose of consulting a prelate remarkable for the sanctity of his life, that he may point out to them a retreat in which they may forget the world.

The tranquillity of saint Bruno's pious companions is well constrasted with the eager expression of the unfortunate, who are naturally anxious to have their sufferings assuaged. This composition represents a crowd without disorder; a lesson also may be learnt from it, by comparing it with a sketch on the same subject in the Museum, where a maimed wretch is seen making impotent efforts to approach nearer, and which the painter has erased from this picture, as on object too hideous to be grouped with so elevated and noble a composition.

Height, 6 feet 4 inches; width, 4 feet 3 inches.

166.

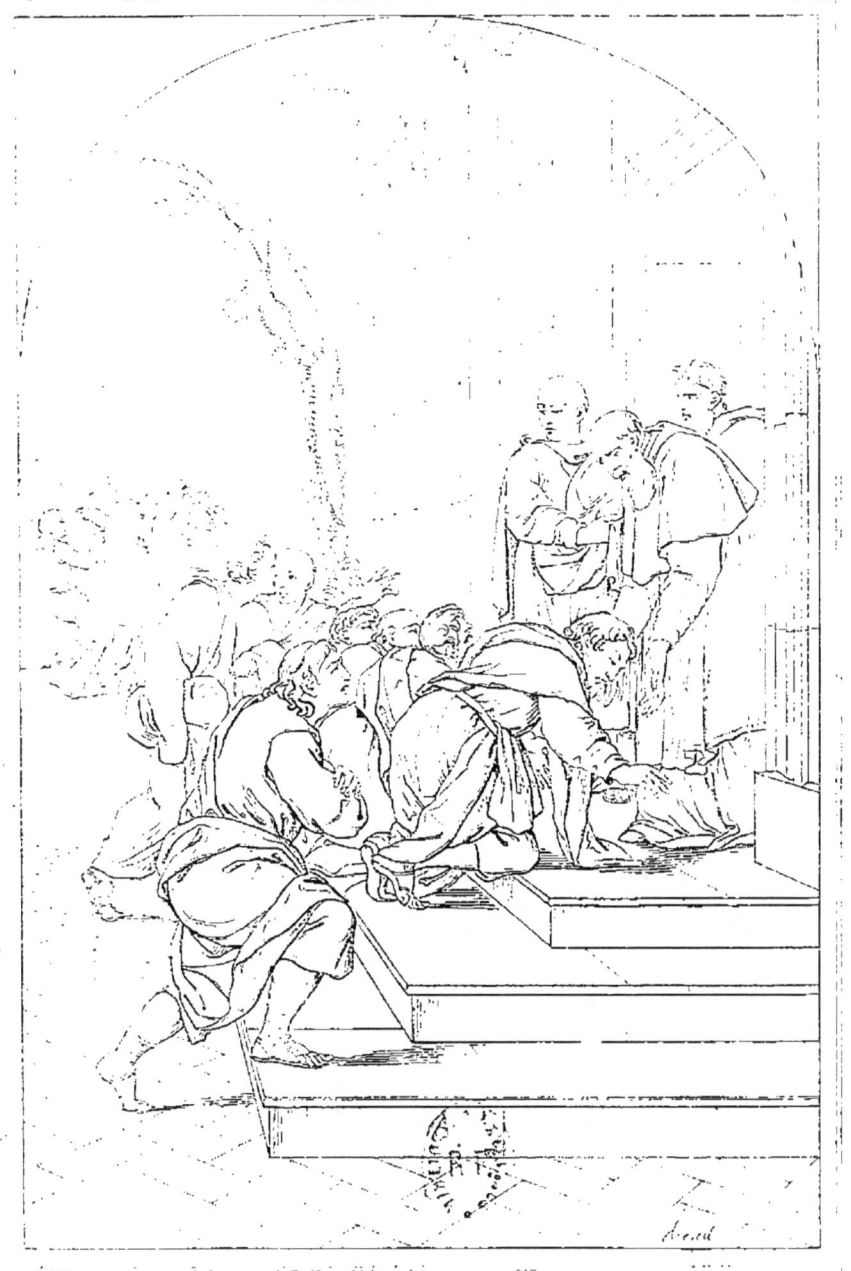

SAINT BRUNO
ARRIVE CHEZ SAINT HUGUES.

Saint Hugues, évêque de Grenoble depuis 1080 jusqu'en 1132, se fit remarquer par sa grande piété, et le soin extrême qu'il mit à réformer les abus dont l'église donnait souvent des exemples à cette époque, par le relâchement de mœurs auquel se laissaient entraîner plusieurs de ses membres.

Saint Bruno avec ses compagnons se jette aux pieds de l'évêque et le prie de lui indiquer la marche qu'ils doivent suivre pour vivre saintement. L'évêque les reçoit avec la bonté qui le caractérisait; il pense que leur arrivée lui a été annoncée dans un songe qu'il venait d'avoir, et dans lequel il avait vu s'élever un temple dans un désert éclairé par sept étoiles, qui désignaient sans doute les sept voyageurs.

Ces pieux jeunes gens supplient l'évêque avec la plus grande ferveur, et saint Bruno semble en même temps convaincu qu'il ne peut éprouver un refus. De son côté l'humilité de saint Hugues souffre de voir tant de soumission à son égard, surtout de la part d'un homme d'une si rare vertu.

Haut., 6 pieds; larg., 4 pieds.

S^T. BRUNO

ARRIVING AT THE RESIDENCE OF S^r. HUGO.

Saint Hugo, bishop of Grenoble from the year 1080 to 1132, rendered himself remarkable for his great piety, and his extreme assiduity in reforming church abuses, many instances of which occurred in his time, on account of a relaxation in religious habits, which permitted many members of the church an unrestricted liberty.

Saint Bruno with his companions have thrown themselves at the feet of the bishop, and are imploring him to indicate the course that should be followed with respect to holy living. The bishop receives them with his characteristic kindness; their arrival he believes has been announced to him in a dream, wherein he saw a temple rising from a desert, lighted by seven stars, which doubtless designated the seven travellers before him.

The young men are making their supplication with the greatest fervour, and saint Bruno appears at the same time to be convinced that their request will not meet with a refusal. With respect to saint Hugo, he is hurt in beholding such humiliation, particularly from a man so supereminent for virtue as saint Bruno.

Height, 6 feet 4 inches; width, 4 feet 3 inches.

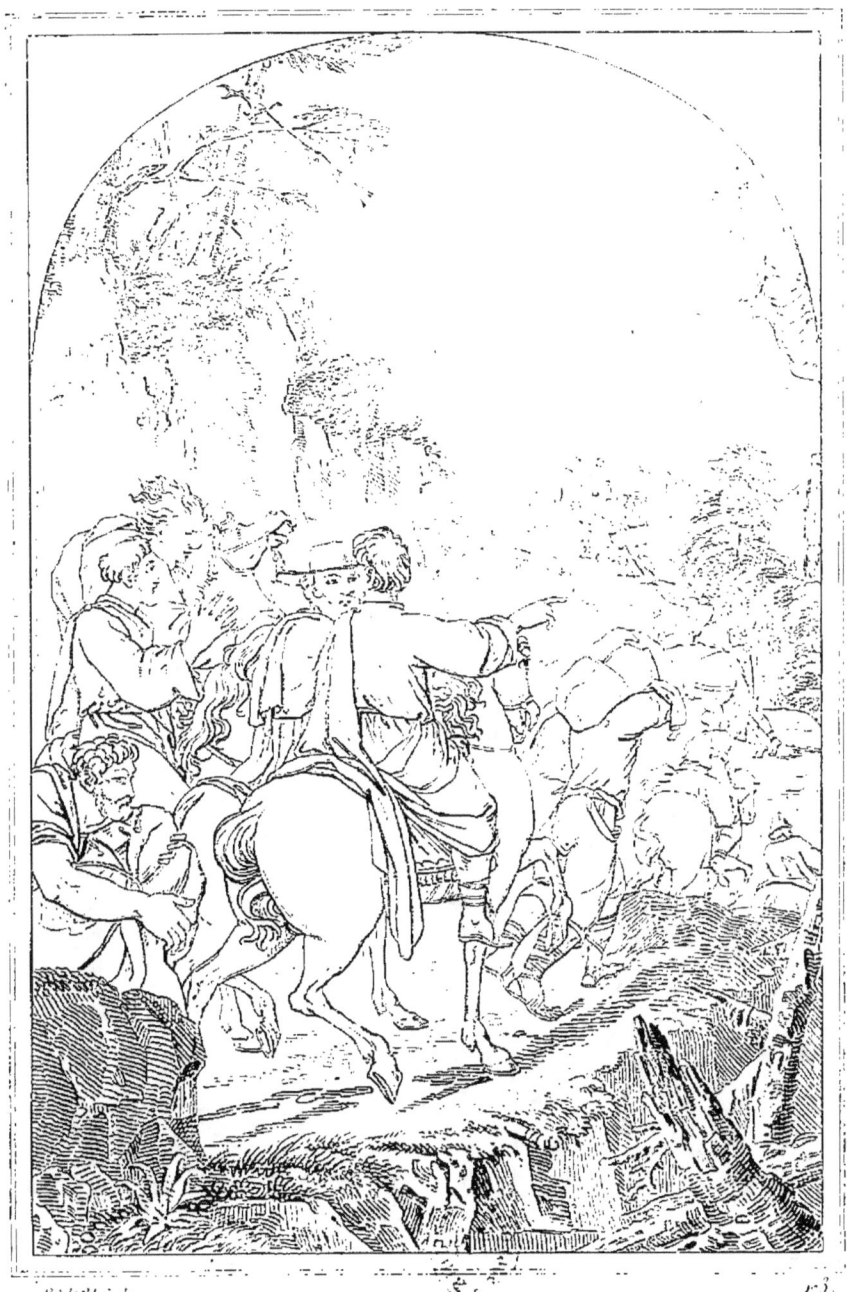

SAINT BRUNO

ALLANT A LA CHARTREUSE.

Les compagnons de saint Bruno étaient venus à Grenoble consulter saint Hugues sur le lieu de leur retraite, et le saint évêque, sachant le désir qu'ils avaient de vivre dans le silence et la solitude, leur indiqua un désert presque inaccessible, et nommé Chartreuse, à cinq lieues de Grenoble. Il les conduisit lui-même, et l'âpreté du lieu parût produire quelque impression sur l'un des voyageurs : mais saint Bruno n'en est pas ému, il ne cesse pas de converser avec l'évêque, qui l'écoute avec une grande attention.

Le fond du tableau représente probablement la vue du défilé de Fourvoirie à l'entrée du désert ; on croit que cette partie du tableau a été peinte par Patel. Sur cette route escarpée et pénible se suivent les compagnons de saint Bruno, et quelques gens de l'évêque dont auront besoin les pieux cénobites pour les aider dans leurs premiers travaux. Cette solitude était nommée Chartreuse, et c'est elle qui par la suite donna son nom à l'ordre qu'institua saint Bruno.

Habitué à voir Le Sueur donner à toutes ses figures la pose et l'expression convenable pour le sujet, on ne verra pas sans étonnement la figure qui sert de repoussoir sur le devant à gauche, puisque son action est tout-à-fait insignifiante.

Haut., 6 p.; larg., 4 p.

⋙•⋘

SAINT BRUNO

GOING TO THE CHARTREUSE.

Saint Bruno and his companions are arrived at Grenoble to consult saint Hugo on the place of their retreat, and the bishop, convinced of their desire to live in solitude and silence, points out to them an almost inaccessible place called la Chartreuse, a desert five leagues from Grenoble. The bishop himself conducts them thither, and the wildness of the situation appears to have made an impression upon one of the followers, but saint Bruno is unmoved, and continues to converse with the bishop, who is listening to him with the profoundest attention.

The background of the picture probably represents a view of the defiles of Fourvoirie at the extremity of the desert; it is believed that Patel painted this part of the picture. Along the rough and painful road saint Bruno is followed by his companions, and by servants belonging to the bishop, whose assistance will be necessary to them in the work they are about to undertake. This solitude was called the Chartreuse, and finally gave its name to the order that was instituted there by saint Bruno.

Accustomed to see the positions and expressions of Le Sueur's figures, adapted to his subject, the figure in the foreground to the left excites surprise, as its action is altogether insignificant.

Height, 6 feet 4 ½ inches; breadth, 4 feet 3 inches.

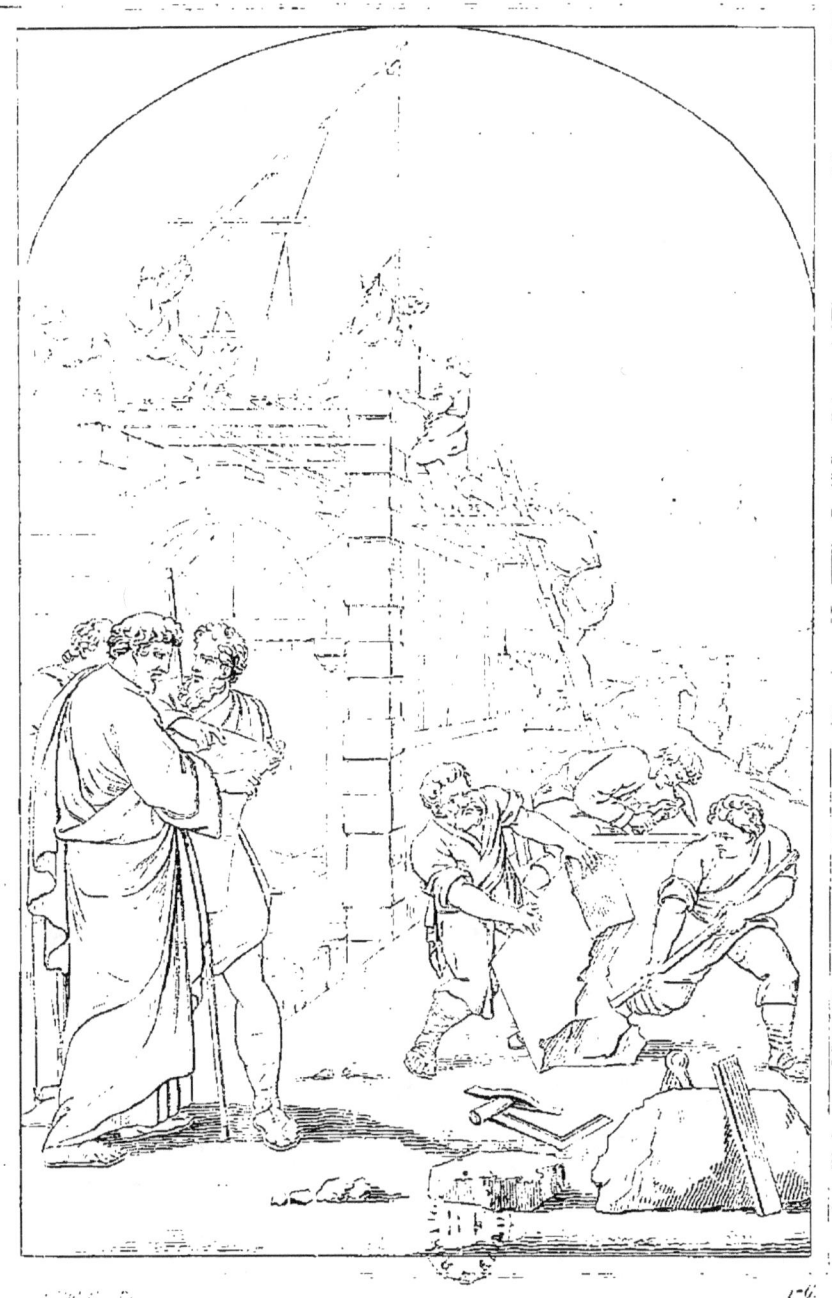

SAINT BRUNO

FAIT CONSTRUIRE LE MONASTÈRE.

Déja nous avons eu occasion de faire remarquer que Le Sueur, dans sa Vie de saint Bruno, ne s'est pas astreint à suivre entièrement l'histoire, et que plusieurs de ses tableaux sont des compositions poétiques dans lesquelles il s'est un peu écarté de la vérité. Le sujet dont nous nous occupons est bien dans ce cas, et on ne peut assurer que saint Bruno se soit effectivement trouvé à la Chartreuse à examiner les plans que lui présente le *maître des œuvres*, car c'était à cette époque le nom qu'on donnait à l'architecte, puisqu'en effet il était le conducteur de l'ouvrage et de tous les ouvriers qui concouraient à son exécution.

Le fond du tableau représente encore une vue prise à la Chartreuse; mais les constructions faites dans le xie siècle sous les yeux de saint Bruno, et avant la création de l'ordre des Chartreux, n'ont certainement eu aucun rapport avec celles que Le Sueur a imaginé de représenter dans ce tableau, et qui sont d'un goût bien plus moderne.

Haut., 6 pieds; larg., 4 pieds.

S⁽ᵗ⁾. BRUNO

ARRANGING THE CONSTRUCTION OF THE MONASTERY.

We have before had occasion to remark that Le Sueur, in his life of saint Bruno, has not always followed history very closely, and that many of his pictures are poetical compositions, which diverge not a little from the truth. This remark particularly applies to the present picture, since there is no reason for believing that saint Bruno went to the Chartreuse for the purpose of examining the plans; it would be making him master of the works, a title which was given at that period to the architect, he being in truth the conductor of the undertaking, and the person whose orders were executed by the workmen.

In the background of the picture another wiew, taken from the Chartreuse, is represented; but constructions erected in the xi^{th} century under the eyes of saint Bruno, and before the order of the Chartreuse was created, must have been very different from those represented by Le Sueur in this picture, they being of a much more modern date.

Height 6 feet 4 inches; width, 4 feet 3 inches.

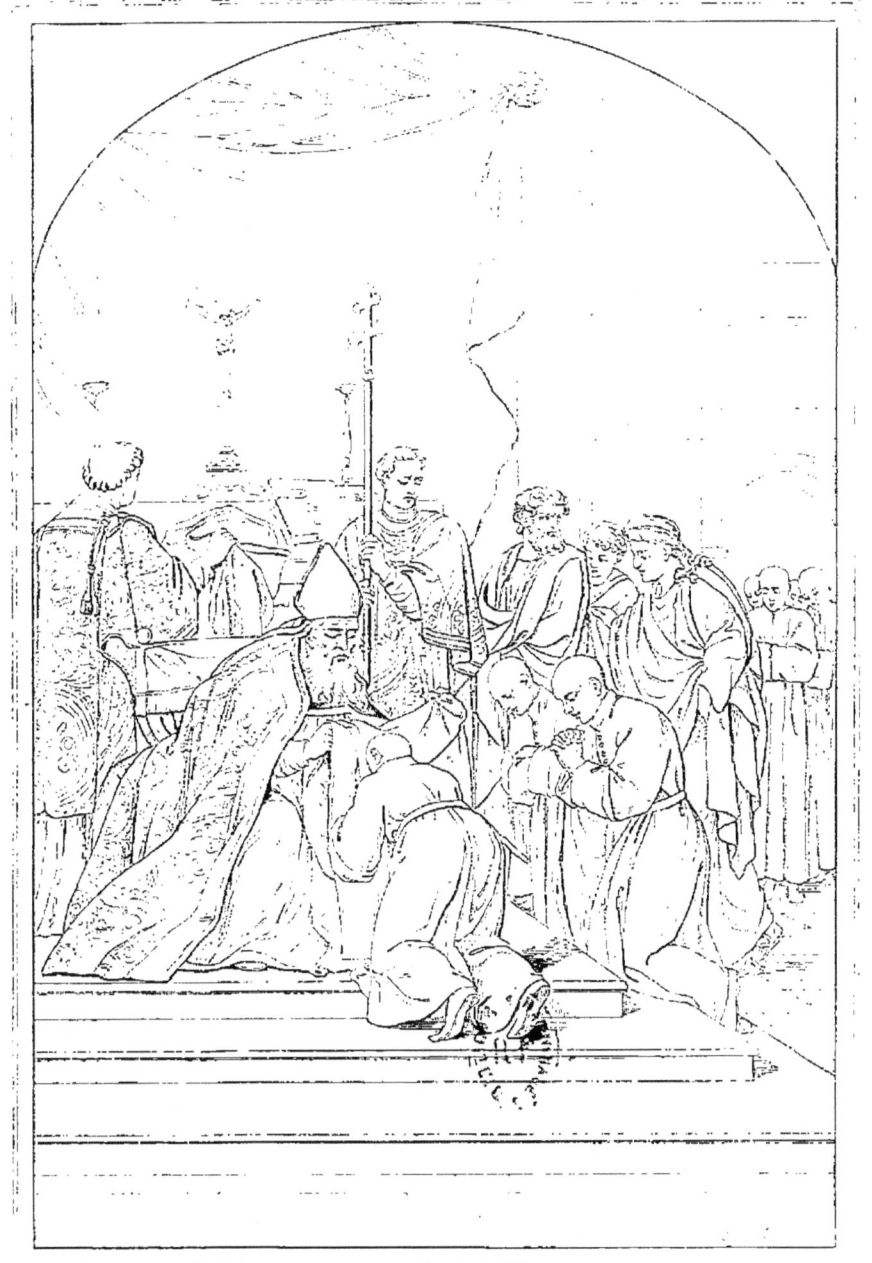

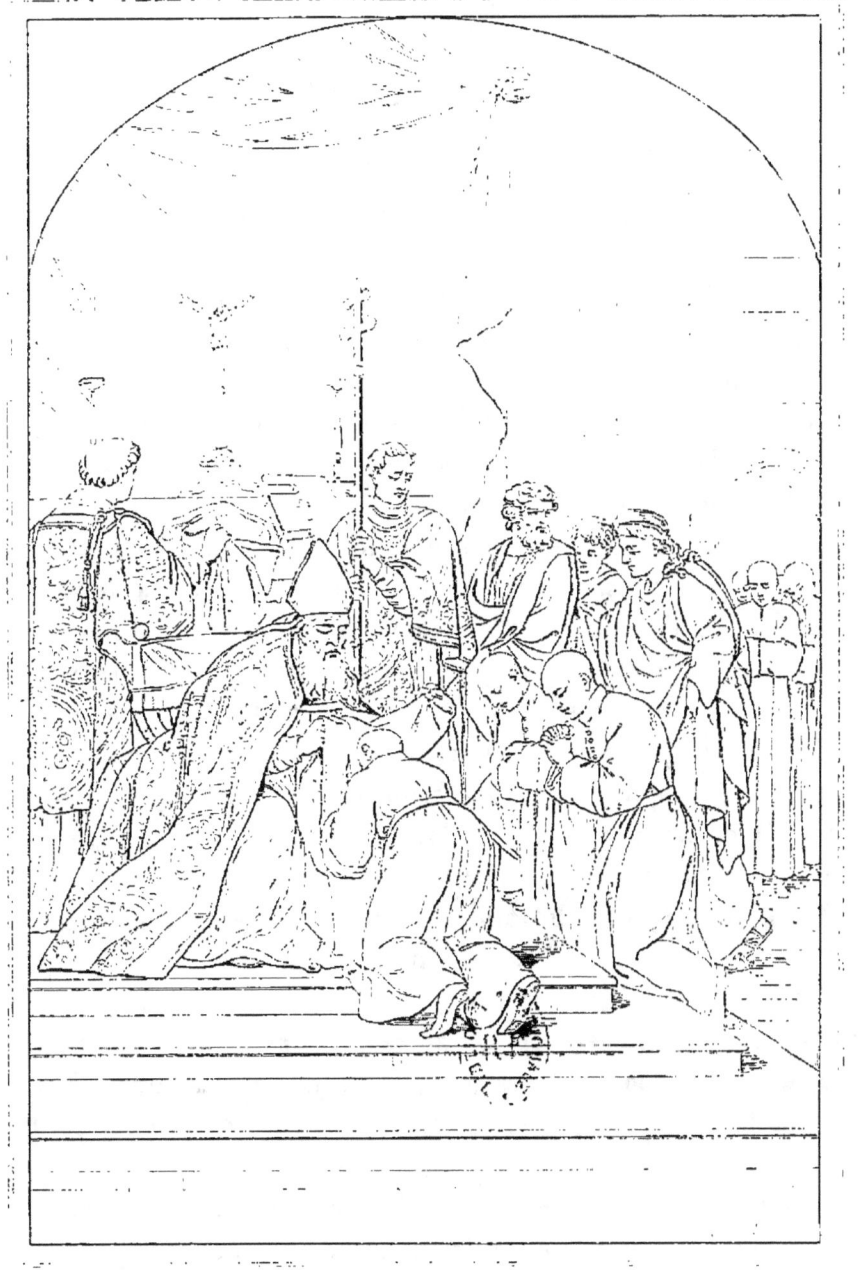

SAINT BRUNO
PREND L'HABIT MONASTIQUE.

Pendant la construction de l'église et des bâtimens néces-
saires à leur établissement, les pieux solitaires, qui voulaient
se retirer du monde, s'étaient trouvés obligés de se livrer à
toutes sortes de travaux, et n'avaient pu suivre les usages du
cloître; mais tout étant terminé, saint Bruno et ses compagnons prirent l'habit monastique : c'est saint Hugues, évêque
de Grenoble, qui fit cette consécration et reçut leurs vœux.

Saint Bruno, vêtu d'une longue robe de laine blanche, est
à genoux devant l'évêque qui s'apprête à lui passer la *coulé* ou
coculle, espèce de scapulaire tombant jusqu'à terre, avec deux
larges bandes dans le bas, pour empêcher les deux pans de ce
vêtement léger d'être écartés par le vent ou par les mouvemens.
Le Sueur, s'il eût voulu suivre l'histoire avec plus d'exactitude, n'aurait pas donné une grande barbe blanche au prélat,
puisqu'il était plus jeune que saint Bruno; c'est aussi une
faute d'avoir fait porter près de lui une double croix, ce signe
n'étant réservé que pour les archevêques.

Deux compagnons de saint Bruno sont à genoux sur les
marches de l'autel, et l'expression de leur figure, ainsi que
l'attitude de leur corps, montrent une grande ferveur, et in-
spirent un profond respect. Les autres, encore à la porte de la
chapelle, attendent avec résignation l'instant où ils pourront
s'approcher pour prononcer le vœu qui doit à jamais les sépa-
rer du monde.

Le Sueur, dans ce tableau, a su mettre tant de simplicité et
de naturel qu'il serait difficile de supposer que la scène ait pu
se passer différemment.

Haut., 6 pieds; larg., 4 pieds.

177.

≽·є·≼

S͏͏ᵗ. BRUNO

TAKING THE MONASTIC HABIT.

During the construction of the church and of the buildings necessary in forming an establishment for those pious anchorets, who whished to retire from the world, they were obliged to contribute their assistance towards a variety of laborious undertakings, and could not therefore exclusively follow the customs of the cloister; but, when every thing was terminated, saint Hugo, bishop of Grenoble, consecrated their establishment and received their vows.

Saint Bruno, clothed in a long white woollen robe, is upon his knees before the bishop, who is preparing to put the *coule* or *coculle*, upon him, a kind of scapulary reaching the ground in two large bands, which prevent the lappets of his light garment from being disturbed by the wind or by his own motion. Le Sueur, had he wished to have followed history, should not have given a large white beard to the prelate, because he was younger than saint Bruno; he has committed also another fault, in placing a double cross near saint Hugo, as the double cross is dedicated to archbishops.

Two companions of saint Bruno are kneeling upon the steps of the altar; the expression of their faces, as well as their attitudes, are full of devotion, and inspire the observer with profound respect. The others, still at the door of the chapel, are waiting with patience for the moment when they may approach to pronounce a vow that is to separate them for ever from the world.

Le Sueur has put so much nature and simplicity into this picture, that the design seems to be an exact representation of the scene as it occured.

Height, 6 feet 4 inches; width, 4 feet 3 inches.

177.

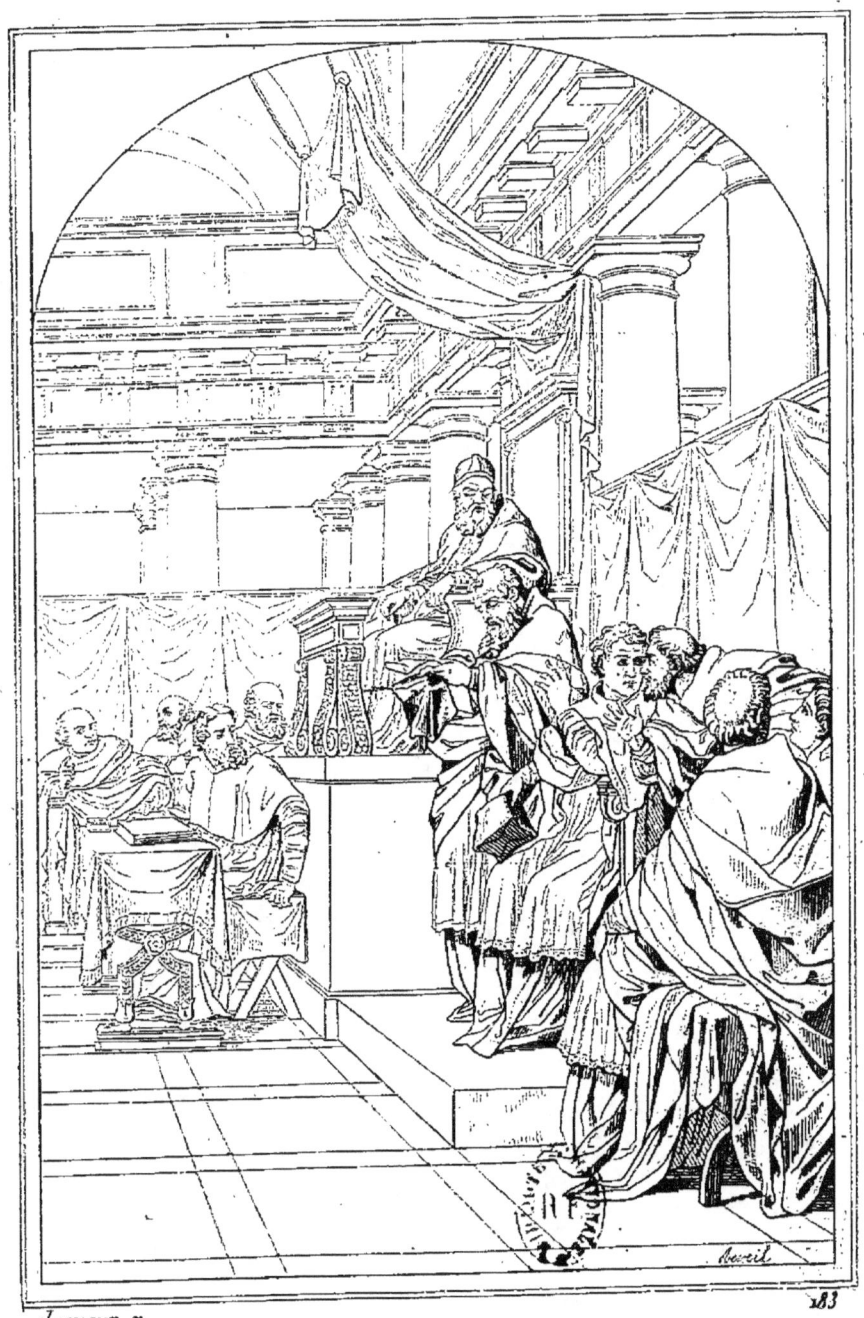

Lesueur p.

LE PAPE VICTOR III CONFIRME LES STATUTS DES CHARTREUX.

LE PAPE VICTOR III

CONFIRME LES STATUTS DES CHARTREUX.

Les pieux solitaires établis dans la Chartreuse sous la conduite de saint Bruno s'y distinguaient par l'austérité de leurs mœurs, l'assiduité au travail, la prière et le silence. A la culture des champs nécessaire pour la nourriture de la communauté ils faisaient succéder d'autres travaux moins fatigans, et celui auquel ils se livraient avec le plus d'assiduité était de transcrire des livres pieux, tels que la Genèse, les psaumes et les évangiles.

Il n'y avait pas encore, à bien dire, de statuts pour l'ordre, qui pourtant suivait la règle de saint Benoît, lorsque saint Bruno, toujours soumis à ses supérieurs, voulut sans doute obtenir l'autorisation du pape, et faire admettre les changemens nécessités par le genre de vie érémitique à laquelle se livraient ses religieux : il forma donc une demande d'institution auprès du Saint-Siége; c'est du moins ce que Le Sueur nous montre dans ce tableau. Le souverain pontife, entouré des membres du sacré collége, écoute avec la plus grande attention la lecture qui lui est faite, et qui paraît attirer l'admiration de plusieurs des membres du consistoire.

On peut admirer dans ce tableau la noblesse de la disposition de la salle; mais, ainsi que nous l'avons déja dit, on ne peut s'empêcher de remarquer que le peintre a employé une architecture qui n'est point en rapport avec le siècle dans lequel vivait saint Bruno.

Haut., 6 pieds; larg., 4 pieds.

POPE VICTOR III

CONFIRMING THE STATUTES OF THE CHARTREUSE.

The pious monks established in the Chartreuse, under the authority of saint Bruno, distinguished themselves there by the austerity of their manners, the assiduity of their labours, their prayers and their silence. To the culture of the earth, necessary for the nourishment of their community, they joined other works less fatiguing, and that which they indulged in with the greatest eagerness, was the transcribing of pious books, such as Genesis, the psalms, and the evangelists.

They had not, strictly speaking, statutes for their order, but were following the rules laid down by saint Benoit, when saint Bruno, with his usual deference for his superiors, wished to obtain the authority of the pope in respect to changes necessary to be made on account of the peculiar way of life to which the monks had devoted themselves. He requested that the pope would sanction the institution; such at least forms the subject of the present picture. The sovereign pontiff, surrounded by the members of the sacred college, listens with the greatest attention to the discourse recited before him, and which appears to have excited the admiration of many members of the consistory.

The hall of audience, in this picture, is admirably arranged, yet we cannot help remarking, that the painter has employed a style of architecture totally unsuitable to the age in which saint Bruno lived.

Height, 6 feet 4 ½ inches; breadth, 4 feet 3 inches.

183.

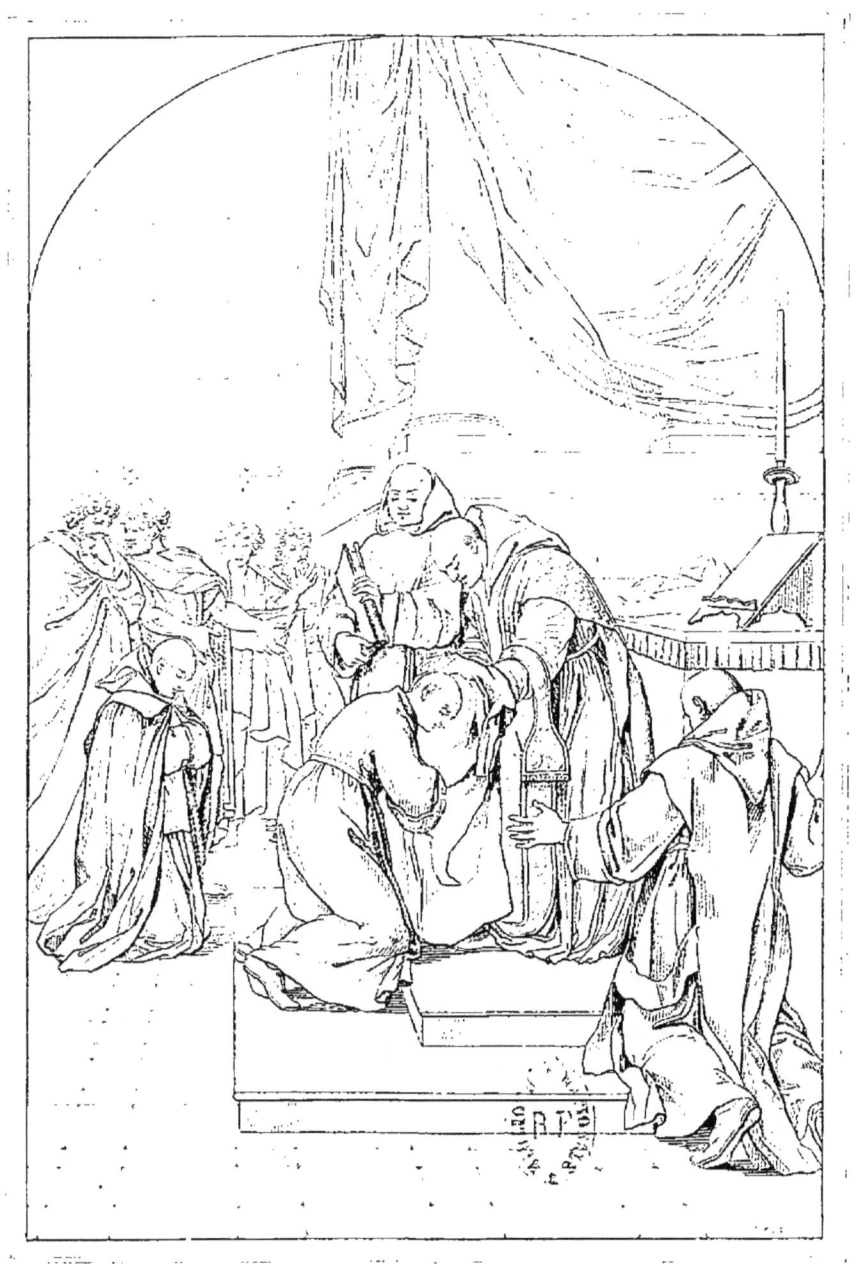

Lesueur p. 184.

St BRUNO DONNANT L'HABIT À UN NOVICE.

SAINT BRUNO

DONNANT L'HABIT A UN NOVICE.

Chacun des tableaux de l'histoire de saint Bruno se fait remarquer par la justesse et la variété des expressions, aussi bien que par la noblesse du style. Quelle ferveur et quelle soumission dans le novice qui va s'engager pour toujours dans un ordre dont les rigueurs sont si grandes! Que de piété dans la figure de saint Bruno qui voit dans le néophyte un élu de Dieu! Le religieux qui tient le livre des évangiles attend avec douceur le moment où il va l'ouvrir et recevoir dessus le serment du nouveau religieux; à droite un autre chartreux témoigne l'admiration que lui fait éprouver la résignation de ce jeune novice.

Le religieux que l'on voit à genoux en face de l'autel est également un chartreux; mais c'est une licence que s'est permise le peintre de le revêtir d'un manteau noir, qui est l'habit de ville et non celui du chœur. On veut trouver dans l'homme debout près de lui le père du novice, qui ne peut s'empêcher d'éprouver quelque peine en pensant que les vœux prononcés par son fils lui font perdre l'espoir et le soutien de sa vieillesse.

On peut admirer dans ce tableau la facilité avec laquelle Le Sueur savait composer; mais l'exécution laisse quelque chose à désirer.

Haut., 6 pieds; larg., 4 pieds.

➣•⭠

SAINT BRUNO

PUTTING THE RELIGIOUS HABIT UPON A NOVICE.

Every picture that elucidates the history of saint Bruno is remarkable for the justness and variety of its expressions, as well as for the dignity of its style. What fervour and sub-mission are depicted in the novice, about to join himself for ever to an order the austerities of which are so great! What piety in the face of saint Bruno, who sees in the convert be-fore him an elect of God! The monk who holds the Bible waits with benignity for the moment when he is to open it and to receive the oath of the new brother; to the right another holy man expresses his admiration at the resignation of the young novice.

The monk who is kneeling opposite the altar, belongs also to the Chartreuse; but, by a painter's license, he is clothed in a black mantle, which belongs rather to the city than the choir. The man near him is the father of the novice, who is naturally made to express a certain degree of emotion, aware that the vows just pronounced by his son will deprive him of the hope and the prop of his age.

We cannot but admire in this picture the felicity with which it has been composed, but the execution leaves some-thing to be desired.

Height, 6 feet 4 ½ inches; breadth, 4 feet 3 inches.

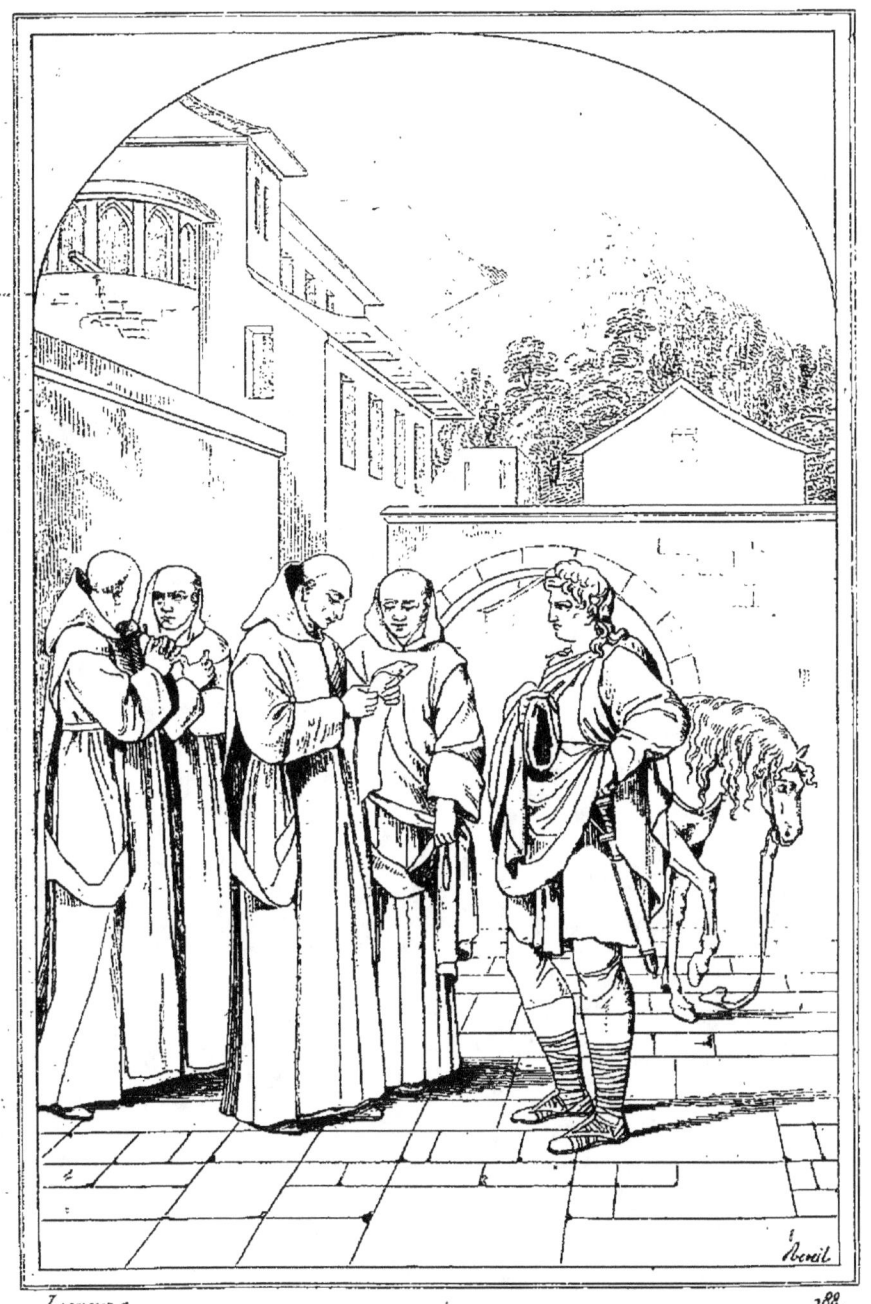

Lesueur p.   188.

S⁺ BRUNO REÇOIT UN MESSAGE DU PAPE.

SAINT BRUNO

REÇOIT UN MESSAGE DU PAPE.

Peu d'années s'étaient écoulées depuis l'établissement des Chartreux, lorsque Odou de Lageri, né à Châtillon-sur-Seine, et religieux de l'ordre de Cluny, fut élevé à la papauté, sous le nom d'Urbain II, en 1088 : ce souverain pontife, disciple de l'école de Reims, élevé avec saint Bruno, voulant s'aider des lumières de celui qui déja avait été son maître, lui envoya un message pour lui demander de venir près de lui prendre part au gouvernement de l'église.

L'envoyé du pape a déja remis ses dépêches : l'épée qu'il porte montre la noblesse de son origine, et cependant il se tient découvert pour rendre hommage à celui dont la vertu et la piété étaient bien reconnues. On ne peut se dissimuler la peine qu'éprouve saint Bruno d'être obligé de se retrouver encore au milieu du monde, et on voit également celle que ressentent ses pieux compagnons. Cette scène est sublime ; elle est rendue sans affectation ; tout est simple, tout est naïf ; on sent l'émotion de chacun des personnages, malgré le silence qu'ils gardent tous. Le ton de couleur du tableau convient parfaitement au sujet : on y trouve de l'harmonie et même une nuance de tristesse répandue sur tout le lieu de la scène. Le vêtement rougeâtre du messager, ainsi que son manteau vert, font avec les vêtemens blancs des religieux une opposition qui n'a pourtant rien de dur.

Haut., 6 pieds ; larg., 4 pieds.

ঽঌ৪৻ঌ

SAINT BRUNO

RECEIVING A MESSAGE FROM THE POPE.

A few years after the establishment of the Chartreux, Odon de Lageri, born at Chatillon-sur-Seine, and a monk of the order of Cluny, was elevated to the popedom, under the name of Urban II in 1088 : this sovereign pontiff, a disciple in the school of Reims, had been brought up by saint Bruno, and, wishing to avail himself of the ability of the man who had already been his master, he sent a message to him, summoning saint Bruno to his presence that he might take a part with him in the government of the church.

The envoy of the pope has already delivered his dispatches, the sword that he carries shows the nobility of his birth, he however, uncovered, is rendering homage to him whose virtue and piety had been so universally acknowledged. Saint Bruno cannot conceal the pain that he feels upon being again forced into the world, and it is equally evident that it is displeasing to his pious companions. This scene is sublime; it is given without affectation; all is simple, all is easy, we can enter into the emotion of each person, in spite of the silence which they all preserve. The tone and colouring of the picture agree perfectly with the subject; a harmony and even an air of sadness is shed over the scene. The red dress of the envoy and his green mantle, form a contrast to the white garments of the monks, without however producing the least harshness.

Height, 6 feet 5 inches; breadth, 4 feet 3 inches.

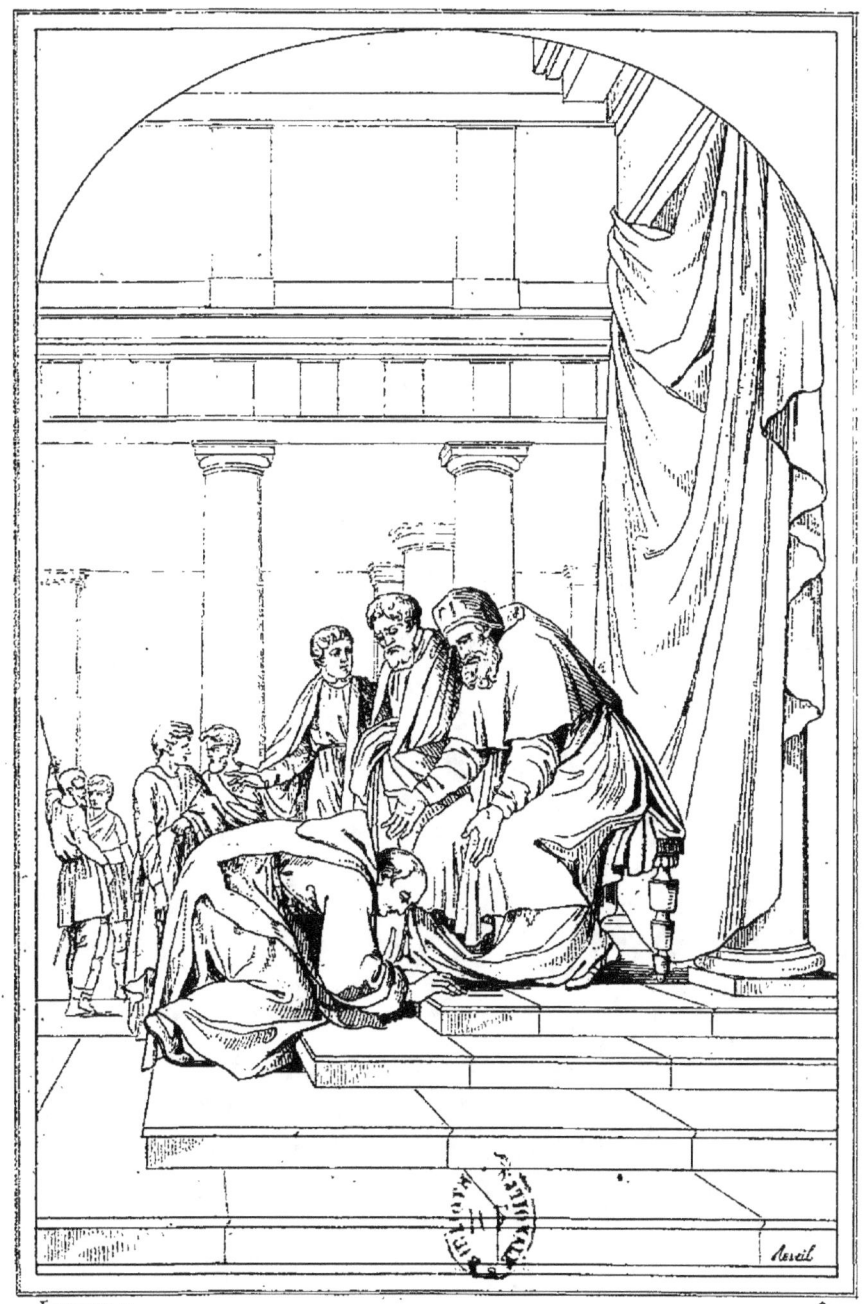

Aveil

189.

S^T BRUNO ARRIVE A ROME.

SAINT BRUNO ARRIVE A ROME.

Saint Bruno, en se présentant devant le souverain pontife, ne voit en lui qu'un supérieur à qui il doit respect et soumission, tandis que le pape Urbain II, ancien élève de saint Bruno, ne veut trouver que le maître dont il reçut des leçons dans sa jeunesse, et un ami dont il désire recevoir maintenant les conseils.

Le pape Urbain éprouve ici les mêmes sentimens que ceux qu'a ressentis l'évêque de Grenoble, saint Hugues : Le Sueur n'a donc pas hésité à le représenter dans la même position. Il ne faut pas pour cela accuser le peintre d'avoir manqué d'imagination ; mais ce serait se montrer puéril que de ne pas vouloir répéter une pose quand les personnages se trouvent dans la même action. Ainsi que l'a déja dit M. Miel, « Le Sueur s'est répété comme se répète Homère et comme se répète la nature. »

La figure du pape est très belle sous tous les rapports, mais celle de l'un des deux personnages, qui sont près du souverain pontife, paraît trop petite pour le plan où elle est placée.

Haut., 6 pieds ; larg., 4 pieds.

SAINT BRUNO ARRIVING AT ROME.

Saint Bruno, in presenting himself before the sovereign pontiff, regards him in the light of a superior to whom he owes respect and submission; whilst pope Urban II, formerly one of saint Bruno's pupils, considers him as the master from whom he received lessons in his youth, and as a friend from whom he now wishes to imbibe advice and assistance.

Pope Urban is influenced here by sentiments similar to those of saint Hugo, bishop of Grenoble : Le Sueur, has not even hesitated putting him in the same position; but the painter does not deserve to be accused of want of imagination; it would even have been puerile to avoid a repetition of the same position, when the persons are animated by the same sentiments. Thus, as M. Miel had already said, « Le Sueur has imitated himself as Homer did, and as nature does in her works. »

The figure of the pope is extremely fine in every respect, but that of one of the two persons near the sovereign pontiff, appears too small for the situation in which he is placed.

Height, 6 feet 5 inches ; breadth, 4 feet 3 inches.

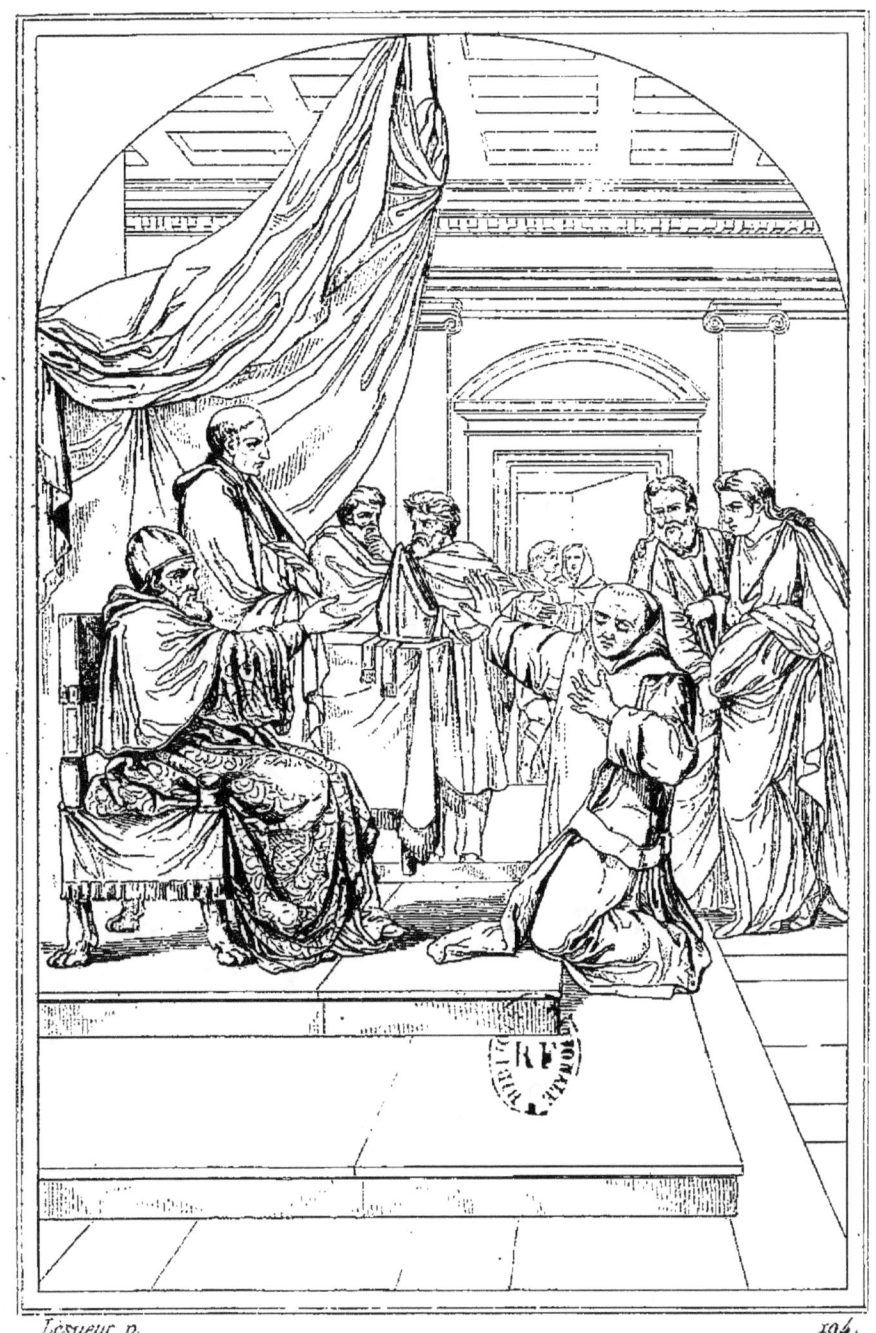

Lesueur p.   194.

ST BRUNO REFUSE UN ARCHEVÉCHÉ.

≥•€

SAINT BRUNO
REFUSE UN ARCHEVÊCHÉ.

En se rendant à la cour de Rome, saint Bruno n'avait pu résister au désir du souverain pontife ; mais trop simple dans ses mœurs pour s'accoutumer à celles d'une grande ville, trop franc pour se plier à la duplicité des courtisans, trop modeste pour s'enorgueillir du crédit dont il jouissait dans l'esprit du pape, il ne voulut s'en servir que pour augmenter la splendeur de son ordre, en fondant une nouvelle maison dans les déserts de la Calabre. Il n'y fut pas plutôt arrivé qu'il fut élu archevêque de Reggio ; mais la retraite étant tout ce que désirait saint Bruno, il refusa d'occuper une dignité qu'ambitionnent presque tous ceux qui se vouent à l'état ecclésiastique.

La pantomime de cette scène est admirable ; la figure de saint Bruno est un chef-d'œuvre d'expression et de noblesse ; le mouvement de sa main droite, qui semble repousser sans ostentation la mitre qu'on lui propose, le geste expressif de sa main gauche, qui indique si bien qu'il se croit incapable de porter un tel fardeau, tout annonce le sentiment profond dont le peintre était pénétré en composant son sujet.

Le pape, étonné d'un tel refus, n'en est point offensé ; mais on voit que, persuade du bien qu'il procurerait à l'église, il espère en insistant surmonter la modestie du religieux.

Habitué à retrouver facilement les pensées de Le Sueur, on est étonné dans ce tableau de ne pouvoir deviner ce que signifie la figure du jeune homme qui est debout derrière saint Bruno : sa pose insignifiante est une de ces fautes légères qu'on trouve rarement dans les ouvrages de Le Sueur.

Haut., 6 pieds ; larg., 4 pieds.

SAINT BRUNO
REFUSING AN ARCHBISHOPRICK.

In appearing at the court of Rome, it is evident that saint Bruno could not resist the invitation of the sovereign pontiff; but he was prevented by his simple manners from accustoming himself to the manners of a great city; his open-heartedness hindered him from entering into the duplicity of a court, and he was too modest to pride himself upon the favor which he enjoyed in the opinion of the pope; his only wish was the augmentation of his order, by the founding of a new monastery in the deserts of Calabria. He had no sooner arrived in Rome than he was elected archbishop of Reggio; but retirement was all that saint Bruno desired, and he refused to occupy a dignity, of which almost all those who belonged to the ecclesiastical state were ambitious.

The pantomime of this scene is admirable; the figure of saint Bruno is a master-piece of expression and dignity; the motion of the right hand putting aside, without ostentation, the mitre which is offered him; the expressive gesture of the left hand, which indicates so clearly that he is incapable of supporting such a burden, show the profound feeling which must have influenced the painter when composing the subject.

The pope is astonished but not offended at the refusal; and his expression discovers that, conscious of the benefit which the church would obtain by his preferment, he hopes to overcome saint Bruno's modesty.

The ideasof Le Sueur being in general easy to understand, we are surprized in this picture at not being able to comprehend the figure of the young man behind saint Bruno; its insignificant position is one of those faults which are rarely to be found in the works of Le Sueur.

Height, 6 feet 4 ½ inches; breadth, 4 feet 3 inches.

194.

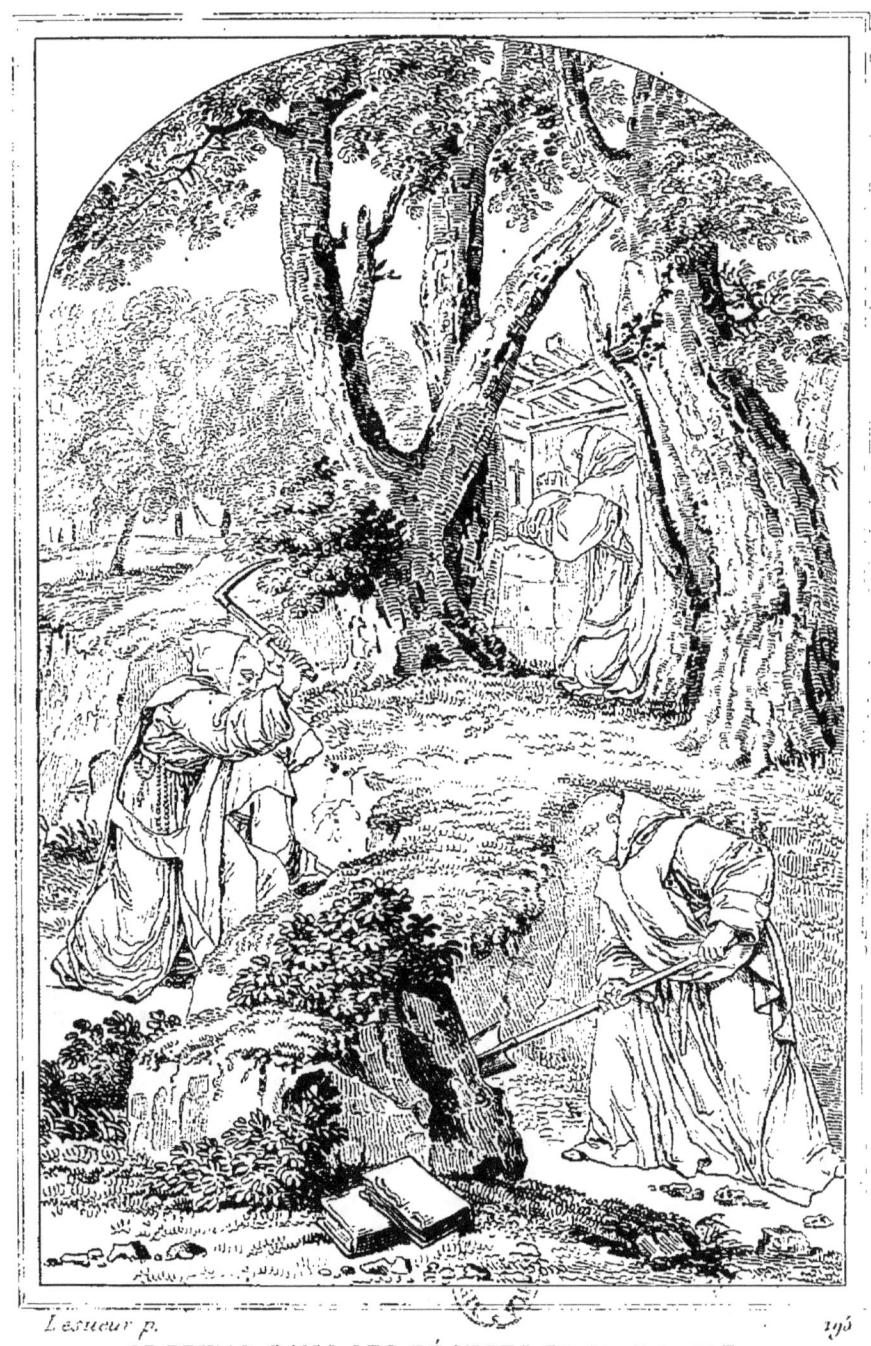

Lesueur p.   195

St BRUNO DANS LES DÉSERTS DE LA CALABRE.

U

SAINT BRUNO
DANS LES DÉSERTS DE LA CALABRE.

Après avoir quitté la ville de Rome, saint Bruno se retira dans un désert de la Calabre pour y établir une maison de religieux qui, comme ceux de la Chartreuse de Grenoble, devaient vivre en silence, cultiver la terre et se livrer à la prière. Cet établissement fut formé dans un endroit nommé *Torre*, près de la ville de Squillace.

Au fond on aperçoit saint Bruno dans la méditation, tandis que sur le premier plan on voit trois religieux occupés à défricher la terre. Les livres que l'on aperçoit sur le devant indiquent que, quand ils auront besoin de repos, les bons cénobites viendront s'édifier par la lecture de quelques pieux récits.

La couleur de ce tableau est belle et tient un peu de l'école des Carraches; mais le paysage manque d'entente : les arbres du second plan sont trop forts, et ceux du fond sont trop noirs et trop vigoureux, ce qui ôte de l'harmonie au tableau et ramène cette partie trop en avant.

Haut., 6 pieds; larg., 4 pieds.

195. U.

SAINT BRUNO

IN THE DESERTS OF CALABRIA.

After having quitted Rome, saint Bruno retired into a desert of Calabria, for the purpose of establishing a monastery there, like that of the Chartreuse at Grenoble, whose inmates might be equally devoted to silence and prayer and the cultivation of the earth. This establishment was formed in a place called *Torre*, near the city of Squillace.

In the back-ground saint Bruno is seen meditating, whilst three monks are beginning their undertaking by digging up the earth. The books which may be perceived in the foreground indicate, that when wearied with labour the monks may edify themselves by reading religious lectures.

The colouring of this picture is beautiful, and a little in the manner of the Carrache school, but the landscape is deficient in tint : the trees in the middle-ground are too harsh, and those in the back-ground are too black and vigorous, they destroy the harmony of the picture and bring that part of it too forward.

Height, 6 feet 4 ½ inches ; breadth, 4 feet 3 inches.

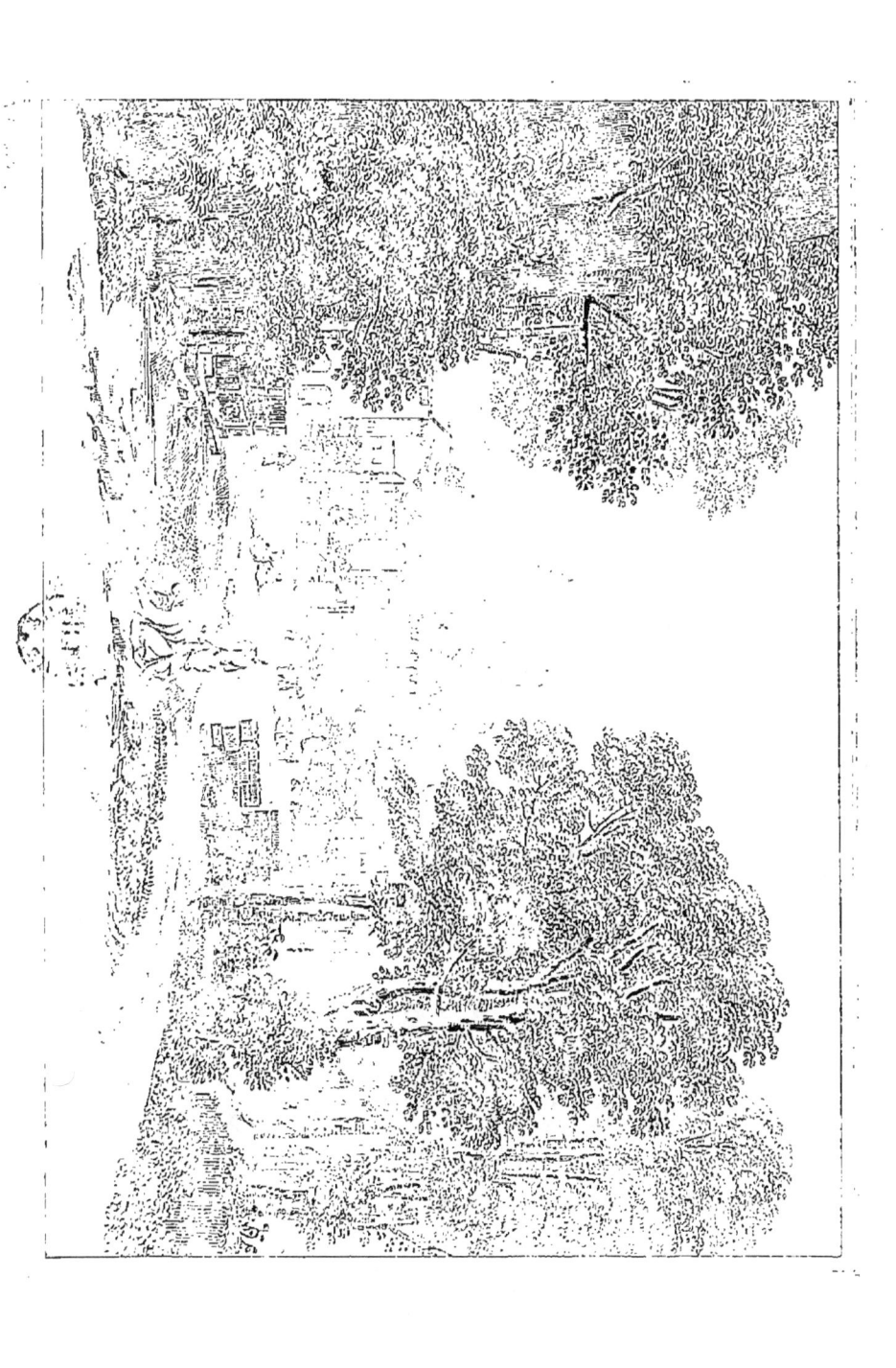

SAINT BRUNO
VISITÉ PAR LE COMTE ROGER.

Nous avons vu précédemment que saint Bruno avait établi une Chartreuse sur les terres de Roger, comte de Calabre. Le prince sans doute avait eu connaissance des vertus et de la piété qui distinguaient ce digne anachorète; mais il ne l'avait jamais vu, lorsqu'une partie de chasse le conduisit dans les environs de la Chartreuse, et que le hasard l'ayant éloigné de sa suite, il se trouva seul dans le lieu même où saint Bruno était en méditation. Saisi de respect et rempli d'admiration pour un aussi saint homme, le comte Roger, voulant lui rendre hommage, descend de cheval, et se jette à genoux près de lui. Saint Bruno, surpris de cette action, suspend sa prière, et montre l'étonnement que lui cause cette visite inattendue. La conversation qui s'engagea entre eux fit voir au comte un homme tellement édifiant, qu'il voulut contribuer à l'amélioration du sort de ceux qui s'étaient voués entièrement au service de Dieu. Il dota donc la Chartreuse de domaines assez considérables pour construire une chapelle sous l'invocation de saint Étienne, et un monastère, où pourraient se retirer ceux d'entre les religieux qui n'auraient pas la force de suivre les règles de la vie érémitique.

Ce tableau est d'un ton vigoureux : la partie gauche où est saint Bruno a tellement poussé au noir, qu'on distingue difficilement les objets; le cheval est assez bien peint, mais on doit croire qu'il n'a pas été étudié d'après nature. Quant au paysage, il fait honneur au pinceau de Patel, à qui il est dû.

Haut., 6 pieds; larg., 4 pieds.

200.

S^T. BRUNO

VISITED BY COUNT ROGER.

We have already seen that St. Bruno had established a Chartreuse upon the domains of Roger, count of Calabria. This
prince was aware without doubt of the virtues and the piety
for which the worthy recluse was distinguished; but he had
never seen him, until led by an hunting excursion into the environs of the Chartreuse; accident separating him from his atten-
dants, he found himself at the very same place where St. Bruno
was meditating. Struck with respect and filled with admiration
for so holy man, count Roger, wishing to do him homage,
alighted from his horse, and threw himself upon his knees before the recluse. St. Bruno surprised at the action, suspended
his prayer, and betrayed the astonishment that so unexpected
a visit had created. The conversation into which they entered,
showed the count a man so edified, that his only wish was
that of ameliorating the lot of those who had devoted themselves entirely to the service of God. Count Roger endowed
the Chartreuse with lands considerable enough to admit of a
chapel being constructed upon them, in the name of St. Stephen, and a monastery, whiter those monks might retire who
had not sufficient strength to follow the rules af an ascetic life.

This picture has a vigorous tone : the left side where St.
Bruno appears, so nearly approaches to blackness, that it is
difficult to distinguish the objects it contains; the horse is sufficiently well executed, but we may see that it has not been
painted from nature. With regard to the landscape, it does
honour to the pencil of Patel, to which it is due.

Height, 6 feet 4 inches; width, 4 feet 3 inches.

200.

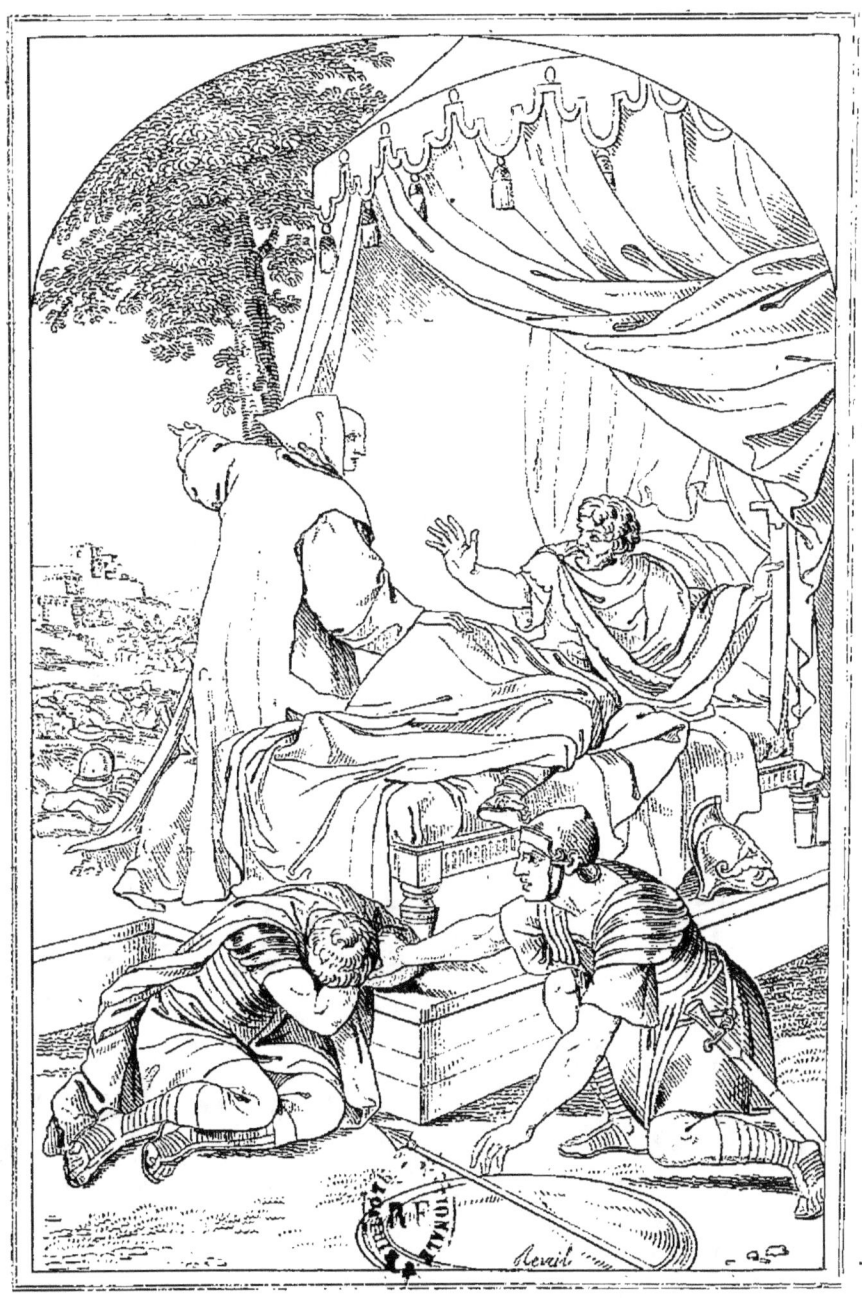

Lesueur p.   201

LE COMTE ROGER RÉVEILLÉ PAR St BRUNO.

LE COMTE ROGER
ÉVEILLÉ PAR SAINT BRUNO.

On raconte que peu de temps après la visite du comte Roger à saint Bruno, ce pieux anachorète lui apparut la nuit et lui donna connaissance de la conspiration qu'on tramait contre lui, et par suite de quoi l'armée avec laquelle il assiégeait Capoue devait être surprise et livrée aux assiégés par Sergius, l'un de ses capitaines; on ajoute que c'est ainsi que Dieu donna à saint Bruno l'occasion de témoigner au comte de Calabre sa reconnaissance pour les biens dont il l'avait accablé.

Le Sueur, sentant la difficulté de rendre un songe, a supposé la réalité de l'action : il fait voir saint Bruno accourant à la tente du comte, le réveillant et lui apprenant la trahison qui menace ses jours. Roger, subitement éveillé, paraît surpris, épouvanté, et se dispose à quitter son lit; déjà de la main gauche il a saisi son épée; sa pose animée contraste bien avec la tranquillité de la figure de saint Bruno.

Sur le devant se voient deux soldats, dont l'un paraît encore endormi. Ces deux figures paraissent nuire à l'action, et leur pose a quelque chose de singulier, qui ne peut mériter d'éloges; elles manquent de grace, le dessin en est peu correct, et leur expression est insignifiante.

Haut., 6 pieds; larg., 4 pieds.

X. 201.

➤◦◄

COUNT ROGER
AWAKENED BY SAINT BRUNO.

It is related that a short time after the visit of count Roger to St. Bruno, this pious recluse appeared to him in the night and warned him of the conspiracy formed against him, and in consequence of which the army investing Capua would have been surprised and delivered up to the besiegers by Sergius, one of his captains; moreover it is added that in this manner, God gave St. Bruno an opportunity of testifying his gratitude to the count of Calabria for the benefits he had received from him.

Le Sueur, feeling the difficulty of designing a dream, has supposed the subject to have really occured: he has represented St. Bruno as having run to the count's tent, as having awakened him and warned him of the treason that threatened his life. Roger suddenly aroused, seems to be surprised and frightened, and appears upon the point of rising from his bed; his left hand is already upon his sword; his animated position contrasts happily with the quietness of St. Bruno's figure.

In the front are two soldiers, one of whom appears to be still asleep. These figures hurt the action of the picture, and there is something singular in their position, little worthy of commendation; they are wanting in grace, the drawing of them is incorrect and their expression is insignificant.

Height, 6 feet 4 inches; width, 4 feet 3 inches.

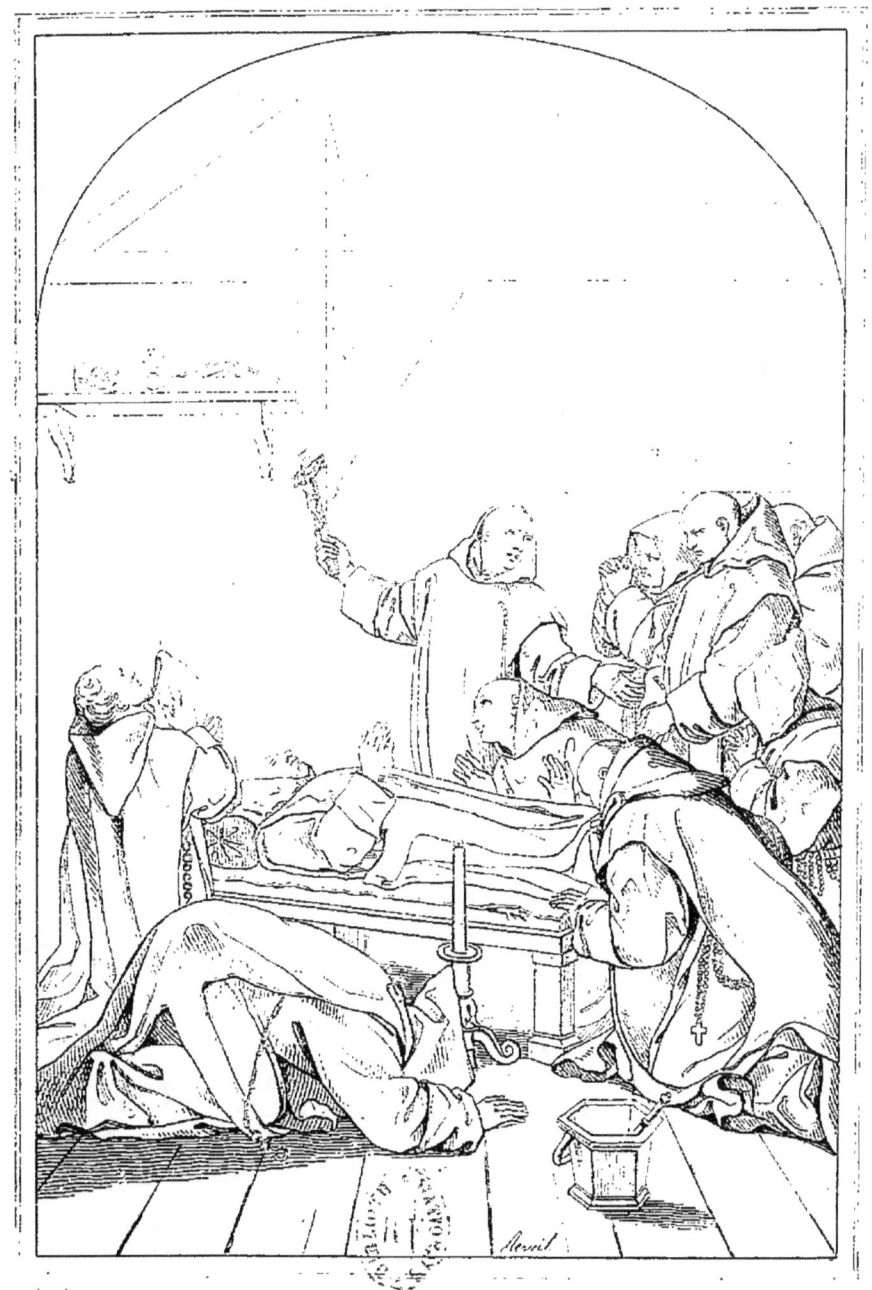

MORT DE St BRUNO

MORT DE SAINT BRUNO.

Après un séjour de onze années dans les déserts de la Calabre, saint Bruno, sentant approcher sa fin, fit assembler ses religieux, leur fit sa confession et sa profession de foi, puis dans le calme le plus parfait, il rendit son ame à Dieu, le dimanche 6 octobre 1101. Son corps fut enterré dans l'église de St-Étienne *della Torre.* Sa mort ayant été annoncée aux diverses églises de France et d'Angleterre, ses disciples reçurent plus de deux cents réponses, contenant toutes l'éloge du savoir et de la vertu de saint Bruno. Il est étonnant qu'après ce témoignage d'approbation, la canonisation de ce vertueux anachorète n'ait eu lieu qu'en 1514, sous le pontificat de Léon X.

Quoiqu'on puisse étudier avec fruit tous les tableaux de Le Sueur, et surtout ceux du cloître des Chartreux dont les sujets semblaient plus particulièrement convenir à la disposition de son esprit, cependant il s'en trouve parmi eux qui montrent encore plus de talent; et, si on veut les considérer avec la plus scrupuleuse attention, on trouvera dans le nombre deux chefs-d'œuvre suffisans pour placer le peintre au rang le plus éminent : l'un est Saint Bruno en prière, n° 154, et l'autre est la Mort de saint Bruno dont nous nous occupons maintenant.

La scène n'est éclairée que par un seul cierge : l'effet de lumière est des plus magnifiques, la couleur en est chaude et vigoureuse, le dessin est des plus corrects; les draperies présentent les formes les plus belles, et la simplicité de la cellule vient encore frapper le cœur de la manière la plus vive. Tous les religieux dans la désolation, chacun d'eux la montre à sa manière, l'expression de tous est variée et toujours sublime.

Haut., 6 pieds; larg., 4 pieds.

THE DEATH OF SAINT BRUNO.

After a sojourn of eleven years in the deserts of Calabria, saint Bruno, feeling his end approaching, ordered the monks to assemble, and made before them his confession and declaration of faith, and afterwards, with the most perfect tranquillity, yielded his soul to God, on sunday the 6th of october 1101. His body was buried in the church of Saint-Stephen *delle Torre.* His death being announced to the different churches of France and England, his disciples received more than two hundred answers, all containing eulogies upon the learning and virtue of saint Bruno. It is astonishing that after these testimonies of approbation, the canonization of this virtuous recluse was not carried into effect until 1514, during the pontificate of Leo X.

Although all Le Sueur's pictures may be studied to advantage, and above all those connected with the cloister of the Chartreuse, the subjects of which appear particularly to suit the disposition of his genius, yet some are to be found among them displaying more talent than others; and if we consider these with the most scrupulous attention, we shall discover among the number two master-pieces, of consequence enough to place the painter in the highest rank of his profession : one of them is Saint Bruno praying, n° 154, and the other is the Death of saint Bruno, with which we are at present occupied.

The scene is lighted by a single wax taper : the effect of the light is most magnificient, the colouring warm and vigorous, and the drawing faultless ; the draperies present the most beautiful forms, and the simplicity of the cell appeals to the heart in the most forcible manner. All the monks are in despair; each shows his grief in his own peculiar manner; their expression is varied and it is always sublime.

Height, 6 feet 5 inches ; breadth, 4 feet 3 inches.

206.

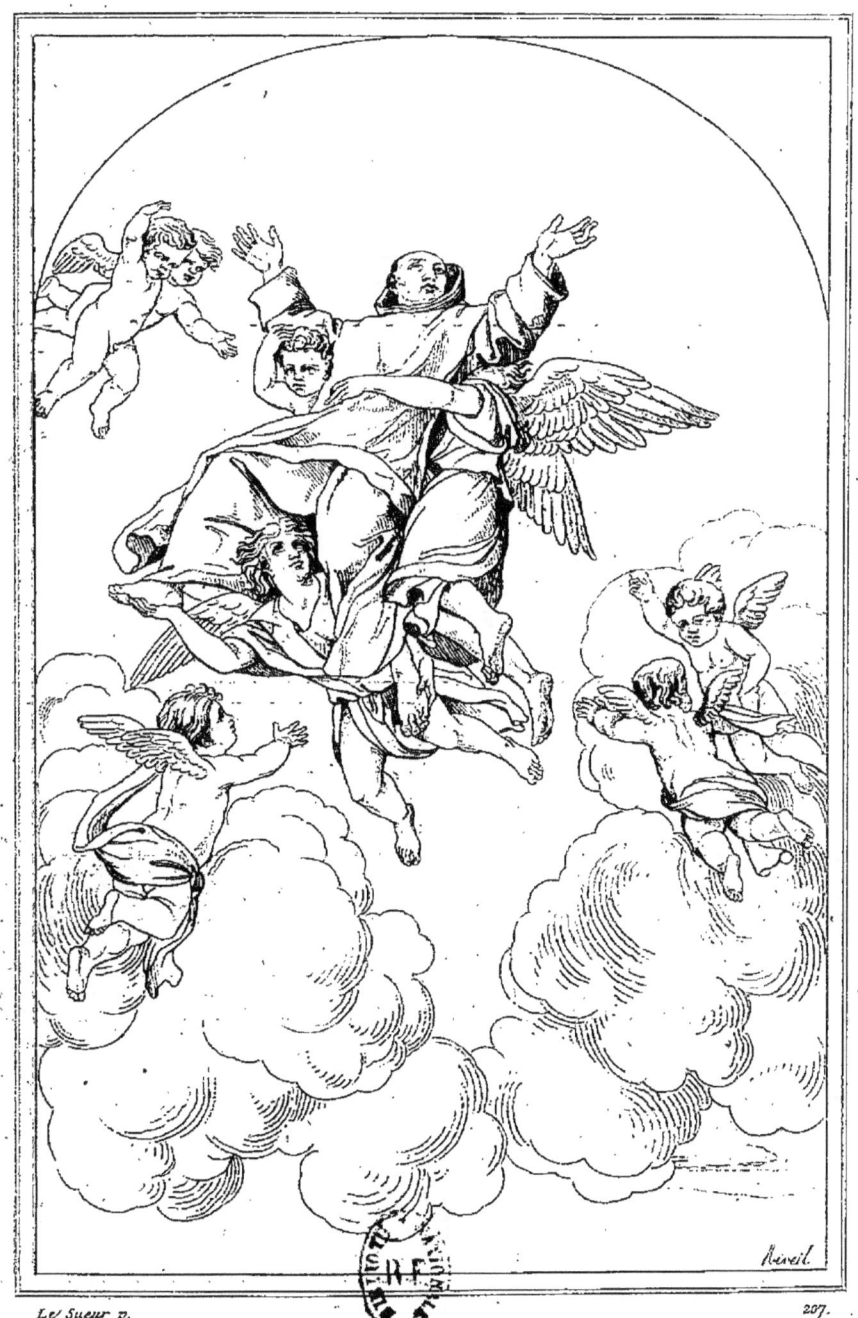

Le Sueur p.

207.

St BRUNO ENLEVÉ AU CIEL.

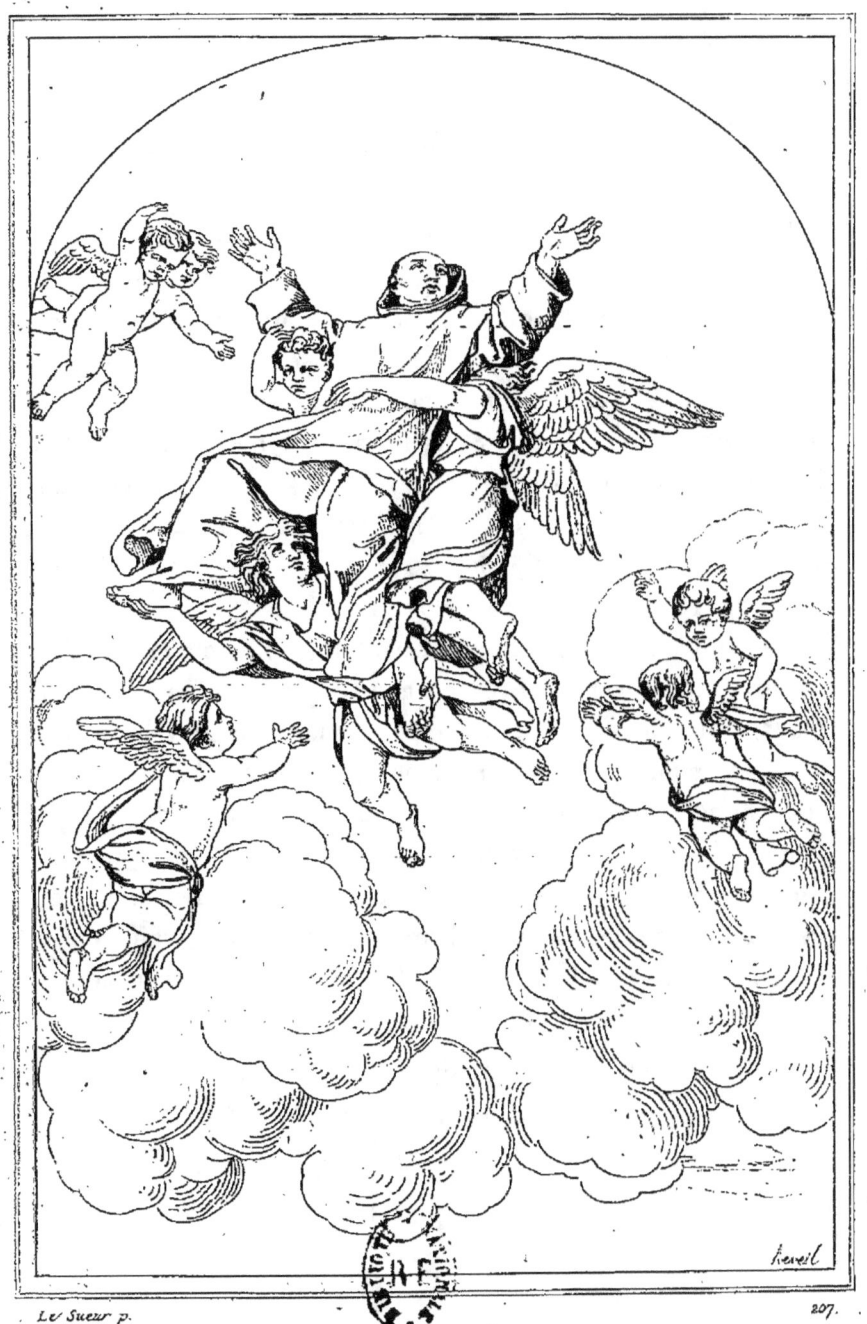

Le Sueur p.

207.

ST BRUNO ENLEVÉ AU CIEL.

heveil

SAINT BRUNO ENLEVÉ AU CIEL.

Le Sueur n'a pas cru pouvoir mieux terminer son poëme de saint Bruno qu'en le représentant porté par des anges vers la demeure céleste, où il doit recevoir la récompense de ses vertus.

Cette composition simple et gracieuse a quelque ressemblance avec le Ravissement de saint Paul, par Dominique Zampieri, dit le Dominiquin. Sous le rapport de la couleur et de l'exécution, il est un des plus remarquables de la suite des vingt-deux tableaux que l'on pourra retrouver sous les n°s 147, 148, 153, 154, 159, 160, 165, 166, 172, 173, 176, 177, 184, 185, 188, 189, 194, 195, 200, 201 206 et 207.

Le cloître des Chartreux tombait en ruine en 1776 : les religieux, ne pouvant subvenir à cette dépense, offrirent au roi les tableaux de leur cloître, en lui demandant de vouloir bien se charger de la réparation de leur couvent. Chaque tableau fut estimé 6,000 francs : ce qui faisait une somme de 132,000 francs ; de plus, le comte de Maurepas avait promis que lorsque les réparations seraient terminées, on donnerait au couvent des copies de leurs tableaux, et le prix en avait été fixé à 2,000 francs ; mais le temps s'écoula, et la suppression de l'ordre arriva avant que ces promesses aient pu s'exécuter.

Haut., 6 pieds ; larg., 4 pieds.

207. Y.

SAINT BRUNO TAKEN UP TO HEAVEN.

Le Sueur believed that he could not better finish his poem of saint Bruno than by representing him carried by angels towards the celestial regions, there to receive the recompense of his virtues.

This composition, simple and graceful, is something similar to the Extasy of saint Paul, by Dominico Zampieri, called the Dominican. With respect to colour and execution, it is the most remarkable of the twenty-two pictures, the whole series, that may be found under numbers, 147, 148, 153, 154, 159, 160, 165, 166, 172, 173, 176, 177, 184, 185, 188, 189, 194, 195, 200, 201, 206 and 207.

The cloister of the Chartreuse fell to ruin in 1776 : the monks, not being able to support the expense, offered the pictures of their cloister to the king, on condition that he would charge himself entirely with the repair of their convent. Each picture was valued at 6,000 francs: making together the sum of 132,000 francs, and further, the count of Maurepas promised that when the repairs were finished, he would give them copies of their pictures, the price of which was fixed at 2,000 francs; but time rolled on, and the suppression of the order arrived before these promises were carried into execution.

Height, 6 feet 5 inches ; breadth, 4 feet 3 inches.

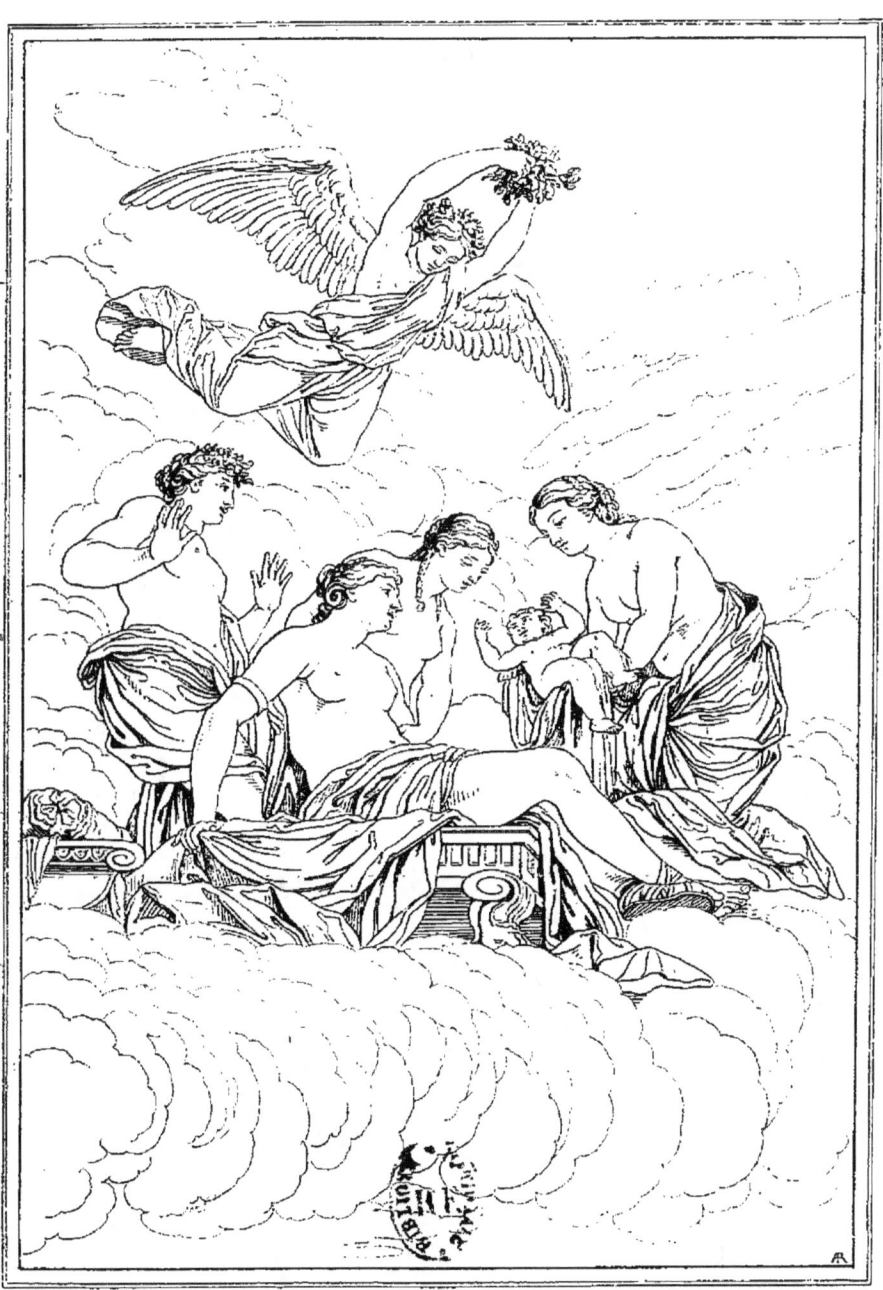

Le Sueur pinx.

563.

NAISSANCE DE L'AMOUR.

NAISSANCE DE L'AMOUR.

Quoique les auteurs anciens aient souvent varié sur l'origine de l'Amour, l'opinion la plus généralement suivie est qu'il était fils de Mars et de Vénus. C'est donc la déesse de Cythère, que le peintre représente ici, au moment où elle vient de donner le jour à son fils, et qu'elle en confie l'éducation aux Grâces. La figure de l'Aurore, que l'on voit dans le ciel, semble faire sentir l'heure à laquelle est arrivé cet important événement.

Ce tableau, de Le Sueur, était autrefois au milieu du plafond d'une des pièces du rez-de-chaussée de l'hôtel qu'occupait le président Lambert de Thorigny. Il fut acquis pour le Roi en 1777, ainsi que les autres peintures de cette même suite, ainsi que celle des Muses, que Le Sueur avait été chargé de faire dans cet hôtel, qui fut long-temps un point de réunion, pour les artistes et les gens de lettres.

Le tableau de la Naissance de l'Amour a été gravé par Desplaces.

Haut., 5 pieds 8 pouces; larg., 3 pieds 11 pouces.

THE BIRTH OF LOVE.

Although the ancients are often at variance respecting the origin of Love , the opinion most generally received is that he was the son of Mars and Venus. The painter has therefore here represented the Cytherean goddess, the moment after she has given birth to her son, and is confiding his edu · cation to the Graces. The countenance of Aurora , seen in the heavens seems to impart that she is going to announce to the world this important event.

This picture by Le Sueur, was formerly in the middle of the ceiling of an apartment on the ground floor of the hotel, occupied by the President Lambert de Thorigny. It was transferred to the Museum in 1795, with the other pictures that Le Sueur and Le Brun had been commissioned to paint in that hotel, which, for a long time, was the place of meeting for Artists and Men of letters.

The picture of the Birth of Love has been engraved by Desplaces.

Height 6 feet ; width 4 feet 2 inches.

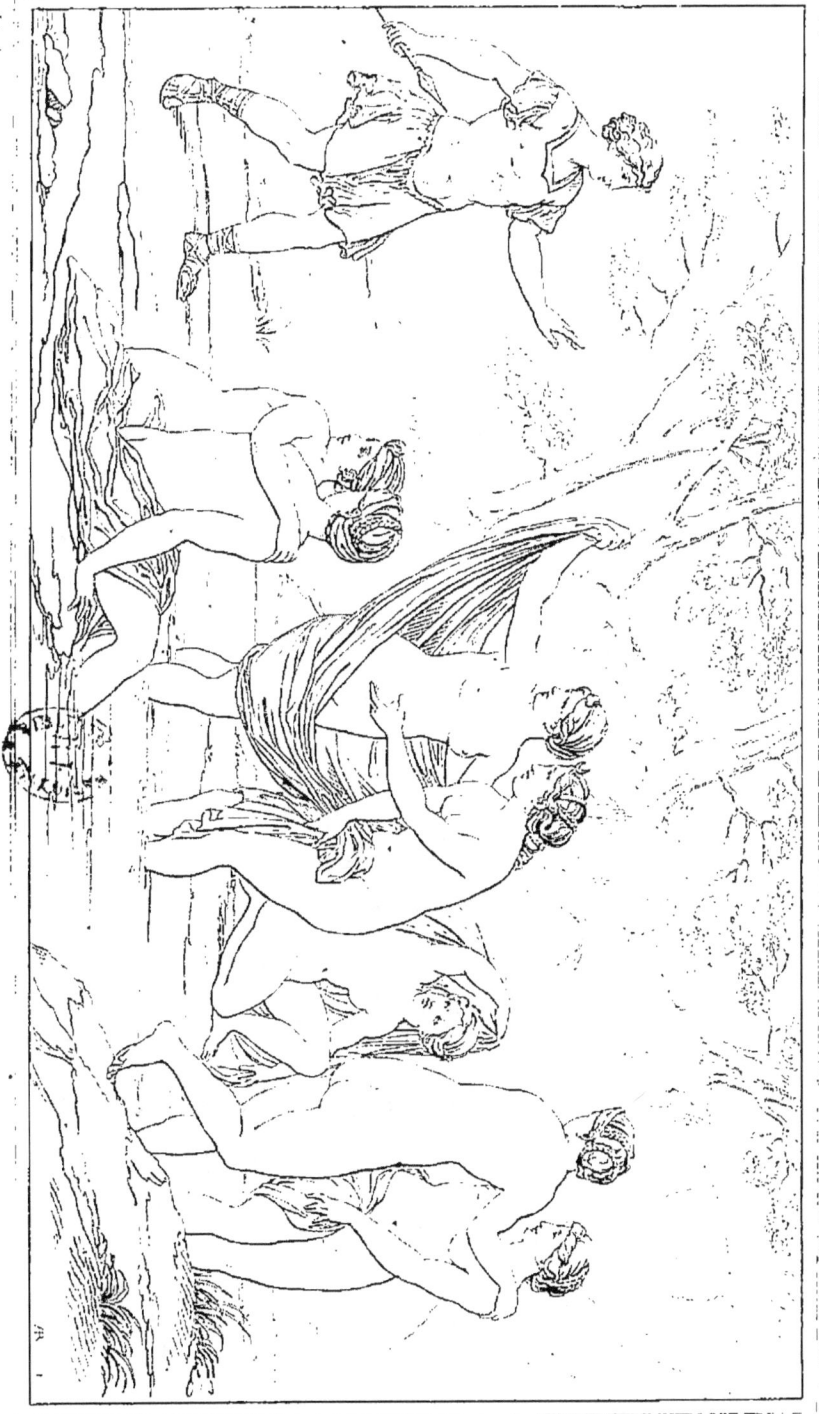

DIANE SURPRISE PAR ACTÉON.

DIANE SURPRISE PAR ACTÉON.

Ovide raconte que, dans la vallée de Gargaphie, un lieu solitaire, ombragé de pins et de cyprès, était la retraite choisie par la déesse de la chasse pour se baigner avec ses nymphes. Elle s'y trouvait un jour lorsqu'Actéon, chasseur intrépide, se promenant sans dessein, aperçut les nymphes sans vêtemens et Diane au milieu d'elles. Stupéfait d'admiration, l'indiscret chasseur s'arrêta; mais la déesse vindicative lui jeta de l'eau avec la main, en disant : « Va maintenant, si tu le peux, te vanter d'avoir vu Diane dans le bain. » A l'instant même le chasseur fut métamorphosé en cerf; il fuit avec vitesse, mais ses propres chiens suivirent ses traces et le dévorèrent bientôt sans le reconnaître.

Le Sueur a peint ce sujet en camayeux dans la voûte d'un cabinet de l'hôtel Lambert. Il fait pendant au bain de Diane et Calisto, donné précédemment sous le n°. 575. Il a été gravé par Duflos.

Larg., 3 pieds 6 pouces; haut., 2 pieds.

DIANA SURPRISED BY ACTÆON.

Ovid relates that the valley of Gargaphia, a solitary spot shaded with pines and cypres trees, was the favourite retreat of the Goddess when she bathed with her nymphs. She was one day there, when Actæon, an intrepid huntsman, unpremedatingly walking there, perceived the naked nymphs, and Diana amongst them. Struck with astonishment, the indiscreet huntsman stopt; but the vindictive Goddess threw some water at him with her hand, saying; « Go now, if thou canst and boast of having seen Diana bathing. » The huntsman was, at the same moment, metamorphosed into a stag : he fled with rapidity, but his own dogs following his steps, he was soon devoured without their knowing him.

Le Sueur painted this subject in camayeux, on the vaulted ceiling of the Bathing Room of the Lambert Hotel. It forms the companion to the Bath of Diana and Calisto, already given, n°. 575. It has been engraved by Duflos.

Width 3 feet 8 inches; height 2 feet 2 inches.

Le Sueur pinx.

PHAÉTON DEMANDE A CONDUIRE LE CHAR DU SOLEIL

590

PHAÉTON

DEMANDE A CONDUIRE LE CHAR DU SOLEIL.

On n'est pas bien d'accord sur l'origine de Phaéton. Hésiode le dit fils de Céphale; Apollodore le fait naître de Titon; Ovide le donne comme fils du Soleil; c'est cette version qui a prévalu parmi nous. On ajoute qu'Épaphus, lui ayant disputé son origine comme fils du Soleil, il voulut en donner une preuve irrécusable, en obtenant d'Apollon la faculté de conduire son char pendant un jour; mais à peine y fût-il placé, que les chevaux sentirent que ce n'était plus la main accoutumée qui les guidait; ils s'emportèrent, entraînèrent le char hors de sa route, mirent en feu divers endroits de la terre, et l'auraient embrasée en entier, si, pour éviter de plus grands malheurs, Jupiter n'eût foudroyé l'orgueilleux Phaéton.

Ce sujet ornait l'un des plafonds de l'ancien hôtel Lambert, à l'île Saint-Louis; il est maintenant au Musée français. Le Sueur a représenté au milieu le palais du Soleil; on y voit Apollon assis, recevant les supplications de Phaéton, qui est à genoux devant lui. A gauche on aperçoit le char du Soleil et ses chevaux fougueux. Au-dessus est l'Aurore; sur le devant on voit Borée et d'autres vents qui, prévoyant que le char du Soleil sera mal conduit, s'apprêtent à tout renverser, lorsqu'il sera hors de la route tracée par le Destin.

Cette composition a été gravée par Ch. Dupuis. Elle est gravée ici en sens invers du tableau.

Larg., 11 pieds 7 pouces; haut., 8 pieds.

PHAETON

REQUESTING TO DRIVE THE SUN'S CAR.

Opinions are divided as to the origin of Phaeton. Hesiod calls him the son of Cephalus; Apollodorus makes him descend from Tithonus; Ovid names him as the offspring of the Sun, and this last account has prevailed amongst us. It is added that Epaphus having denied his being descended from the Sun, he wished to give an undeniable proof of his origin by obtaining from Apollo the permission to drive his car during a whole day; but scarcely had he placed himself in it, that the horses felt it was not the usual hand that guided them : they started off, dragging the car out of its track, setting fire to various parts of the earth, and would have burnt it entirely, had not Jupiter, to avoid greater evils, struck down the proud Phaeton, with his thunderbolts.

This subject adorned one of the ceilings of the ancient Lambert Hotel in the isle Saint-Louis : it is now in the French Museum. Le Sueur has in the middle represented the Sun's Palace; Apollo is seen in it seated and listening to the entreaties of Phaeton, who is kneeling before him. On the left are seen the Sun's Car and his fiery steeds. Above is Aurora, in front Boreas and other Winds are seen, who, anticipating that the Sun's Car will be ill-conducted, prepare to overthrow every thing, when it shall be out of the road traced by Destiny.

This composition has been engraved by C. Dupuis : here it reversed from the picture.

Width 12 feet 3 inches; height, 8 feet 6 inches.

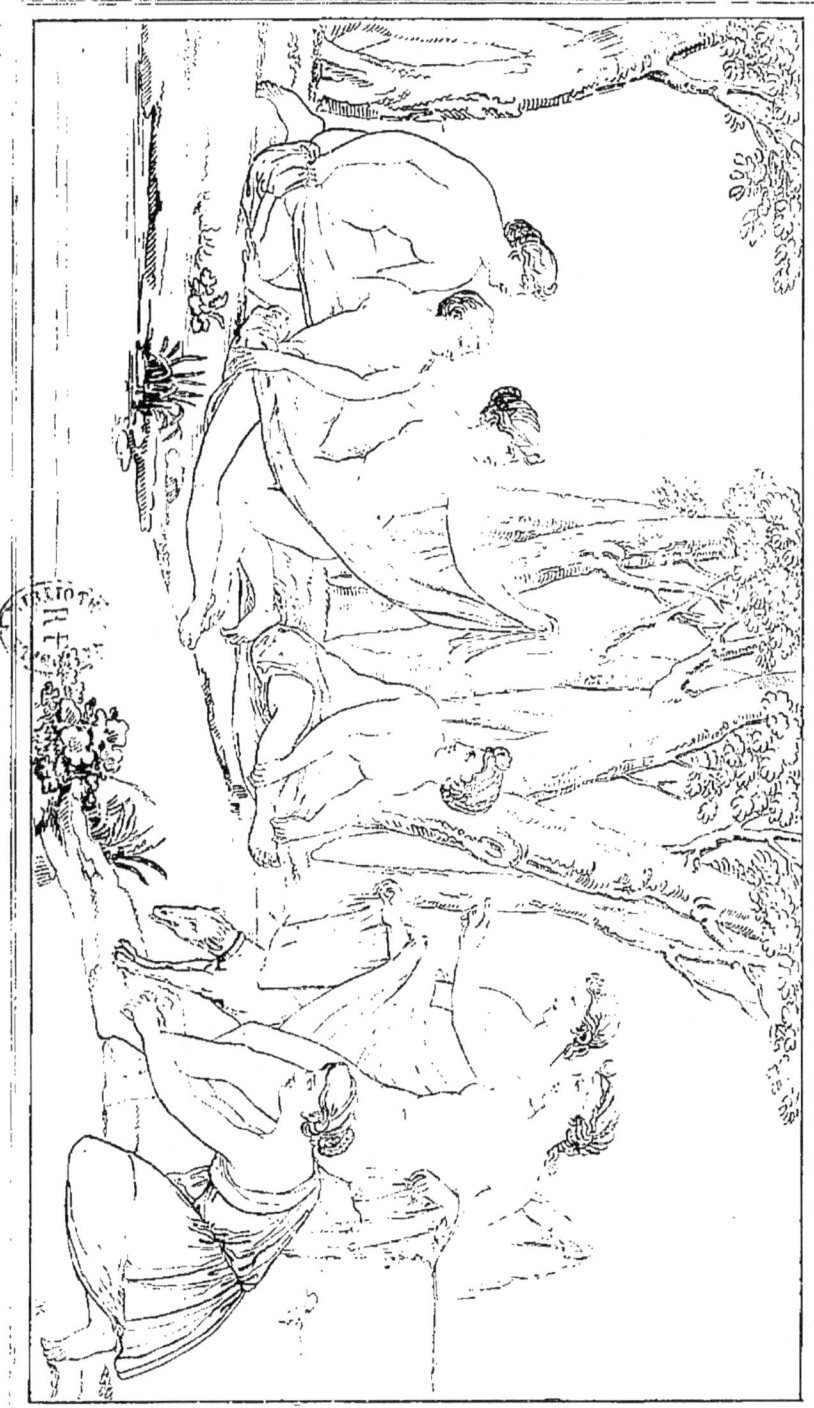

DIANE DÉCOUVRANT LA GROSSESSE DE CALISTO

CALISTO.

Parmi les tableaux de Le Sueur, que nous avons donnés précédemment, plusieurs ont été peints, par cet habile artiste, pour décorer les appartemens du président Lambert de Thorigni, dans l'hôtel qu'il habitait à la pointe orientale de l'Ile Saint-Louis.

Le Bain de Calisto est peint en camayeux à la voûte d'une très-petite pièce, dans l'attique de cet hôtel. Le Sueur, en décorant cette partie, y a représenté des sujets convenables pour le *Cabinet des Bains*. C'est dans la partie au-dessus de la cheminée que se voit le sujet de Calisto ; en face se trouve Diane au bain, surprise par Actéon. On voit dans les deux bouts le triomphe de Neptune et celui d'Amphitrite. Ces quatre compositions imitant des bas-reliefs sont liées entre elles par les figures de plusieurs divinités de la mer, accompagnées d'enfans qui tiennent des branches de corail. Lorsque Mme. Du Chastelet fut propriétaire de l'hôtel Lambert, ce cabinet changea de destination et devint la chambre de Voltaire. Elle n'est plus connue que sous cette dénomination, par les habitans actuels de cet ancien séjour des lettres et des arts, devenu maintenant le magasin général de la literie militaire.

On peut admirer dans la décoration de cette petite coupole le génie de Le Sueur, la pureté de son dessin et la grâce de sa composition.

Le sujet de Calisto a été gravé par Duflos.

Haut., 2 pieds; larg., 3 pieds 6 pouces.

CALISTO.

Among the pictures of Le Sueur already given by us, several were painted by that skilful artist, to adorn the apartments of the President Lambert de Thorigny in the Hotel he inhabited, at the eastern point of the Isle St. Louis, Paris.

Calisto Bathing is painted in *camaycux* in the vaulted ceiling of a very small room on the attic of the hotel. In decorating this part Le Sueur has represented in it, subjects suitable to the *Cabinet des Bains,* or the Baths. In the part above the chimney, Calisto is seen, opposite to her is Diana surprised by Actæon : at the two ends are the Triumph of Neptune and that of Amphitrite. These four compositions which imitate bassi-relievi, are connected together by means of several sea Deities, accompanied by children holding branches of coral. When the Lambert Hotel belonged to Madame Du Chastelet, this apartment changed its destination, and became Voltaire's room; and it' is known under that name only, by the present inhabitants of this ancient abode of Letters and the Fine Arts, but which is now become the general bed warehouse of the military. In the decorating of this cupola, the genius of Le Sueur, his correctness of drawing, and the gracefulness of his composition must be admired.

The subject of Calisto has been engraved by Duflos.

Height 2 feet 1 inches; width 3 feet 8 inches.

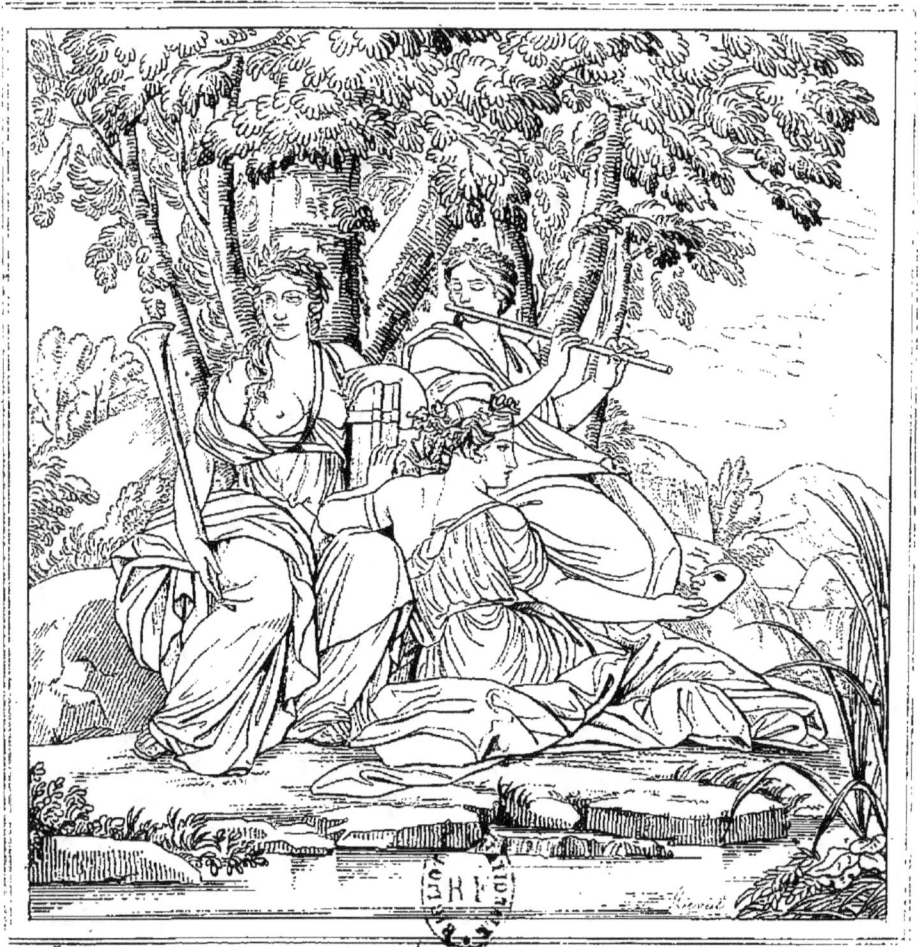

64.

TROIS MUSES

TROIS MUSES.

Clio, Euterpe et Thalie, assises et groupées ensemble, sont caractérisées, la première par la trompette guerrière qu'elle emploie à célébrer les hauts faits, et par un livre dans lequel est consigné tout ce qui doit passer à la postérité; la seconde par une simple flûte; et la troisième par un masque, emblème de la comédie. Cette composition de trois figures faisait partie d'une suite de cinq tableaux qui décoraient un cabinet de l'hôtel du président Lambert de Thorigny, dans l'île Saint-Louis.

Le Sueur avait déjà donné une grande idée de son talent par la noblesse de ses compositions. Il s'est élevé ici au dessus de lui-même, en se montrant meilleur coloriste. Ces peintures furent les dernières de sa vie; on assure même qu'il mourut de l'excès de son application au travail, ayant été neuf ans à faire toutes celles qui décoraient ce vaste hôtel.

Larg., 4 pieds 3 pouces; haut., 4 pieds.

THREE MUSES.

Clio, Euterpe and Thalia, seated and grouped together, are characterised, the first by the trumpet which she emploiys to celebrate mighty deeds, and by a book in which is recorded whatever is to be handed down to posterity; the second by a mere flute; and the third by a mask, the emblem of comedy. This composition of three figures formed part of a series of five pictures which adorned a cabinet of the hotel of president Lambert de Thorigny, in the isle Saint-Louis.

Le Sueur had before excited a high idea of his talents by the majesty of his compositions. Here, however, he has risen above himself, by shewing himself a better colourist. These pictures were the last he executed; and it is even affirmed that he died through his excessive application to the execution of them, having been employed nine years in finishing all the pictures with which this spacious mansion was embellished.

Breadth, 4 feet 8 inches; height, 4 feet 5 inches.

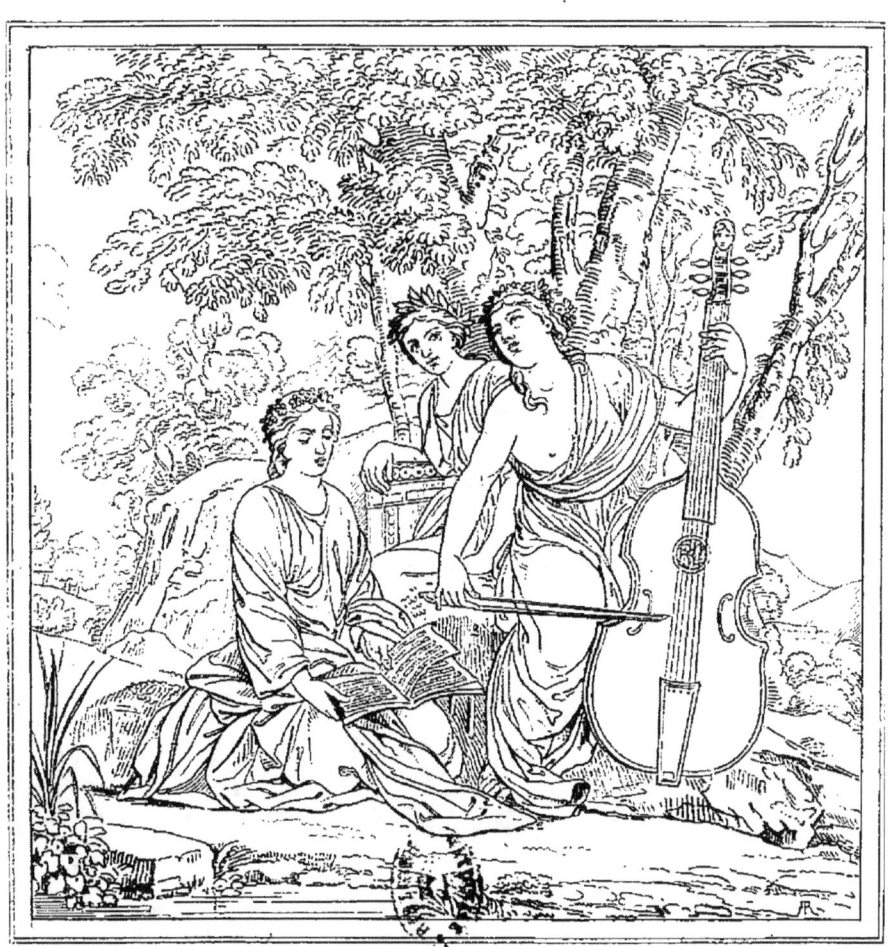

466.

MELPOMÈNE, POLYMNIE, ERATO.

>·€

MELPOMÈNE,

POLYMNIE, ÉRATO.

La tragédie, telle que nous la connaissons maintenant, est loin de son origine, car elle fut d'abord chantée dans les fêtes de Bacchus ; aussi la muse qui présidait à cette nature d'étude reçut-elle le nom de Melpomène, du nom grec μελπειν, *chanter*, et en effet Le Sueur l'a représentée tenant un livre de musique.

Auprès d'elle se trouve Érato, muse de la poésie érotique, dont le nom vient de ἔρως, *amour;* elle accompagne le chant de Melpomène, en jouant d'un instrument qui peut remplacer la lyre, que lui donnaient les anciens. Ses yeux, dirigés vers le ciel, indiquent l'élévation du sujet dans les vers que chante Melpomène.

Polymnie, assise entre ses deux sœurs, paraît attentive, et semble attendre l'instant où elle devra chanter à son tour.

Le paysage est frais et riant, les tons sont fins et légers ; en général ce tableau donne une excellente idée du goût pur et délicat de Le Sueur.

Ce tableau est sur bois ; il a été gravé par Bernard Picard et Audouin.

Haut., 4 pieds ; larg., 4 pieds.

466.

MELPOMENE,

POLYMNIA, AND ERATO.

Tragedy, such as we know it in the present day, differs widely from its origin, for it was at first sung in the festivals of Bacchus; wherefore the Muse presiding over this kind of study received the name of Melpomene, from the greek word Μελ-πειν, *to sing*, and Le Sueur has represented her holding a music book. Near her is Erato, the Muse of Erotic poëtry, whose name is derived from Ερως, *Love*; she accompanies the singing of Melpomene, playing upon an instrument, that may hold the place of the Lyra, given to her by the Ancients. Her eyes turned to heaven, mark the elevation of the subject, in the verses, sung by Melpomene.

Polymnia, seated between her two sisters, appears attentive, and seems to await the moment, to sing in her turn.

The landscape is fresh and smiling, the tints are delicate and free; this picture in general gives an excellent idea of Le Sueur's correct and delicate taste.

It is painted on wood, and has been engraved by Bernard Picard, and Audouin.

Height, 4 feet 3 inches; width, 4 feet 3 inches.

466.

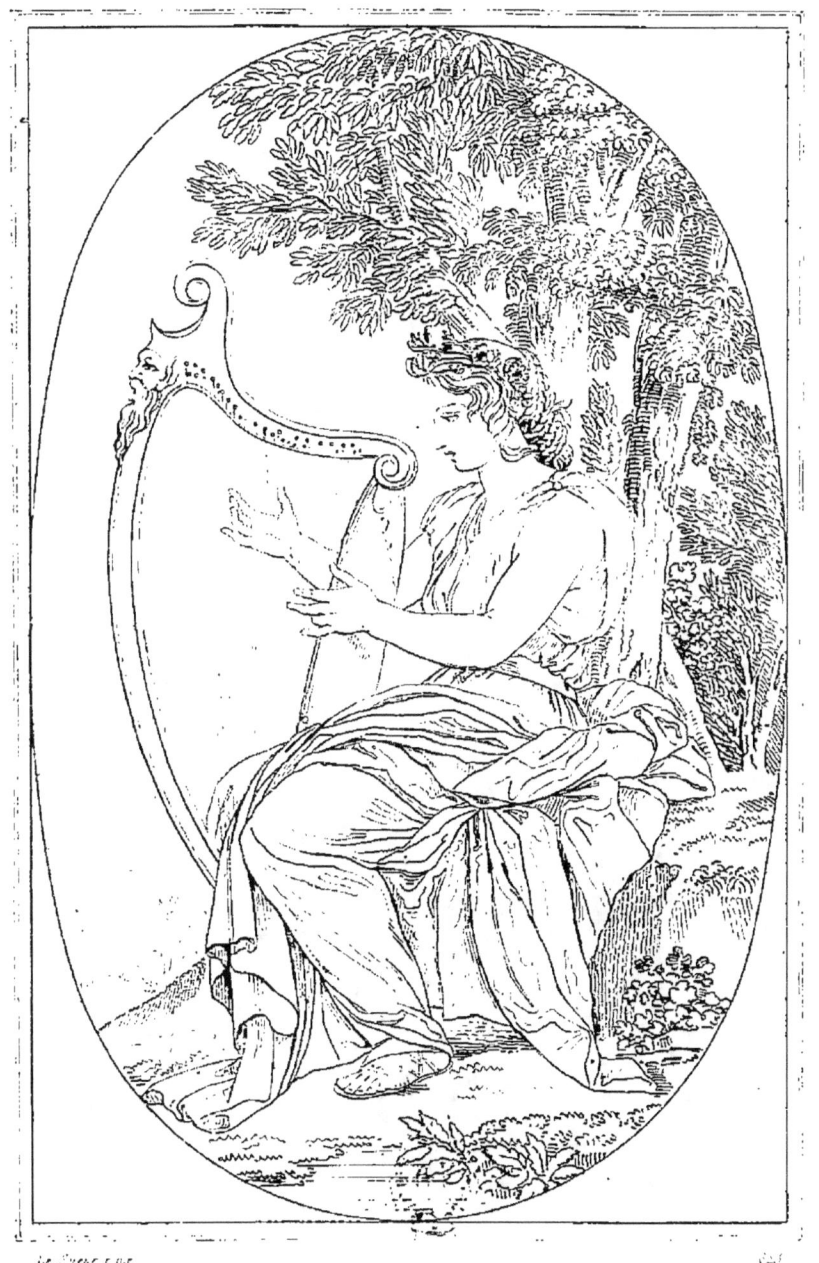

TERPSICHORE

TERPSICHORE.

Les Muses n'étaient d'abord que trois : *Mnémé* la Mémoire, *Mélété* la Réflexion, *Aœdé* le Chant. Varron raconte qu'elles furent portées à neuf, parce que les habitans de Sicyone, ayant chargé trois sculpteurs, de faire chacun les statues des Muses, et se proposant de choisir les meilleures, les trouvèrent si parfaites, qu'elles furent placées toutes les neuf dans le temple d'Apollon.

Hésiode ensuite leur donna des noms et les classa ainsi : Clio, Euterpe, Thalie, Melpomène, Terpsichore, Érato, Polymnie, Uranie et Calliope.

A l'exception de Polymnie, qui se trouve en place de Terpsichore, elles étaient disposées ainsi dans la pièce où elles ont été peintes à l'hôtel du président Lambert.

Le nom de Terpsichore signifie qui aime la danse ; elle préside aussi à la poésie lyrique, parce que, chez les anciens, ceux qui chantaient ces poésies formaient une espèce de danse autour de l'autel. A la lyre que lui ont donnée les anciens, Le Sueur a substitué une harpe. La figure est pleine d'ingénuité ; les mains sont gracieuses, les formes sont nobles et la coiffure élégante. La draperie rouge, jetée sur les genoux, dérobe adroitement la partie inférieure de la harpe et donne de la vigueur à ce tableau, dont le coloris est plus ferme que celui de tous les autres de la même suite, sans être moins harmonieux.

Ce tableau ovale est peint sur bois ; il se trouve maintenant dans la galerie du Louvre ; il a été gravé par Picart, par P. Laurent et Audoin, puis par Pigeot.

Haut., 3 pieds 6 pouces ; larg., 2 pieds 4 pouces.

623.

⇒◊⇐

TERPSICHORE.

The number of the Muses was at first limited to three: *Mneme*, Memory, *Melete*, Meditation, and *Aoede*, Singing. Varro relates that they were afterwards increased to nine, from the circumstance of the inhabitants of Sicyone having commissioned three statuaries, each to make the statues of the Muses, intending to choose the three best; but they found them all so perfect that the nine were placed in the temple of Apollo.

Hesiod subsequently named and classed them thus; Clio, Euterpe, Thalia, Melpomene, Terpsichore, Erato, Polyhymnia, Urania, and Calliope.

With the exception of Polyhymnia, holding the place of Terpsichore, they were arranged in the same manner in an apartment of the Hotel of the President Lambert, where they were painted.

The name of Terpsichore signifies, fond of dancing: she presides also over lyrical poetry, because, among the ancients, those who sang that style of composition formed a species of dance around an altar. Instead of the Lyre, given her by the ancients, Le Sueur has put a Harp in her hands. The countenance is ingenuous, the hands are graceful, the deportment is noble and the head-dress elegant. The red drapery thrown over her knees, skilfully hides the lower part of the harp, and gives strength to the picture, the colouring of which is firmer than that of all the others in the same series, and yet not less harmonious.

This oval picture is painted on wood: it now is in the Gallery of the Louvre and has been engraved by Picart, by P. Laurent and Audoin, and also by Pigeot.

Height 3 feet 8 ½ inches; width 2 feet 5 ¼ inches.

623.

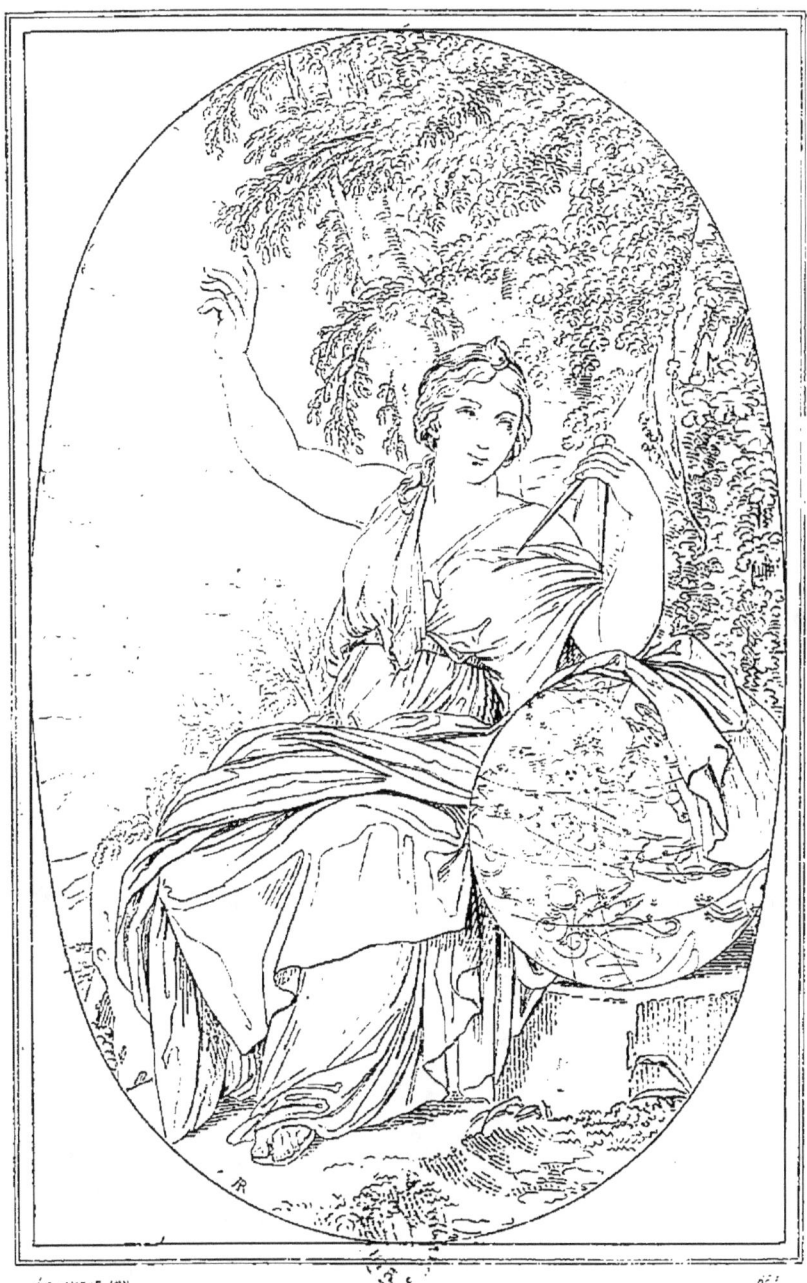

URANIE

URANIE.

Le nom de cette muse dérive de οὑρανὸς (le ciel), dont elle étudiait les mouvemens. Les anciens lui donnaient pour attributs le globe céleste et le radius, baguette avec laquelle les mathématiciens démontraient leurs figures dans les écoles.

Le Sueur a préféré lui mettre un compas à la main ; sa tête est entourée d'étoiles.

On sait que la suite des Muses a été peinte par Le Sueur, vers 1650, dans un hôtel de l'Ile-Saint-Louis, qui alors appartenait à Lambert de Thorigny, président au parlement de Paris. Ce magistrat se faisait remarquer par son goût pour les lettres et pour les arts, ainsi que par la manière noble dont il employait sa fortune.

A la mort du président Lambert, son hôtel fut acquis par le fermier général Dupin, qui en fit, comme son prédécesseur, un lieu de réunion pour les hommes célèbres, parmi lesquels se trouvèrent Rameau et Jean-Jacques Rousseau.

En 1739 la marquise du Châtelet fit l'acquisition de cet hôtel, au sujet duquel Voltaire écrivait à M. de Mairan, en 1741 : « Je me flatte bien que nous dînerons ensemble un jour dans cette belle maison consacrée aux arts et peinte par Le Sueur et par Le Brun. »

Ce tableau, peint sur bois, est ovale ; il a été gravé par Bernard Picart et par Audouin.

Haut., 3 pieds 6 pouces ; larg., 2 pieds 4 pouces.

URANIA.

The name of this Muse is derived from οὐρανὸς, heaven, whose motions she studied. The ancients gave her for attributes, the Celestial Sphere, and the Radius, a wand with which mathematicians used to point out their figures in the schools. Le Sueur has preferred placing a pair of compasses in her hand : her head is incircled with stars.

It is known that the series of the Muses was painted by Le Sueur, about the year 1650, in a Mansion of the Ile-Saint-Louis, which then belonged to Lambert de Thorigny, President of the Paris Parliament. This lawyer was remarkable for his taste for the Arts and Siences, as also for the noble manner with which he employed his fortune.

At the death of the President Lambert, his Hotel was purchased by the Farmer-General Dupin, who, like his predecessor made it a place of meeting for celebrated men ; among whom came Rameau and Jean-Jacques Rousseau.

In 1739 the Marchioness du Châtelet bought this Hotel; and it is on this subjet that Voltaire, in 1741, wrote to M. de Mairan, « I hope we shall one day dine together in that beautiful house consacrated to the Arts, and painted by Le Sueur and by Le Brun. »

This picture, which is painted on wood, is oval : it has been engraved by Bernard Picart and Audouin.

Height 6 feet 8 inches; width 2 feet 6 inches.

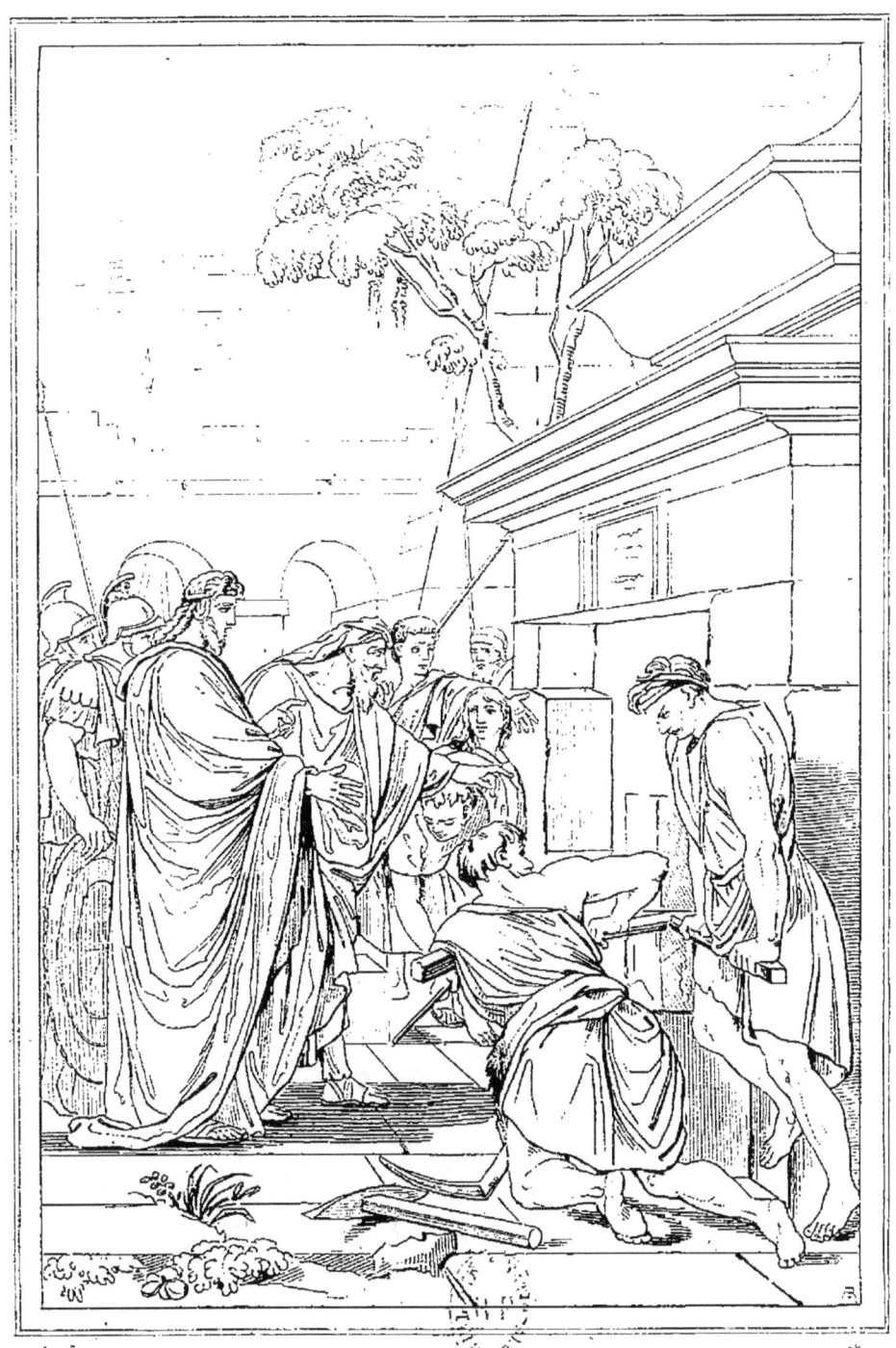

Le Sueur pinx

DARIUS FAIT OUVRIR LE TOMBEAU DE NITOCRIS

DARIUS FAIT OUVRIR

LE TOMBEAU DE NITOCRIS.

Hérodote raconte que Nitocris, reine de Babylone, ayant illustré son règne par de grandes actions, et par d'immenses travaux qu'elle avait fait entreprendre pour l'amélioration de la ville, voulut encore perpétuer sa mémoire, et fit élever sur la terrasse de l'une des portes de la ville un tombeau sur lequel était gravé cette inscription : «Si quelqu'un des rois qui me succéderont à Babylone vient à manquer d'argent, qu'il ouvre ce sépulcre, et qu'il en prenne autant qu'il en voudra; mais qu'il se garde bien de l'ouvrir à moins d'une grande nécessité.» Un siècle environ après la mort de Nitocris, Darius, fils d'Hystaspes, voulant s'emparer des trésors de cette reine, fit ouvrir le tombeau, dans lequel on ne trouva rien autre chose que le corps de la princesse, avec cette autre inscription : «Si tu n'avais pas été insatiable d'argent et avide d'un gain honteux, tu n'aurais pas troublé l'asile des morts. »

Le Sueur a représenté le tombeau déjà ouvert, le roi témoigne sa surprise, mais il conserve de la dignité; son confident montre plus de regrets. Un jeune enfant, par son regard sérieux, fait voir combien son âme naïve blâme la conduite du prince. La figure de Darius est drapée d'une manière admirable; les ouvriers sont pleins d'énergie; celui qui debout pèse de toute sa force sur un levier est d'une expression vraiment admirable.

Ce tableau fait partie de la galerie de l'Ermitage à Saint-Pétersbourg; il a été gravé par Bernard Picart.

Haut., 5 pieds 4 pouces; larg., 3 pieds 5 pouces.

THE TOMB OF NITOCRIS

OPENED BY ORDER OF DARIUS.

Herodotus relates, that Nitocris, queen of Babylon, having rendered her reign illustrious by her great actions and the immense works she had undertaken to improve that town, wishing also to perpetuate her name, caused a tomb to be raised on the terrace of one of the gates of the town, over which was engraved the following inscription : « If any of the kings who may succeed me at Babylon, happens to be in want of money, let him open this sepulchre, and take as much as he pleases; but let him beware opening it, unless in great need.» About a century after the death of Nicotris, Darius, the son of Hystaspes, wishing to take possession of that queen's treasures, caused the tomb to be opened , but nothing was found in it, except the body of the princess, and this inscription : «If thou hadst not been insatiable after gold and eager after a shameful gain, thou wouldst never have violated the asylum of the dead. »

Le Sueur has represented the tomb opened; the king marks his surprise, but preserves his dignity : his confident shows more regret. A young child imparts, by his serious look, how much his ingenuous mind blames the prince's conduct. The drapery over the figure of Darius is thrown in a delightful manner. The workmen are full of energy, the one who is standing, and weighs with all his might on a lever, is of a truly admirable expression.

This picture forms part of the Hermitage Gallery at St. Petersburg.

Height, 5 feet 8 inches; width, 3 feets 7 ½ inches.

388.

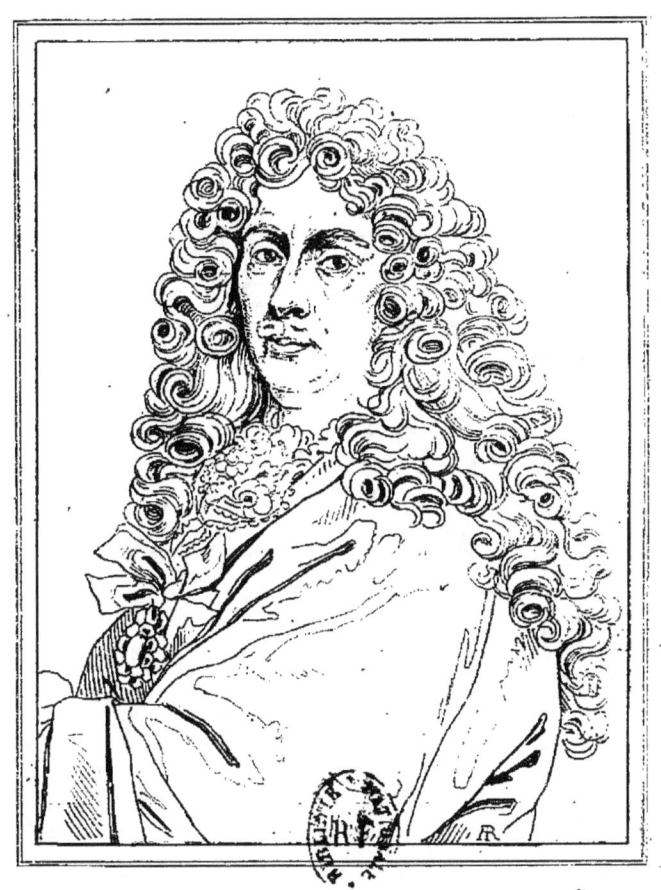

CHARLES LE BRUN.

XXX

NOTICE

HISTORIQUE ET CRITIQUE

SUR

CHARLES LE BRUN.

———

Les grands siècles semblent faire éclore à la fois de grands génies dans tous les genres. C'est ainsi que nous voyons apparaître Apelle en même temps qu'Alexandre, Raphaël sous le pontificat de Léon X, et Le Brun sous le règne de Louis XIV. Ce grand peintre eut par la suite à retracer l'histoire du héros de son siècle et il s'en acquitta d'une manière tout-à-fait remarquable.

Charles Le Brun naquit à Paris en 1619. Son père était sculpteur et sa mère était la fille de Lebé, célèbre maître d'écriture. Dès son plus jeune âge Le Brun montra des dispositions pour le dessin ; il avait à peine quatre ans qu'on le voyait prendre des charbons dans le foyer et dessiner par terre les objets qu'il avait vus de façon à les faire reconnaître des spectateurs. Son père, profitant de dispositions si heureuses, lui mit fort jeune le crayon et l'ébauchoir à la main ; aussi dès l'âge de neuf ans Charles Le Brun avait modelé des mascarons, des aigles, des griffons ; il sculpta même un petit Bacchus en bois qui fut conservé et moulé par la suite. Le père, chargé de faire différens ouvrages de sculpture dans l'hô-

tel Séguier, menait souvent son fils avec lui. C'est ainsi que le
chancelier eut l'occasion d'apercevoir le génie précoce d'un
enfant dont la figure prévenait en sa faveur.

Pour lui donner les moyens de se développer plus rapide-
ment, il le plaça dans l'atelier de Vouet, le peintre de
cette époque qui avait le plus de réputation et les travaux
les plus importans. Le Brun alla ensuite étudier à Fontainebleau où se trouvaient alors les plus beaux tableaux du roi
on dit même qu'il y fit, de la grande Sainte-Famille de Raphaël, une petite copie très-remarquable. A quinze ans il fit
le portrait de son oncle, puis celui de son père, tenant dans
la main une petite statue. Il causa une nouvelle surprise
lorsqu'à vingt-deux ans il fit voir des tableaux de sa composition tels que Hercule assommant les chevaux de Diomède.
Poussin prédit alors que l'auteur illustrerait son siècle.

L'académie royale de peinture n'existait pas encore, mais
il y avait parmi les corps de métiers, une communauté des
maîtres-peintres sous le nom d'Académie de Saint-Luc. Lebrun fit pour cette confrérie le tableau de saint Jean prêt à
être plongé dans l'huile bouillante. C'est alors, en 1642, que
le chancelier Séguier, voulant donner plus d'essor au génie
de son protégé, lui fit une pension avec laquelle il pût aller
étudier à Rome, et le recommanda fortement à Poussin et au
cardinal Barberini, neveu du Pape. Les conseils que Le Brun
reçut du Poussin eurent une heureuse influence sur son talent. Quoiqu'il ne puisse être considéré comme élève de ce
peintre célèbre, cependant il lui doit une partie de sa gloire,
puisque c'est d'après son avis qu'il étudia les monuments de
l'antiquité, les usages et les habillemens des anciens, leurs
exercices, leurs combats et leurs triomphes. Il exposa alors à
Rome deux tableaux qui furent très goûtés, Mutius Scévola,
et Horatius Coclès.

Charles Le Brun revint à Paris en 1647, et n'y trouva d'autre
émule que le célèbre Le Sueur. Plus actif et plus protégé que

lui, Le Brun fut chargé par la communauté des orfèvres de
faire, pour la cathédrale de Paris, le tableau qu'ils offraient
chaque année à cette église et que l'on désigne ordinairement, sous le nom de *Mai de Notre-Dame.*

Cette même année fut aussi remarquable pour l'histoire
des beaux-arts, qu'elle est honorable pour le peintre Le Brun,
qui alors, avec l'appui du chancelier Séguier, parvint à démontrer la nécessité d'établir une *Académie de peinture.* Elle
fut en effet fondée par le roi en janvier 1648. Parmi les aca-
démiciens, douze anciens devaient être chargés de professer :
l'un d'eux naturellement devait être Charles Le Brun. Lorsqu'il fallut leur assigner un rang entre eux, par une singularité fort remarquable, le sort désigna ce peintre en premier.

Ne pouvant faire la récapitulation de tous les ouvrages de
Le Brun, nous nous contenterons de donner les plus remarquables, et nous citerons d'abord le serpent d'airain, qu'il
fit alors pour les religieux de Picpus; saint Jean écrivant l'A-
pocalypse, pour le collége Beauvais, et maintenant au Musée;
les Saintes Familles dites le *Benedicite* et le silence. Cette dernière
a été publiée sous le n°. 515. Il fit pour le couvent du Val-de-
Grâce, cette célèbre Magdeleine pénitente, dans laquelle on
a voulu voir les traits de madame de La Vallière, ce qui n'est
pas exact, ainsi que nous l'avons déjà dit, lorsque nous avons
parlé de ce tableau sous le n°. 287 ; puis le repas de Jésus-
Christ chez Simon le pharisien, tableau qui en 1815 fut li-
vré aux commissaires des puissances étrangères, en échange
du magnifique tableau des noces de Cana par Paul Veronèse.

Le Brun fit aussi des portraits parmi lesquels on remarque
ceux du président de Bellièvre et du célèbre amateur Jabach.

Après avoir fait un grand nombre de tableaux de chevalet,
Le Brun devait désirer de s'exercer dans ces vastes compositions nommées en Italie grandes-machines. Il en trouva l'oc-

casion au séminaire de Saint-Sulpice où il peignit dans la voute le couronnement de la Vierge, et à l'hôtel du président Lambert, où la galerie contient l'histoire d'Hercule dont nous avons donné des fragmens sous les nᵒˢ. 635 et 689.

Appelé ensuite à Vaux-le-Vicomte par le surintendant Fouquet, il y laissa de nombreuses traces de son talent et reçut en récompense, indépendamment du prix de ses travaux, une pension de douze mille francs, qu'il perdit à la disgrâce de ce ministre, mais qui lui fut rendue plus tard, par le Roi, lorsqu'il eût été chargé par Colbert d'embellir la chapelle de Sceaux et le pavillon des Bains.

La Cour ayant eu occasion de juger des talens de Le Brun dans les fêtes brillantes qu'il dirigea à Vaux-le-Vicomte, le cardinal Mazarin le fit appeler par la reine Anne d'Autriche, et, d'après le récit d'un songe qu'elle avait eu, il fit pour elle un tableau désigné sous le nom de Christ aux anges, et connu par la belle gravure d'Edelinck.

En 1661 le roi étant à Fontainebleau dit à Le Brun que, voulant avoir un tableau de lui, il lui laissait le choix du sujet. Il le fit dans le château même, et peignit, souvent sous les yeux du roi, le tableau de la famille de Darius. C'est de ce moment que date la plus grande gloire du peintre. La vue de ce beau tableau acheva de déterminer le Roi déjà prévenu en sa faveur. Le monarque le regarda dès lors comme l'homme le plus capable de conduire les vastes projets qu'il avait conçus, pour l'embellissement des maisons royales. Il lui accorda des lettres de noblesse, lui donna son portrait enrichi de diamans, puis en 1662 le nomma son premier peintre. Colbert étant alors surintendant des bâtimens, c'est à Le Brun qu'il donna la conduite de tous les ouvrages de peinture et de sculpture, la direction de la manufacture des Gobelins, où l'on faisait alors non-seulement des tapisseries, mais encore de belles pièces d'orfévrerie, des vases, des candélabres et de beaux meubles.

Le Roi allant en Flandre en 1662 , il voulut que Le Brun fût du voyage afin de voir les entrées triomphantes de la Reine dans les villes conquises. A son retour il eut la direction du brillant carrousel, donné dans la grande place qui en a conservé le nom. Il acheva aussi de traiter l'histoire d'Alexandre dans ces grandes et sublimes compositions que nous avons donnés sous les nᵒˢ. 478 , 484 , 491 , 496 et 503, et qui ont été si bien gravés par Gérard Audran.

En 1664, Le Brun fut chargé des peintures et décorations du grand escalier des appartemens de Versailles , de celles des Tuileries , de la galerie d'Apollon au Louvre, Les peintures de cette voûte ne furent pas terminées, mais on en connait les compositions par les gravures de Saint-André.

En 1667 Colbert vint à l'Académie de peinture faire la première distribution des prix fondés par le Roi. Il engagea l'Académie à avoir des conférences sur l'art. Le Brun fut le premier à les ouvrir par deux discours l'un sur le Saint-Michel de Raphaël , l'autre sur la Manne du Poussin. Il lut aussi des dissertations sur le coloris, sur le rapport entre la physionomie de l'homme et celle des animaux , et enfin sur les passions. Ces deux derniers ouvrages étaient accompagnés de dessins qui ont été gravés.

Le chancelier Séguier étant mort en 1672 , l'Académie, dont il avait été le protecteur et le fondateur, voulut donner un témoignage public de sa douleur en faisant faire un service solennel dans l'église de l'Oratoire; Le Brun, voulant aussi acquitter la dette de sa reconnaissance personnelle, se chargea de diriger cette fête funèbre, dont les magnifiques décorations occupaient l'église entière et dans lesquelles se trouvaient placés quatorze tableaux où Le Brun retraça les principaux faits de la vie de l'illustre défunt.

Le Brun, déjà si célèbre, acquit une nouvelle renommée par la peinture de la grande galerie de Versailles, où il représenta l'histoire de Louis XIV depuis 1661 jusqu'en 1678.

Ce grand et beau travail fut justement admiré. Cependant il trouva aussi des critiques, qui prétendirent qu'il avait eù tort de traiter d'une manière allégorique l'histoire du roi, ou au moins qu'il aurait dû y mettre plus de clarté. Ces peintures étaient, selon eux, si peu intelligibles, que l'on avait été forcé pour les faire comprendre de placer des inscriptions au bas de chaque sujet.

Ces observations, présentées sans importance, acquirent un degré de méchanceté, lorsqu'après la mort de Colbert on crut que le premier peintre, n'ayant plus de protecteur auprès du roi, deviendrait plus facile à attaquer. On ne peut même se dispenser de dire que ces sarcasmes, répétés par les amis de Mignard, pouvaient bien avoir la jalousie pour base.

De semblables critiques n'empêchèrent pas Le Brun d'être estimé dans toute l'Europe; il reçut un témoignage bien flatteur de l'Académie de Saint-Luc à Rome, qui en 1676 le nomma son *Prince*, dérogeant ainsi à ses statuts, qui exigeaient la résidence à Rome, du chef de l'académie.

Charles Le Brun était en possession de donner les idées de tout ce qui se faisait dans les arts. C'est à lui que Colbert demanda le dessin de la chaire de Saint-Eustache. A la mort de cet illustre ministre il donna la composition de son tombeau, exécuté par Coisevox et Tuby. C'est lui aussi qui composa le tombeau, qu'il fit élever à sa mère, dans l'église Saint-Nicolas-du-Chardonnais.

Ayant terminé les peintures de la grande galerie de Versailles, il ne quitta pas encore le pinceau et fit pour le ro plusieurs tableaux. En 1685 il présenta au Roi son portement de croix, et Moïse défendant les filles de Jéthro. Ces morceaux furent trouvés admirables; on les vantait à l'égal de ceux du Poussin. Le Roi, pour honorer la mémoire du peintre mort vingt ans auparavant, dit que les bons tableaux semblaient encore acquérir du prix après la mort de leur auteur, pu is se tournant vers Le Brun, il ajouta : « Pourtant ne vous pressez pas de mourir, je vous estime dès à présent autant que pourra le faire la postérité. »

Avant de terminer sa carrière, Le Brun fit encore un Cal_ vaire et l'entrée de Jésus-Christ dans Jérusalem, puis une Na- tivité qu'il venait à peine de finir, lorsqu'il fut surpris par la maladie dont il mourut le 12 février 1690.

Nous ne pouvons mieux terminer cette notice, qu'en rap_ portant l'opinion émise par Taillasson, sur le talent de Le Brun : « Rapide comme les armées de Turenne et de Condé, sa noble imagination a couvert les voûtes des palais de Louis XIV des représentations pompeuses de ses conquêtes. Par l'abon- dance des pensées, par des allégories pleines d'esprit, de clarté et de noblesse, il a montré dans ces immenses travaux toute l'étendue et toute la richesse de son génie. Cette abon- dance et cette richesse sont les principaux caractères de son originalité. Il fut dans sa jeunesse jeté par les destinées au milieu des palais des rois, et son esprit, exalté par l'éclat d'une cour fastueuse, en prit de bonne heure l'orgueilleuse physionomie qui, empreinte dans tous ses ouvrages, fait encore un de ses caractères distinctifs. Ses ordonnances sont grandes et faciles ; jamais des lignes désagréables n'y fatiguent les yeux, mais on n'y trouve jamais cette intéressante sim- plicité qui touche : elles excitent l'admiration, l'étonnement, et cette sorte de plaisir que l'on éprouve en voyant de grands spectacles, des choses extraordinaires, des cérémonies ma- gnifiques, des marches triomphales. Il semble qu'il se plai- sait particulièrement à peindre tout ce que Louis XIV aimait à voir. Ses groupes sont disposés aisément, noblement ; ils présentent toujours de belles lignes et de grands effets ; ses figures sont bien ajustées ; il ne se piquait pas d'une scrupu- leuse exactitude dans le costume, mais il ne l'ignorait pas, et il n'en prenait que ce qui convenait à son goût. Quoiqu'il y ait un peu de lourdeur dans l'exécution de ses draperies, et dans leurs agencemens, elles sont toujours jetées d'une manière grande, riche et tout-à-fait à lui. Son dessin est savant, il a de la correction, de l'originalité; les formes en sont nobles; mais on leur reproche avec raison d'être un peu lourdes, et elles n'ont pas tout l'intérêt et toute la variété de la nature. Sans doute occupé de tant d'ouvrages à la fois, il n'avait pas le temps de la consulter assez. Semblable aux conquérans qu'il a peints, son génie ambitieux et infatigable voulait envahir tous les travaux; n'en trouvant pas encore assez de ceux dont il était chargé, et dont tout autre eût été accablé. Sa couleur n'est pas ce qui fait sa célébrité, elle est cependant souvent très-belle, toujours vigoureuse et harmonieuse. »

Les tableaux de Le Brun sont si nombreux que l'on ne pourrait en donner exactement le nombre; cependant on peut dire qu'ils passent le nombre de quatre cent et que plusieurs sont d'immenses compositions. Il a gravé à l'eau-forte trois pièces qui n'offrent pas un grand intérêt.

Parmi ses élèves on remarque principalement, Verdier, Houasse, Lefebvre, Vivien, La Fosse et Claude Audran, neveu du célèbre graveur Gérard Audran.

Les pièces gravées d'après Le Brun passent le nombre de 800 pièces. Les principaux graveurs qui ont travaillé d'après lui, sont Gérard, Benoît et Jean Audran, Edelinck, Poilly, Picart, Leclerc, Boulanger, Chauveau, Lenfant, Saint-André, Surugue et Desplaces.

HISTORICAL AND CRITICAL

NOTICE

OF

CHARLES LE BRUN.

———

Remarkable ages seem to bring forth at the same time re-markable geniuses in every department. Thus we see an Apelles appear with an Alexander ; a Raphael under the Pon-tificate of a Leo X, and a Le Brun under the reign of a Lewis XIV. This great painter subsequently had to delineate the history of the hero of the age, and he acquitted himself of his task in a very peculiar manner.

Charles Le Brun was born at Paris, in 1619. His father was a sculptor, and his mother was the daughter of Lebé, a fa-mous writing master. From his earliest infancy, Le Brun dis-played an inclination for Drawing : he was scarcely four years old that he was seen to take charcoal from the hearth and to draw on the floor the various objects he had seen, so as to be recognized by the beholder. His father, taking advantage of such happy inclinations, soon put a pencil and a chisel into his hands , and Charles Le Brun, when nine years old had already modelled Masks , Eagles, and Griffins : he even sculptured in wood a small Bacchus which was preserved and afterwards cast. His father being commissioned to execute

XXX

several works in sculpture, for the Hotel Seguier, often took his son there. It was thus the Chancellor had the opportunity of perceiving the precocious genius of a child whose very countenance spoke in his favour.

To give him the means of more quickly developing his talent, he placed him in Vouet's Atelier, the painter, at that period, most in vogue, and who conducted the most important works. Le Brun afterwards went to study at Fontainebleau where then were the King's finest pictures : it is even said that he did there a most remarkable copy from Raphael's great Holy Family. When fifteen years old, he did his uncle's portrait, and his father's, holding a small statue in his hand. He excited fresh surprise when, at the age of twenty-two, he showed some pictures of his composition, such as Hercules felling Diomedes' horses : Poussin then predicted that this youthful artist would be an ornament to the age.

The Royal Academy of Painting was not yet in existence; but there was amongst the Companies of handicraftsmen, a Society of Master Painters, under the name of the Academy of St. Luke. Le Brun executed for this Company a St. John on the point of being plunged in boiling oil. It was then, in 1642, that the Chancellor Seguier willing to give more expanse to his *protégé's* genius, settled an income on him, to enable him to go to Rome to study, and strongly recommended him to Poussin, and to Cardinal Barbarini, the Pope's nephew. The counsels Le Brun received from Poussin had the happiest influence over his talent. Although he cannot be considered as a pupil of that celebrated painter, yet he is indebted to him for a part of his glory, as it was by his advice that he studied the Monuments of Antiquity, the customs and dresses of the ancients, their exercises, their combats, and their triumphs. He then exhibited in Rome two pictures which were much admired, Mutius Scævola, and Horatius Cocles.

Charles Le Brun returned to Paris, in 1647, and found

there no other competitor than the celebrated Le Sueur. More active and better protected than the latter, Le Brun was commissioned by the Company of Goldsmiths to execute, for the Paris Cathedral, the picture which they annually presented to that Church, and usually called the *Mai de Notre-Dame*.

The same year was also as remarkable for the History of the Fine Arts, as it was honorable for the painter Le Brun, who, now supported by the Chancellor Seguier, succeeded in proving the necessity of establishing an Academy of Painting. It was therefore founded by the King, in January 1648. Amongst the Academicians twelve Elders were to lecture; and of course Charles Le Brun was to be one of them. When their respective places were to be assigned to them, by a singular coincidence, chance named this painter the first.

As we cannot enumerate all Le Brun's works, we must content ourselves by mentioning the most famous : we shall name the Brazen Serpent which he did for the Monks of Picpus; St. John writing the Apocalypse, for the College of Beauvais, now in the Museum; the Holy Family, called *Benedicite,* and Silence, published in this work under n°.515; he did for the Convent of the Val-de-Grâce, his celebrated Penitent Magdalene, which some persons have persuaded themselves resembled Madame de la Vallière, this however is an error, as we have already stated, when speaking of that picture under n°. 287; the Repast of Jesus - Christ at Simon's, the Pharisee; this last picture was, in 1815, given up to the Allied Powers, in exchange for the magnificent picture of the Marriage at Cana, by Paul Veronese.

Le Brun also did some portraits, amongst which are distinguished those of the President Bellièvre and of the famous amateur Jabach.

Having now executed a great number of easel pictures, Le Brun naturally wished to exercise himself in those vast compositions, named in Italy, grand machinery. An oppor-

tunity soon presented itself to him, as he was commissioned
to paint for the vaulted ceiling of the Seminary of S^t. Sul-
pice, the Crowning of the Holy Virgi ; and, in the President Lambert's hotel, the Story of Hercules, frag-
ments of which we have given under n°s. 635 and 689.

Being afterwards invited by the Superintendant Fouquet
to Vaux-le-Vicomte, he left there numerous marks of his talent, and received, as a reward, independently of the price
of his works, an annual income of twelve thousand franks
(L. 5oo), which he lost, when the Minister fell into disgrace :
but later it was restored to him by the King, when commissioned by Colbert to embellish the Chapel of Sceaux, and
the Pavillon of the Baths.

The Court having had a specimen of Le Brun's talents in
the splendid Fêtes which he directed at Vaux-le-Vicomte,
Cardinal Mazarin caused him to be presented to Queen Anne
of Austria, and having heard the particulars of a dream that
she had had, he did for her a picture designated under the
name of the *Christ aux Anges*, and known by Edelinck's
beautiful engraving of it.

En 1661, the King said to Le Brun, that wishing to have one
of his pictures, he left him the choice of the subject. He chose
the Family of Darius : it was executed, even in the Palace,
Le Brun often working at it in the King's presence. The
painter's zenith dates from this instant : the sight of that
beautiful picture completely determined the King in his
favour, who was already greatly taken with him. The monarch from that time considered him as the man best capable to direct the vast projects he had conceived for the
embellishment of the Royal Residences. Colbert being Superintendant of the Public Buildings gave Le Brun the direction
of the Manufactory of the Gobelins, where, not only tapistries
were wrought, but also beautiful specimens of jewellery,
vases, candelabras, and magnificent household furniture.

The King going into Flanders, in 1662, wished Le
Brun to accompany him, that he might see the triumphal
entries of the Queen in the conquered towns. On his return to Paris he had the direction of the brilliant Joust
given in the Great Square, which has preserved the French
appellation, *Carrousel*, to the present day. He also completed
the history of Alexander in those grand and sublime compositions which we have given under n°s. 478, 484, 491,
496 and 508, and so cleverly engraved by Gerard Audran.

In 1664, Le Brun was charged with the painting and
decorations of the Grand Staircase of the apartments at Versailles, and with those of the Tuileries, and of the Apollo
Gallery in the Louvre. The paintings of the last vaulted
ceiling were not finished, but the compositions are known
by Saint-André's engravings.

In 1667 Colbert visited the Academy of Painting, to make
the first distribution of the Prizes, founded by the King :
he invited the Academy to hold conferences on Art. Le Brun
was the first to open them by two discourses, one on the
S^t. Michael of Raphael, the other on the Manna of
Poussin. He also read Dissertations on Colouring, on the
analogy between the countenance of Man and that of Ani-
mals, and on the Passions. These two last works were accompanied with designs which have been engraved.

The Chancellor Seguier being dead, in 1672, the Academy,
of which he had been the patron and founder, wished
to give a public testimony of their grief, by having a solemn
service performed in the church of the Oratoire. Le Brun
wishing also to acquit himself of his debt of personal gratitude, undertook to direct this funereal ceremony, whose
magnificent decorations occupied the whole church, and
amongst which were fourteen pictures, wherein Le Brun had
depicted the principal features of the life of the illustrious
personage deceased.

Le Brun, already so renowned, acquired fresh fame by painting the Grand Gallery at Versailles, in which he represented the history of Lewis XIV, from 1661 to 1678. This extensive and beautiful work was justly admired. Nevertheless there were critics who pretended that he was wrong to treat the history of the King allegorically, or that he ought at least to have rendered the subjects clearer. According to them the pictures were so little intelligible, that it had been from necessity, in order to have them understood, that inscriptions had been placed below each.

These observations, offered cursorily, acquired a degree of bitterness, when, after Colbert's death, it was thought the first painter no longer having a patron near the King's person, might the more easily be assailed. It cannot even be denied that these sarcasms repeated by Mignard's friends, might be founded in jealousy.

Such criticisms dit not however prevent Le Brun from being admired throughout Europe. He received a very flattering testimony from the Academy of S^t. Luke, at Rome, who, in 1676, named him their *Prince*, thus deviating from their statutes, which required the chief of the Academy to reside there.

Charles Le Brun was able to give ideas on all that was to be done in the Arts. Colbert applied to him for a design of the pulpit of S^t. Eustache. After the death of that illustrious Minister, he gave the composition of his tomb, executed by Coisevox and Tuby. It was he also who invented the tomb that he raised to his mother, in the church of S^t. Nicolas-du-Chardonnais.

Having finished the paintings of the Grand Gallery of Versailles, he did not put his pencil aside, but painted several other pictures. In 1685 he presented the King with his Bearing of the Cross, and Moses defending the Daughters of Jethro. These performances were declared admiráble, and were proclaimed equal to Poussin's. The King, praising this painter, who had been dead twenty years, said that good pictures seemed to acquire a greater value after the death of their authors, and turning towards Le Brun, added : « Yet do not hurry yourself to die, I esteem you quite as much as posterity ever will be able. »

Before ending his career, Le Brun executed a Calvary, and Christ's Entry into Jerusalem, also a Nativity, which he had scarcely finished, when he was overtaken by the disorder of which he died, February 12, 1690.

We cannot better terminate this Notice than by transcribing Taillasson's opinion on Le Brun's talent : « Rapid as the armies of Turenne and of Condé, his noble imagination has covered the vaulted ceilings of the Palaces of Lewis XIV, with representations glorious as the conquests. By the abundance of his thoughts, by his allegories full of mind, of perspicuity, and of grandeur, he has displayed in those immense performances, all the extent and richness of his genius. This abundance and richness are the principal characteristics of his originality. In his youth he was thrown by fate amidst the Palaces of Kings, and his mind, excited by the splendour of a stately court, early imbibed its loftiness, which, imprinted in all his works, constitutes also one of his distinguishing characteristics. His compositions are grand and easy ; no disagreeable lines ever weary the eye; but that interesting simplicity which excites the feelings, is never found in them : they excite admiration, astonishment, and that kind of pleasure felt when viewing pageants, extraordinary objects, magnificent ceremonies, or triumphal marches. It appears that he particularly delighted in painting all that Lewis XIV was fond of seeing. His groups are disposed with ease, with grandeur; they always present fine lines and grand effects; his figures are well arranged; he did not care about scrupulously following costumes, and he was not ignorant of, it only attending to them as far as suited his taste. Although there is a little heaviness in the execution of his draperies and in their arrangement, still they are always cast in a grand and rich manner, peculiarly his own. His drawing is learned, correct, and original; his forms are noble, but they are justly reproached with being rather heavy, and they have not all the interest and variety of Nature. No doubt, taken up with so many works together, he had not sufficient time to consult her. Similar to the conquerors whom he has delineated, his ambitious and indefatigable genius wished to embrace all kinds of works; not satisfied with those he had, and which would have overwhelmed any other individual. His colouring is not what has established his celebrity, yet it often is very beautiful, and is always strong and harmonious. »

Le Brun's pictures are so numerous that the number cannot be exactly stated : yet it may be asserted that they exceed four hundred, several are immense compositions. He has etched three subjects, but they offer little interest.

Amongst his pupils are principally distinguished, Verdier, Houasse, Lefebvre, Vivien, Lafosse, and Claude Audran, a nephew of the famous engraver Gerard Audran.

The subjects engraved after Le Brun exceed 800 in number. The principal engravers who have worked after him are Gerard, Benoit, and Jean Audran; Edelinck; Poilly; Picart, Leclerc; Boulanger; Chauveau; Lenfant; Saint-André; Surugue, and Desplaces.

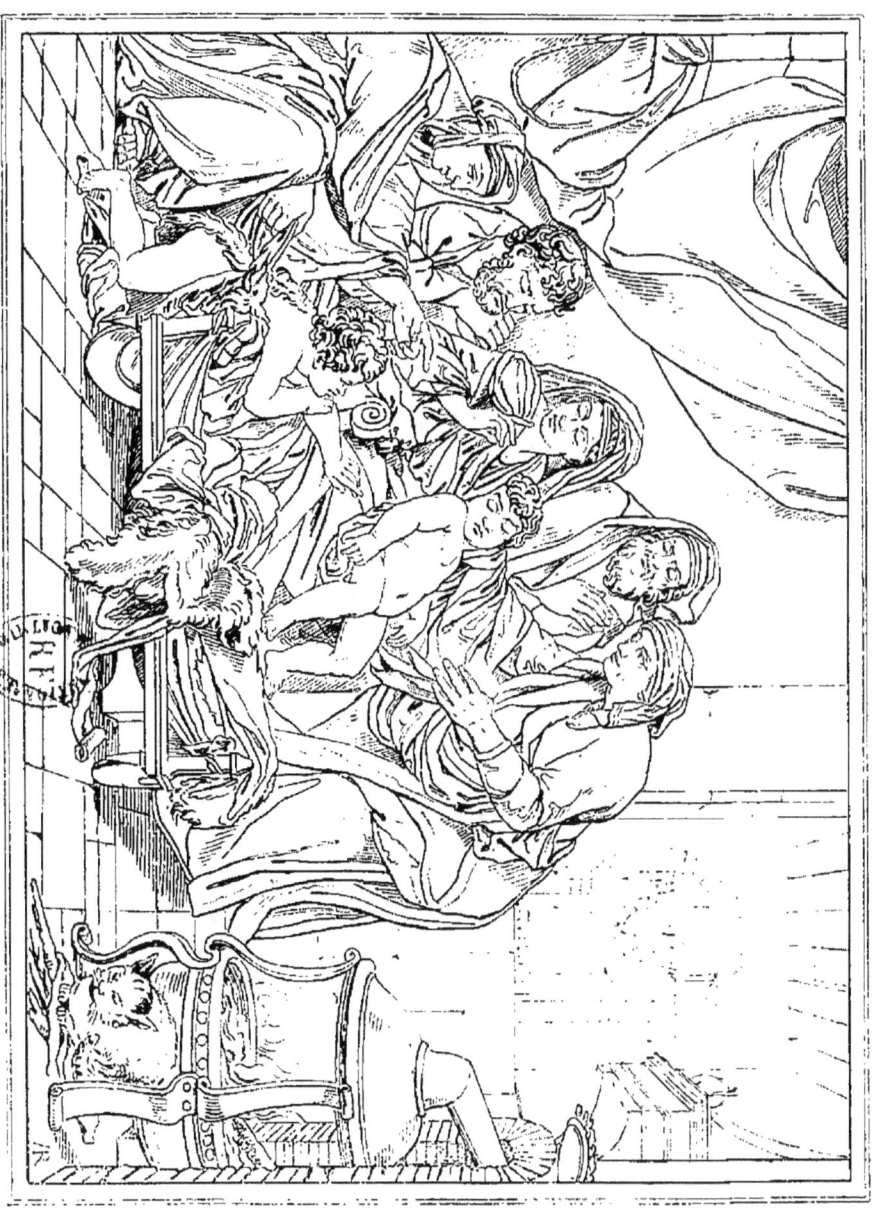

Sᵗᵉ FAMILIE, dite le Silence

>*<

SAINTE FAMILLE.

La dénomination de *Silence* a été donnée à plusieurs Saintes Familles; on connaît surtout le Silence de Raphaël et le Silence du Carrache. Celui-ci, à peu près de la même dimension, est bien moins célèbre, malgré le nombre des figures qui entrent dans sa composition. Il semble que Le Brun dans ce tableau se soit rappelé quelques uns des principes qu'il avait reçus de Poussin pendant son séjour à Rome; mais il n'a pas donné à ses figures une expression aussi sublime que celle qui se rencontre dans les tableaux du plus célèbre de nos peintres. Les draperies, quoique belles, sont un peu molles. Le Brun a introduit dans son tableau la figure d'une femme étrangère à la Sainte Famille, et qui paraît vouloir prendre avec précaution l'enfant Jésus endormi sur les genoux de la Vierge. Cette licence n'est guère d'accord avec la pauvreté qui, selon l'Évangile, se faisait remarquer dans la famille de Jésus-Christ. On doit aussi regarder comme un oubli des convenances le poêle qui n'était certainement d'aucune utilité en Judée, et dont la forme bizarre rappelle trop le siècle où vivait Le Brun.

Dans le bas, à droite, se trouve le monogramme de Charles Le Brun en l'année 1655. Ce tableau a été gravé par Romanet et Lignon; puis par Le Normand; Poilly en a fait aussi une gravure en hauteur, dans laquelle il a supprimé toute la partie droite du tableau, et même la femme qui veut prendre l'enfant Jésus-

Larg., 3 pieds 7 pouces; larg., 2 pieds 7 pouces.

⋙•⋘

THE HOLY FAMILY.

Several Holy Families have received the appellation of *Silence* : Raphael and Caracci's Silence, are more particularly known. This of Le Brun, of about the same size, is less famed, notwithstanding the number of figures that enter in his composition : it appears that in this picture he remembered some of the principles which he had received from Poussin, during his abode at Rome; but he has not given to his figures so sublime an expression, as that which is seen in the pictures of the most famous of our painters. Although the draperies are fine, still they are rather limp. Le Brun has introduced in his picture the figure of woman, foreign to the Holy Family, and who appears wishing to carefully take up the Infant Jesus, sleeping on the Virgin's knees. This licence agrees but little with the poverty, which, according to the Gospel, reigned in the family of Jesus Christ. The stove which certainly could be of no use in Judæa, and whose whimsical shape strongly recals the age in which Le Brun lived, must also be looked upon as an inconsistency.

In the lower part, on the right hand, is the monogram of Charles Le Brun, and the year 1655. This picture has been engraved by Romanet and Lignon, and afterwards by Le Normand : Poilly has also given an upright engraving of it, in which he has suppressed the whole of the right side of the picture, and even the woman wishing to take the Infant Jesus.

Width, 3 feet 9 inches; height, 2 feet 9 inches.

515.

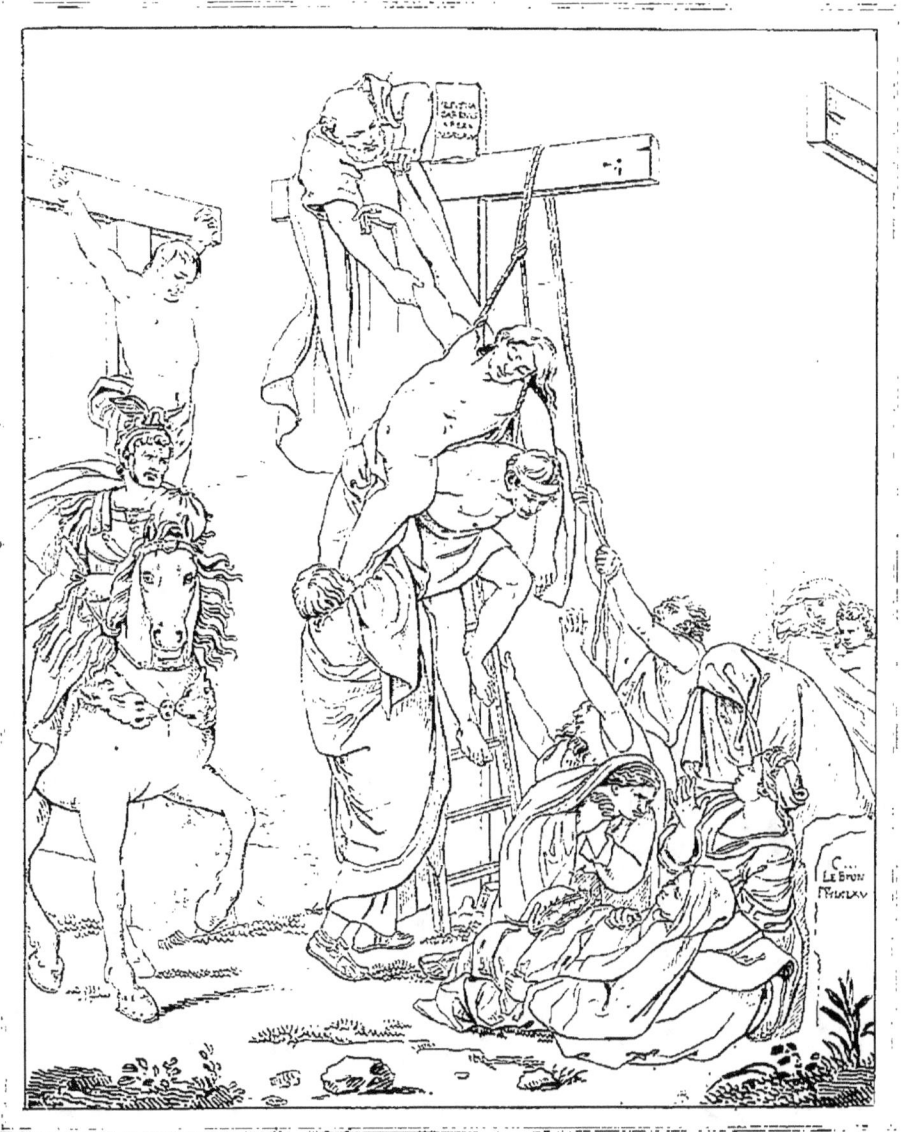

Le Brun pinx.

JÉSUS-CHRIST DESCENDU DE LA CROIX.

DESCENTE DE CROIX.

On pourrait regarder ce tableau comme représentant plutôt un calvaire qu'une descente de croix, puisque l'on voit à gauche le corps entier de l'un des deux larrons, et que l'on aperçoit à droite une partie de la troisième croix; mais d'un autre côté Le Brun ne s'est réellement occupé que de la descente du corps de Jésus-Christ : toutes les figures n'ont rapport qu'à ce sujet, et on ne voit pas la foule qui distingue ordinairement un calvaire. Le tableau est divisé en deux groupes, l'un composé de quatre hommes occupés à soutenir le corps du Sauveur, l'autre des saintes femmes parmi lesquelles on remarque la Vierge pouvant à peine supporter le souvenir de tant de douleurs.

On peut admirer dans ce tableau la sagesse de la composition, la grandeur des draperies, et la noblesse des expressions. Le dessin et la couleur y sont aussi très recommandables, et le clair-obscur d'un effet véritablement merveilleux. Le cheval du centenier que l'on voit à gauche est peut-être un peu lourd, mais il est bien peint. Sur une pierre à droite, on lit cette inscription : c. LEBRUN F. MDCLXV : le peintre avait alors quarante-six ans; c'est le temps où il n'avait plus rien à acquérir.

Ce tableau parfaitement conservé, et l'un des plus beaux qu'on puisse trouver de ce maître, fait partie du cabinet de M. Migneron, à Paris. Il a été gravé par François Poilly.

Haut., 4 pieds 11 pouces; larg., 3 pieds 1 pouce.

DESCENT OF THE CROSS.

This picture might be considered as rather representing a Calvary than a Descent of the Cross, since, on the left, is seen the entire body one of the two thieves; and to the right is perceived a part of the third cross : yet in another respect Le Brun has really occupied himself but of the Descent of the body of Jesus Christ : all the figures refer only to that subject, and the crowd, that generally distinguishes a Calvary, is not present. The picture is divided into two groups, the one composed of four men busied in supporting the body of our Saviour; the other of holy women, among whom the Virgin is seen scarcely able to bear the remembrance of so much grief.

In this picture may be admired the chasteness of the composition, the fulness of the draperies, and the grandeur of the expressions. The designing and colouring are also very praiseworthy, and the chiar-oscuro is of a truly wonderful effect. The centurion's horse, seen to the left, is perhaps rather heavy, but it is well painted. On a stone, to the right, this inscription is seen : C. LEBRUN. F. MDCLXV : the artist was then forty six years of age, a time when he had nothing more to acquire.

This picture, in high preservation, and one of the finest by this master, forms part of M. Migneron's Collection in Paris. It has been engraved by François Poilly.

Height 5 feet 2 ½ inches, width, 3 feet 3 inches.

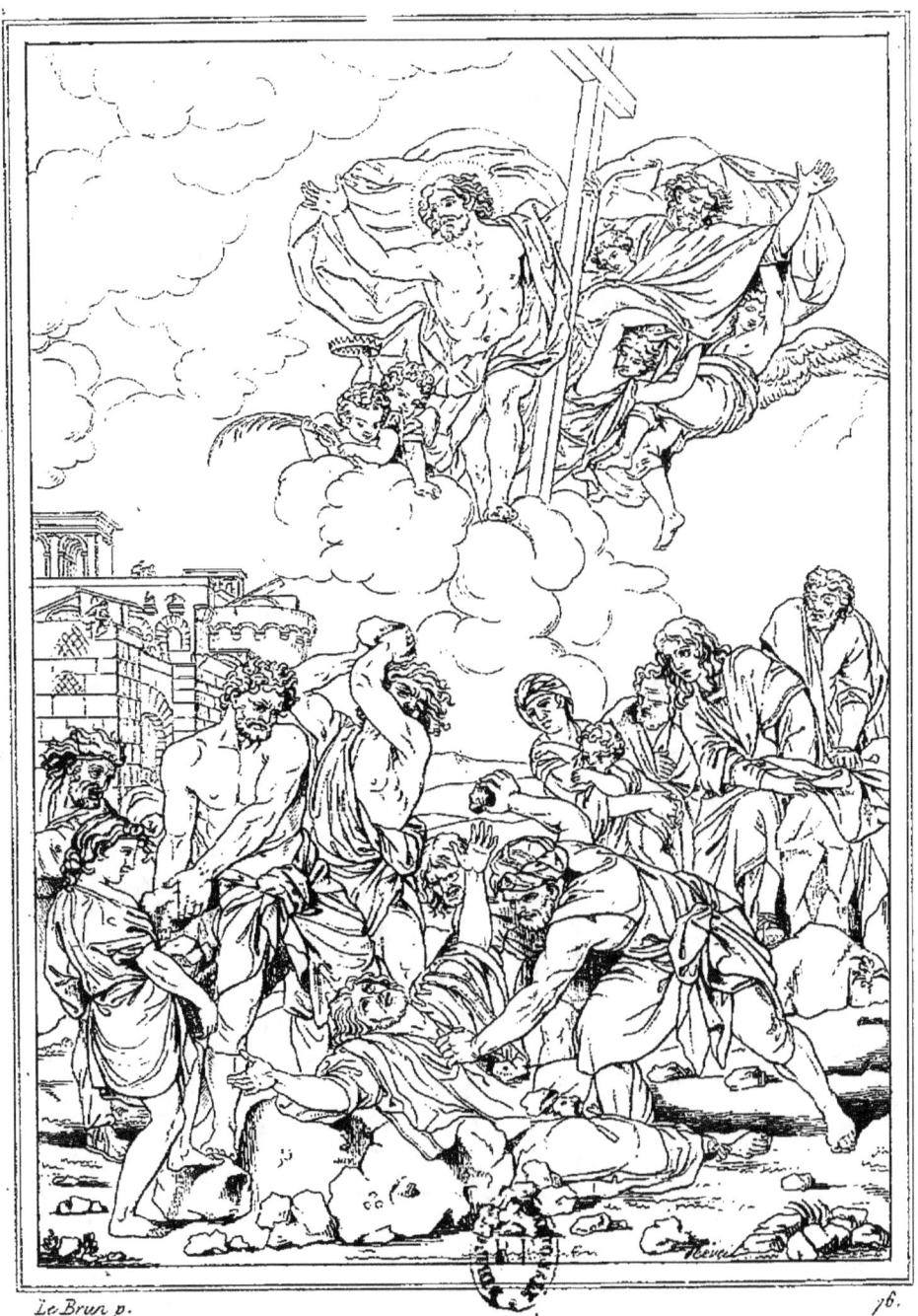

16.

LAPIDATION DE St ETIENNE.

LAPIDATION DE SAINT ÉTIENNE.

Les apôtres voyant augmenter le nombre des chrétiens, et voulant ne pas être détournés de la prédication, demandèrent aux fidèles de choisir sept personnes d'une probité et d'une sagesse reconnues, qui seraient chargées de la distribution des aumônes et du soin des tables. Étienne, l'un d'eux, se distingua par ses vertus et par son éloquence, ce qui lui suscita des envieux et des accusateurs auprès des anciens et des scribes.

La manière dont il se défendit irrita le peuple à un point extrême. « Mais Étienne étant rempli du saint esprit, et levant les yeux au ciel, vit la gloire de Dieu et Jésus qui était debout à sa droite; et il dit : Je vois les cieux ouverts, et le fils de l'homme qui est debout à la droite de Dieu. Alors les Juifs poussant de grands cris, et se bouchant les oreilles, se jetèrent sur lui tous ensemble, et ils le lapidèrent. »

Le Brun, dans ce tableau, nous fait bien voir saint Étienne victime de la populace, dont une partie se montre furieuse, et l'autre, tout en n'approuvant pas de semblables excès, ne paraît pas disposée à défendre le malheureux martyr.

Ce tableau a été gravé par Gérard Audran.

Haut., 12 pieds 2 pouces; larg., 9 pieds 4 pouces.

76.

≥•€

STONING OF SAINT STEPHEN.

The apostles perceiving the number of chistians increase, and desiring not to have their attention withdrawn from preaching, required the believers to select seven persons of eminent probity and wisdom, who should be charged with the distribution of alms and superintendence of the tables. Stephen, one of them, was distinguished by his virtues and eloquence, which created him envious accusers before the ancients and scribes.

The manner in which he defended himself irritated the people to the highest degree : « But Stephen, being full of the holy ghost, looked up steadfastly into heaven, and saw the glory of God, and Jesus standing on the right hand of God, and said : Behold, I see the heavens opened, and the son of man standing on the right hand of God. Then they cried out with a loud voice, and stopped their ears, and ran upon him with one accord, and they stoned him. »

Le Brun, in this picture, ably displays St Stephen victim of the populace, one party of which appears furious, and the other though not approving such extreme cruelty, yet not disposed to defend the unfortunate martyr.

This picture has been engraved by Gerard Audran.

Height 13 feet; breadht 9 feet 11 inches.

76.

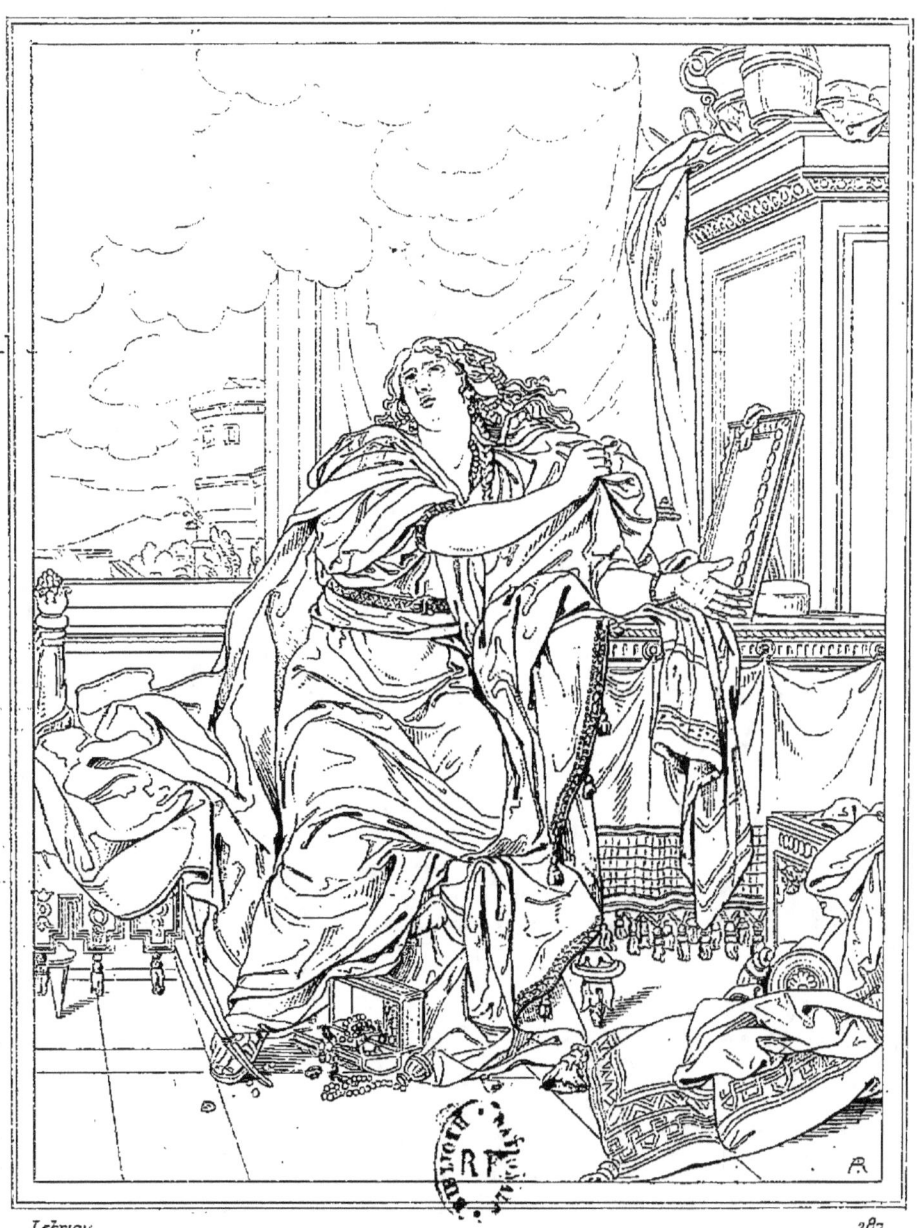

Lebriau.   287.

STE MADELEINE.

SAINTE MADELEINE.

Nous ne reviendrons pas sur l'histoire de la pécheresse pénitente confondue avec Marie-Madeleine, ainsi que nous avons eu occasion de le dire dans les nᵒˢ 19 et 97; nous nous contenterons de rappeler seulement que cette beauté célèbre, après avoir vécu dans la dissipation, voulut revenir à Dieu. Sentant alors combien étaient vaines toutes les parures auxquelles elle avait attaché tant de prix, elle les rejeta, et les vendit pour en donner la valeur aux pauvres.

Ce tableau fut commandé à Le Brun, premier peintre de Louis XIV, par madame de La Vallière, pour être placé au couvent des Carmélites de la rue du Faubourg-Saint-Jacques, où elle avait pris l'habit sous le nom de Louise de la Miséricorde. Le rapport de situation entre ces deux personnes célèbres par leur beauté et leur repentir, a sans doute accrédité le bruit, qui a fait regarder ce tableau comme un portrait de madame de La Vallière en Madeleine; mais rien ne prouve cette assertion, et la figure ne présente aucun caractère de ressemblance.

Brienne, dans ses Mémoires, parle de l'opposition que le roi avait mise à ce que mademoiselle de La Vallière fît faire son portrait en Madeleine, et sans doute, après sa retraite aux Carmélites, elle n'aura pas voulu rappeler une idée qu'elle avait eue lors de son triomphe.

L'estampe gravée par Edelinck, d'après ce tableau, est une des plus belles et des plus recherchées.

Haut., 9 pieds 2 pouces; larg., 5 pieds 4 pouces.

SAINT MAGDALEN.

We shall not resume the history of this repentant sinner, who by many has been confounded with Mary Magdalen, as we have already mentioned in n°s 19 and 97; we shall merely remind our readers that this celebrated beauty after having lived in dissipation, wished to return to righteousness, and feeling the vanity of those gaudy dresses, upon which she had set so much value, she refused to wear them, and sold them in order to relieve the distresses of the poor.

Le Brun, first painter to Louis XIV, was ordered by madame de la Valière to paint this picture for the Carmelite convent, in the rue du Faubourg-Saint-Jacques, at Paris, where she had taken the habit under the name of Louise de la Miséricorde. The similarity of situation in which those two persons, so celebrated for their beauty and their repentance, had been placed has no doubt given credit to the opinion that this picture was a portrait of madame La Vallière representing Magdalen. But this assertion is unfounded, and the countenance presents no features of resemblance.

Brienne, in his Memoirs, speaks of the opposition which the king had made to her having her portrait painted in the character of Magdalen; and doubtless in her retreat mademoiselle de La Vallière would not have wished, to recall to her mind an idea which she had entertained at the time of her triumph.

The print engraved of this picture by Edelinck, is one of the most beautiful, and most sought after.

Height, 10 feet; breadth, 6 feet 2 inches.

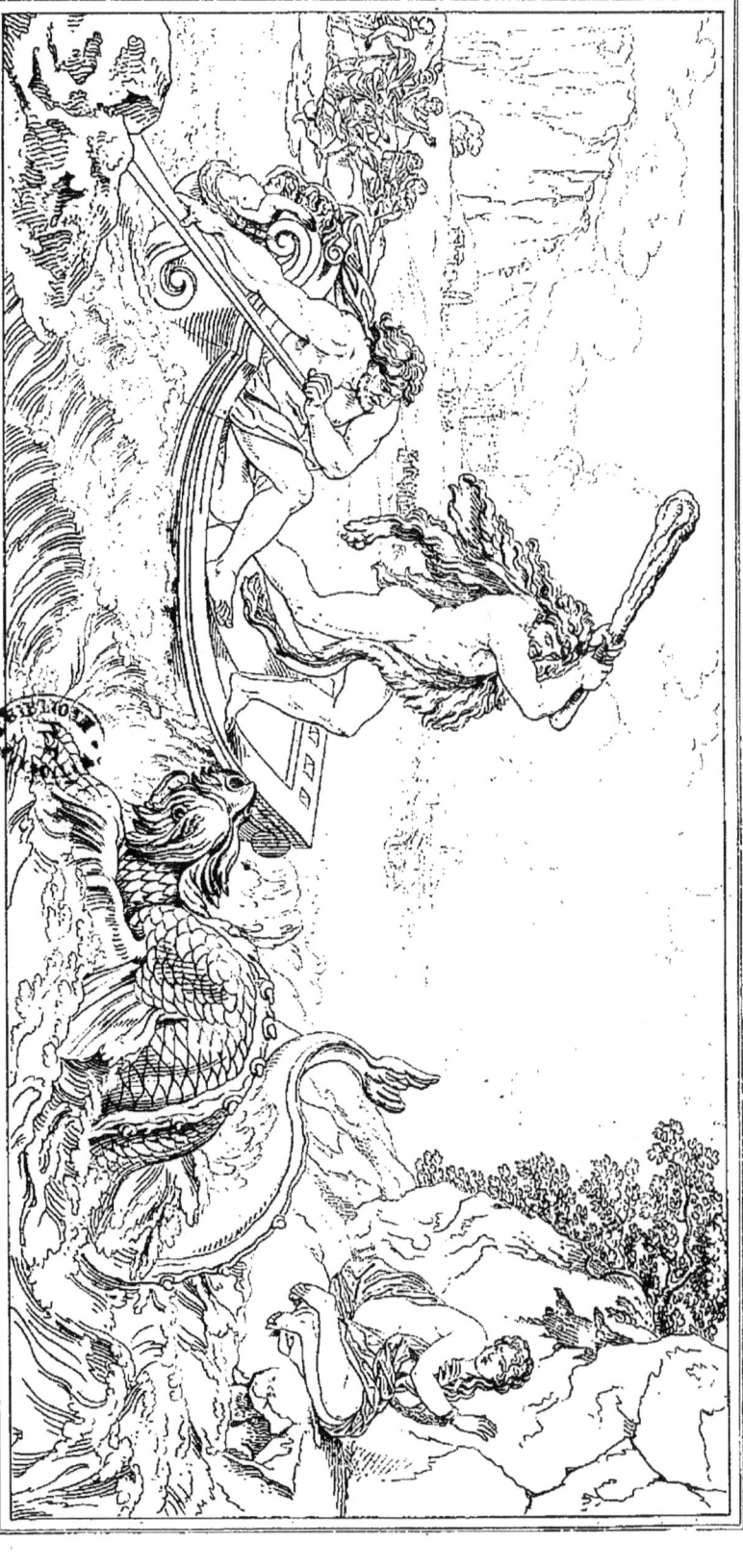

HERCULE DÉLIVRANT HÉSIONE.

HERCULE

DÉLIVRANT HÉSIONE.

Le président Lambert, amateur des beaux-arts, employa, à décorer ses appartemens, les talens de divers peintres, tels que Le Sueur, Le Brun, Herman Swanevelt, Patel, Perrier et Romanelli. Déjà nous avons donné plusieurs des peintures faites par Le Sueur pour le cabinet des Muses, celui de l'Amour et celui des Bains.

L'histoire d'Hercule fut peinte par Le Brun, dans le plafond de la galerie de l'hôtel Lambert. Le peintre a divisé le plafond en cinq parties; celle du milieu est plus grande que les autres, et offre le combat d'Hercule contre les centaures; puis Hercule délivrant Hésione.

C'est pendant le voyage des Argonautes que, se trouvant jeté sur le promontoire Ligœus, Hercule tua le monstre marin qui devait dévorer la malheureuse Hésione. On voit, dans le fond, la famille éplorée de cette jeune et belle princesse, qui, par la suite, devint l'épouse de Télamon.

Dans le recueil des peintures de l'hôtel Lambert, celle-ci est gravée par B. Picart.

635.

HERCULES DELIVERING HESIONE.

The President Lambert, an amateur of the Fine Arts, employed, for the ornamenting of his apartments, the talents of various painters such as Le Sueur, Le Brun, Hermann Swanevelt, Patel, Perrier, and Romanelli. We have already given several subjects painted by Le Sueur for the Hall of the Muses, that of Cupid, and that of the Baths.

The story of Hercules was painted by Le Brun on the Gallery ceiling of the Lambert Hotel. The artist has divided the ceiling into five compartiments, the middle one is more considerable than the others, and presents the Combat of Hercules with the Centaurs, and afterwards Hercules delivering Hesione.

It was during the voyage of the Argonauts that, being cast on the promontory of Ligœus, Hercules killed the sea monster which was to devour the unfortunate Hesione. In the back-ground are seen the distressed family of the young and beautiful princess, who afterwards was the wife of Telamon.

In the Series of the Lambert Hotel Paintings, the present subject is engraved by B. Picart.

635.

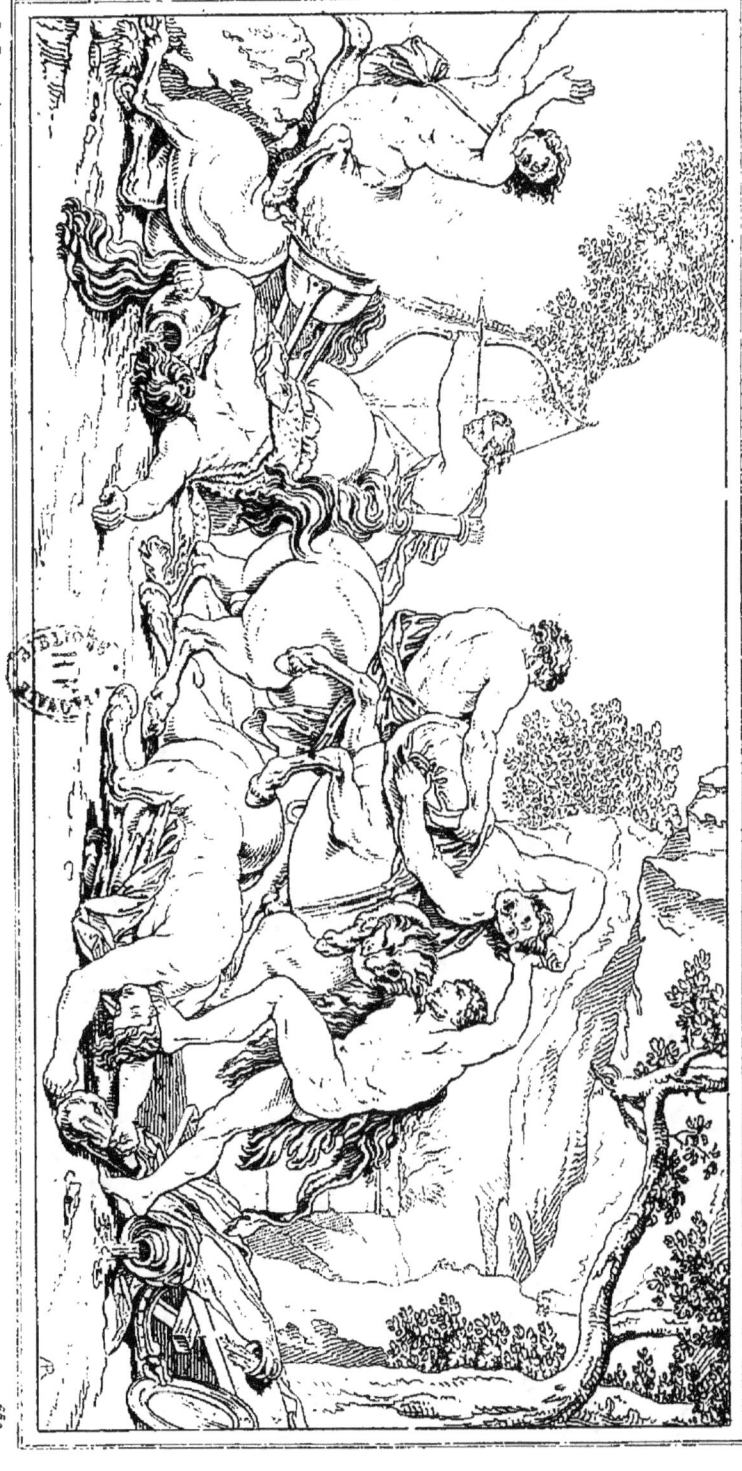

Le Brun, pinx.

HERCULE COMBATTANT LES CENTAURES.

659.

HERCULE

COMBATTANT LES CENTAURES.

Le centaure Eurytès ayant voulu enlever Hippodamie, le jour même de ses noces avec Pirithoüs, cet événement devint le signal d'un combat terrible entre les Centaures et les Lapithes. Hercule et Thésée prirent une part active à cette lutte, où périt le fameux Eurytès et un grand nombre de Centaures.

Ovide rapporte que dans l'endroit où eut lieu le combat était un vase antique, d'une grandeur énorme : Thésée s'en saisit, et, l'ayant jeté à la tête d'Eurytès, il lui écrasa la cervelle et le renversa par terre. Le Centaure, se roulant sur le sable vomit avec son sang le vin qu'il venait de boire. Les autres deviennent furieux; ils se servent pour armes de tout ce qu'ils rencontrent autour d'eux. On voit voler de tous côtés vases, plats, urnes, en un mot tout ce qui servait au festin.

Cette grande composition est peinte au milieu du plafond de la galerie de l'hôtel Lambert, en face de l'Hercule délivrant Hésione, donné précédemment sous le n°. 635. Elle a été gravée par L. Desplaces, et se trouve dans le recueil des peintures de l'hôtel Lambert, publié par Bernard Picard.

HERCULES

COMBATING THE CENTAURS,

The Centaur Euryte having sought to carry off Hippodamia, the very day of her nuptials with Pirithous, this event became the signal of a dreadful fight, between the Centaurs and the Lapithæ. Hercules and Theseus took an active part in the struggle, in which the famous Euryte, and a great number of Centaurs perished.

Ovid relates that in the place where they fought, stood an antique vase, of an enormous size : Theseus snatching it up, threw it at Euryte's head, dashed out his brains, and threw him on the ground. The Centaur, rolling over the sand, belches forth, with his blood, the wine he has just drunk. The others become furious and seize whatever they can get hold of as weapons. On every side, vases, dishes, urns, in a word, every thing made use of at a banquet is seen flying around.

This large composition is painted in the middle of the ceiling of the Lambert Hotel gallery, facing the Hercules delivering Hesione, previously given under n°. 635. It has been engraved by L. Desplaces, and is in the Collection of the Lambert Hotel paintings.

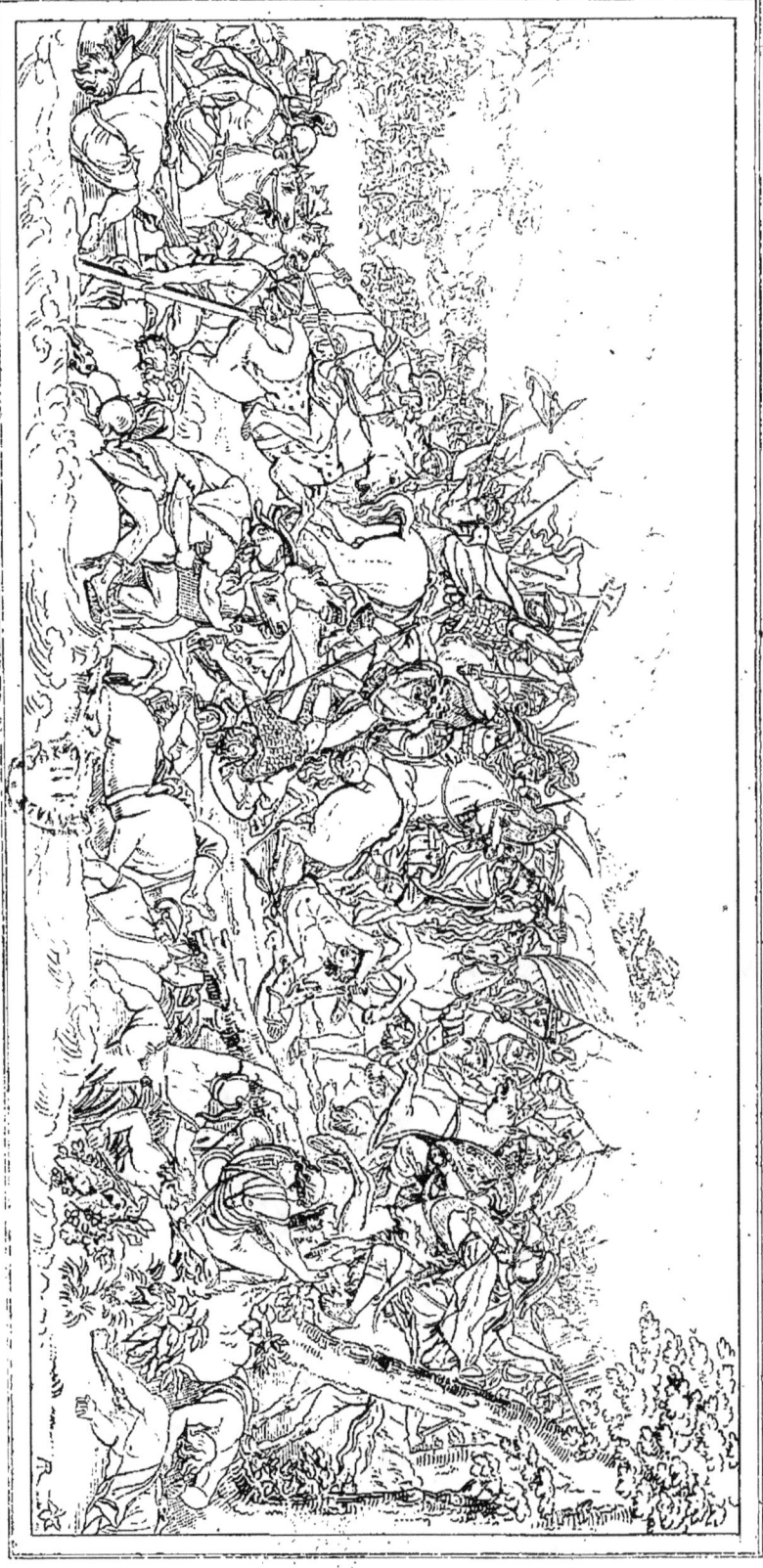

Le Brun pinx.

PASSAGE DU GRANIQUE

478

PASSAGE DU GRANIQUE.

Alexandre étant monté sur le trône de Macédoine l'an 336 avant Jésus - Christ, dès l'année suivante il soumit la Grèce et détruisit la ville de Thèbes qui avait cherché à se soustraire à son autorité. Voulant ensuite pousser ses conquêtes vers la Perse, il entra en Asie et passa le Granique en présence de l'armée ennemie. La plupart des généraux regardaient comme une témérité le passage d'un fleuve profond, dont les bords étaient occupés par tant de milliers d'hommes. Parménion lui-même engageait Alexandre à différer jusqu'au lendemain avant le jour, mais son avis ne fut point écouté. Le héros s'élance dans le fleuve; suivi de treize compagnies de cavalerie, il s'avance au milieu d'une grêle de traits vers l'autre bord qui était très escarpé. A peine eut-il traversé qu'il se trouve obligé de combattre pêle-mêle avec des ennemis qui ne laissaient pas aux troupes le temps de se mettre en bataille.

Alexandre, que l'éclat de son bouclier et le panache de son casque faisaient remarquer, est personnellement assailli. Résace et Spithridate, généraux de Darius, viennent ensemble l'attaquer. Ce dernier lui donna sur la tête un coup si violent de son cimeterre, qu'il fit tomber le panache de son casque avec une des grandes ailes dont il était orné; mais avant de pouvoir porter un second coup, Clitus le Noir lui abattit le bras d'un coup de hache, et en même temps Résace tomba mort d'un coup d'épée qu'Alexandre lui porta.

Le Brun a suivi exactement le récit des historiens anciens pour composer son tableau, destiné alors à orner la galerie d'Apollon. Il est maintenant dans le grand salon du Louvre.

Larg., 30 pieds; haut., 16 pieds.

456.

THE PASSAGE OF THE GRANICUS.

Alexander having ascended the throne of Macedonia, the year 336 B. C., he, a few months afterwards, subjugated Greece, and destroyed the city of Thebes for seeking to shake off his yoke. Wishing subsequently to carry on his conquests into Persia, he invaded Asia, and crossed the Granicus in presence of the enemy's army. Most of his generals considered it rashness to attempt passing a rapid river, the opposite shore of which was defended by so many thousand men. Even Parmenio endeavoured to induce Alexander to put off the assault to the dawn of the following day, but his counsel was not listened to. The hero plunged into the river. Followed by thirteen corps of cavalry, he advanced amidst a shower of arrows to the opposite bank which was very steep. Scarcely had he reached it, than he found himself obliged to fight hand to hand with the enemy, who did not give his troops time to form themselves in battle array.

Alexander, whose brilliant shield, and the crest on his helmet had caused to be remarked, was more particularly aimed at. Resaces and Spithridates, Darius' Generals, both came together to attack him. Spithridates gave him so violent a blow on the head, with his scimitar, that he cut town the crest from his helmet and one of the large wings ornamenting it : but before he could renew the stroke, his arm was struck off by a blow which Clitus gave him with his battle axe, and at the same time, Resaces was killed by Alexander's sword.

The recital of the Ancient Historians has been closely followed by Le Brun, in composing this picture, which was then intended to adorn the Apollo Gallery : it is now in the great Saloon of the Louvre.

Width, 31 feet 10 inches; height, 17 feet.

456.

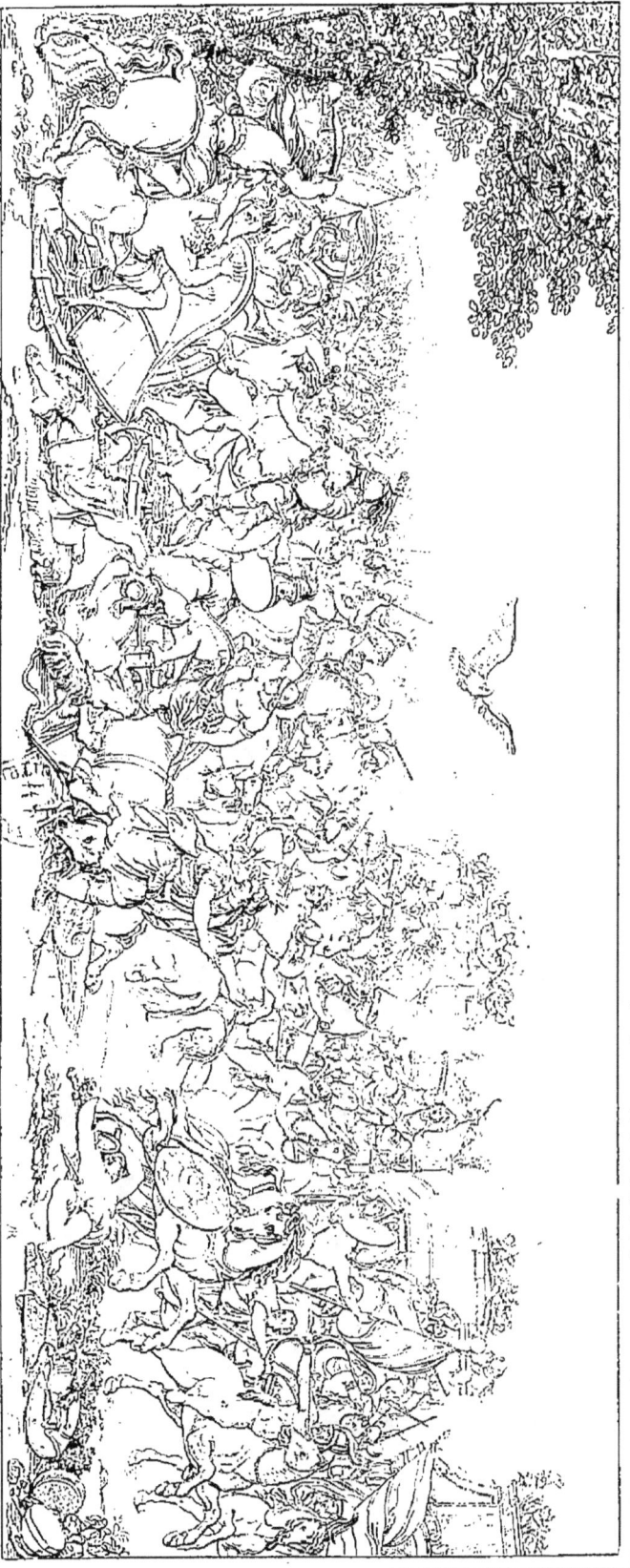

BATAILLE D'ARBELLES

BATAILLE D'ARBELLES.

Trois années après le passage du Granique, Alexandre, s'étant rendu maître de tous les pays en deçà de l'Euphrate, rencontra Darius qui venait à lui avec une armée que l'on a fait monter à un million, sans doute en y comprenant les femmes, les enfans et les esclaves que les Perses avaient à leur suite.

Ce trait historique doit être mêlé de traits fabuleux, puisque Quinte Curce dit : « Au reste, soit illusion, soit réalité, ceux qui environnaient Alexandre crurent voir un aigle planer d'un vol paisible un peu au dessus de sa tête, sans s'effrayer ni du bruit des armes, ni des gémissemens des mourans, et pendant long-temps il leur parut suspendu en l'air. » Le devin Aristandre, que l'on voit à pied près d'Alexandre, fait remarquer aux soldats cet événement extraordinaire, et le leur indique comme un présage de la victoire.

Alexandre pousse vivement les fuyards jusqu'au centre de leur armée, où on aperçoit Darius assis sur un char très élevé. Son conducteur étant tombé percé par un javelot, le bruit se répandit que le roi lui-même avait été tué, et soudain des hurlemens lugubres, des clameurs confuses, répandirent le trouble parmi les Perses, qui s'enfuirent avec précipitation.

Les tableaux des batailles d'Alexandre donnent une haute idée du talent de Le Brun : les actions y sont représentées avec vigueur, les mouvemens sont nobles et animés, le désordre d'un combat bien exprimé, et pourtant sans confusion dans les groupes, qui sont distribués et placés avec art.

Cette suite gravée d'abord par Gérard Audran, a été copiée en plus petite proportion par Benoît Audran, par Jean Audran, enfin par Duplessis Berteaux et Niquet.

Larg., 39 pieds 10 pouces; haut., 16 pieds.

484.

THE BATTLE OF ARBELA.

Three years after the passage of the Granicus, Alexander having possessed himself of all the country as far as the Euphrates, met Darius, who was advancing against him with an army, said to amount to a million of souls, no doubt including the women, children, and slaves, which the Persians had in their train.

This historical fact is intermixed with fictions, since Quintus Curtius adds : « Whether an illusion or a reality, those who were around Alexander believed they saw an Eagle quietly hovering a little above his head, without being affrighted, either by the clanging of arms, or the groans of the dying; and, during a long time, it appeared to them poising in the air. » The Soothsayer Aristander, seen on foot near Alexander, points out to the soldiers this extraordinary event, and shows it to them as an omen of victory.

Alexander closely pursued the fugitives, even to the center of their army, where Darius is seen seated on a very high car. His Charioteer having been pierced by a javelin, the report ran, that it was the King himself who had been killed : immediately, mournful cries, and confused noises, spread dismay among the Persians, who fled precipitately.

The pictures of Alexander's Battles gives a high opinion of Le Brun's talents : the attitudes are represented vigorously, the actions are noble and spirited, the disorder of a fight is well expressed, and yet, without confusion, in groups that are skilfully distributed and arranged.

This Series was first engraved by Gerard Audran, then copied upon a smaller scale by Benedict Audran, by John Audran, and subsequently also by Duplessis Berteaux and Niquet.

Width, 42 feet 4 inches, height, 17 feet.

484.

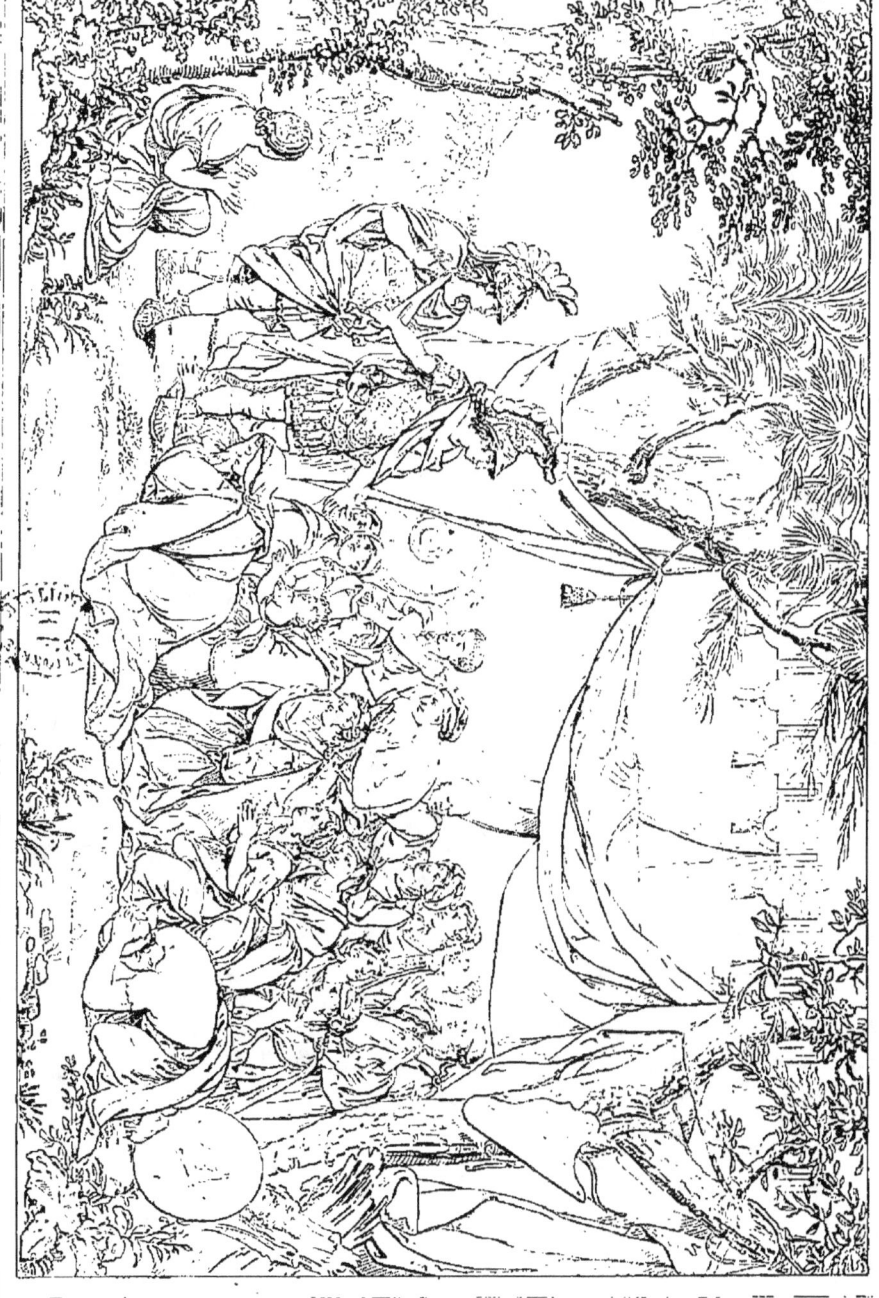

LA FAMILLE DE DARIUS
DEVANT ALEXANDRE.

Après la bataille d'Issus, Alexandre n'eut plus qu'à poursuivre ce prince dans les défilés de la Cilicie, et à ramasser ses trésors et les bagages de son armée dispersée. Le destin voulut encore que la mère, la femme et les enfans de ce monarque infortuné et fugitif tombassent également entre les mains du vainqueur.

Suivant le récit de Quinte-Curce, « Alexandre fit prévenir les prisonnières qu'il venait en personne les visiter ; et, laissant derrière lui son escorte, il entra dans leur tente, accompagné d'Éphestion. Son âge était le même que celui d'Alexandre, mais sa taille beaucoup plus haute ; aussi, le prenant pour le roi, les deux princesses l'honorèrent à la façon des Perses. Sysigambis, ayant connu son erreur, se jeta aux pieds d'Alexandre en le priant d'excuser sa méprise sur ce qu'elle ne l'avait jamais vu. Alors le roi lui tendit la main pour la relever en lui disant : « Mère, vous ne vous êtes pas trompée ; celui-ci est un autre Alexandre. »

Telle est la scène représentée par Le Brun, qui exécuta ce tableau à Fontainebleau, en présence de Louis XIV, ce prince venant presque tous les jours voir travailler son peintre favori.

Parmi les chefs-d'œuvre de l'école française, la Famille de Darius sera toujours citée comme l'un des plus parfaits, pour la noblesse de la composition, ainsi que par la justesse et la vérité des expressions.

Ce tableau a été gravé par Gérard Edelinck.

Larg., 21 pieds 5 pouces ; haut., 16 pieds.

491.

THE FAMILY OF DARIUS
IN PRESENCE OF ALEXANDER.

After the battle of Issus, there only remained to Alexander to pursue Darius into the passes of Cilicia, and to gather his treasures and the baggage of the dispersed army. Fate so willed it, that the mother, the wife, and the children of the unfortunate and fugitive monarch, should also fall into the conqueror's hands.

According to Quintus Curtius, « Alexander caused the female prisoners to be informed that he was coming in person to visit them; and, leaving his escort behind him, he entered their tent, accompanied by Ephæstion, who was of his own age, but much taller: thus, the two princesses, mistaking the latter for the king, greeted him according to the manner of the Persians. Sysigambis, discovering her mistake', threw herself at Alexander's feet, begging of him to excuse her error, as she had never before seen him. Then the king stretched out his hand to raise her, saying : « Mother, you are not mistaken ; he also, is another Alexander. »

Such is the scene represented by Le Brun, who executed this picture in the presence of Lewis XIV, who used to come almost every day to see his favorite painter at work.

Among the masterpieces of the French School, the Family of Darius will always be mentioned as one of the most perfect, for the grandeur of the composition, as also for the correctness and fidelity of the expressions.

This picture has been engraved by Gerard Edelinck.

Width, 22 feet 9 inches; height, 17 feet.

PORUS VAINCU EST AMENÉ DEVANT ALEXANDRE

PORUS VAINCU.

Les armes d'Alexandre étaient victorieuses depuis huit années; l'empire des Perses avait été détruit par la mort de Darius; Alexandre avait déjà soumis plusieurs des rois de l'Inde, lorsque, l'an 228 avant Jésus-Christ, il éprouva de la résistance de la part de Pôrus, l'un des rois les plus puissans.

Les deux armées ennemies étaient depuis plusieurs jours sur les bords de l'Hydaspe; mais Alexandre, profitant d'un temps orageux, donna l'ordre de le traverser au milieu de la nuit et sur plusieurs points. Parvenu ainsi à tromper la vigilance de Porus, ce prince, malgré ses brillantes phalanges, ses nombreux chariots de guerre et ses éléphans monstrueux, fut entièrement défait. Aussi remarquable par la hauteur de sa stature que par son courage et son malheur, le monarque blessé et prêt à périr dans la mêlée, fut amené devant le vainqueur, qui le recevant avec bonté, lui demanda comment il voulait être traité. — En Roi, lui répondit Porus, dont la fierté ne se trouvait pas abattue.

Tout est bien dans ce tableau, où il semble que Le Brun se soit montré dessinateur plus correct et coloriste plus vigoureux et plus vrai que de coutume; il peut être regardé comme le meilleur de cette suite célèbre désignée sous le nom de Batailles d'Alexandre. On assure cependant que l'habile peintre se fit aider. Suivant la tradition, les chevaux seraient peints par Vander Meulen, les plantes et les devans par Nicassius; Galoche aurait peint la figure de l'esclave attaché à la queue d'un cheval; puis Silvestre et d'autres élèves de Le Brun auraient fait d'autres parties accessoires.

Larg., 39 pieds; haut., 16 pieds.

496.

THE DEFEAT OF PORUS.

Alexander's arms had been victorious for eight years, the Persian Empire had been dissolved by the death of Darius, Alexander had already subjugated several of the kings of India, when, in the year 328 B. C. he met with some resistance from Porus, one of the most powerful monarchs.

The two hostile armies had been, since several days on the banks of the Hydaspes, when Alexander, taking advantage of a storm, gave orders for crossing the river at several parts, in the middle of the night. Having thus succeeded in deceiving the vigilance of Porus, this prince, notwithstanding his brilliant phalanxes, his numerous war chariots, and his enormous elephants, was totally defeated. As remarkable for his great stature, as for his courage and misfortune, this monarch being wounded and on the point of perishing in the combat, was brought in presence of the conqueror, who, receiving him kindly, asked him how he wished to be treated : Like a King, replied Porus, whose intrepidity was unabashed.

All is good in this picture, wherein it appears that Le Brun has shown himself a more correct designer, and a more vigorous and more faithful colourist than usual : it may be considered as the best of the celebrated series, known by the name of Alexander's Battles. It is however asserted that this skilful artist was assisted. According to report, the horses were painted by Vander Meulen, the plants and the foregrounds by Nicassius; Galoche is said, to have painted the figure of the slave tied to a horse's tail, whilst Silvestre and other pupils of Le Brun did other parts.

Width, 41 feet 5 inches; height, 17 feet.

496.

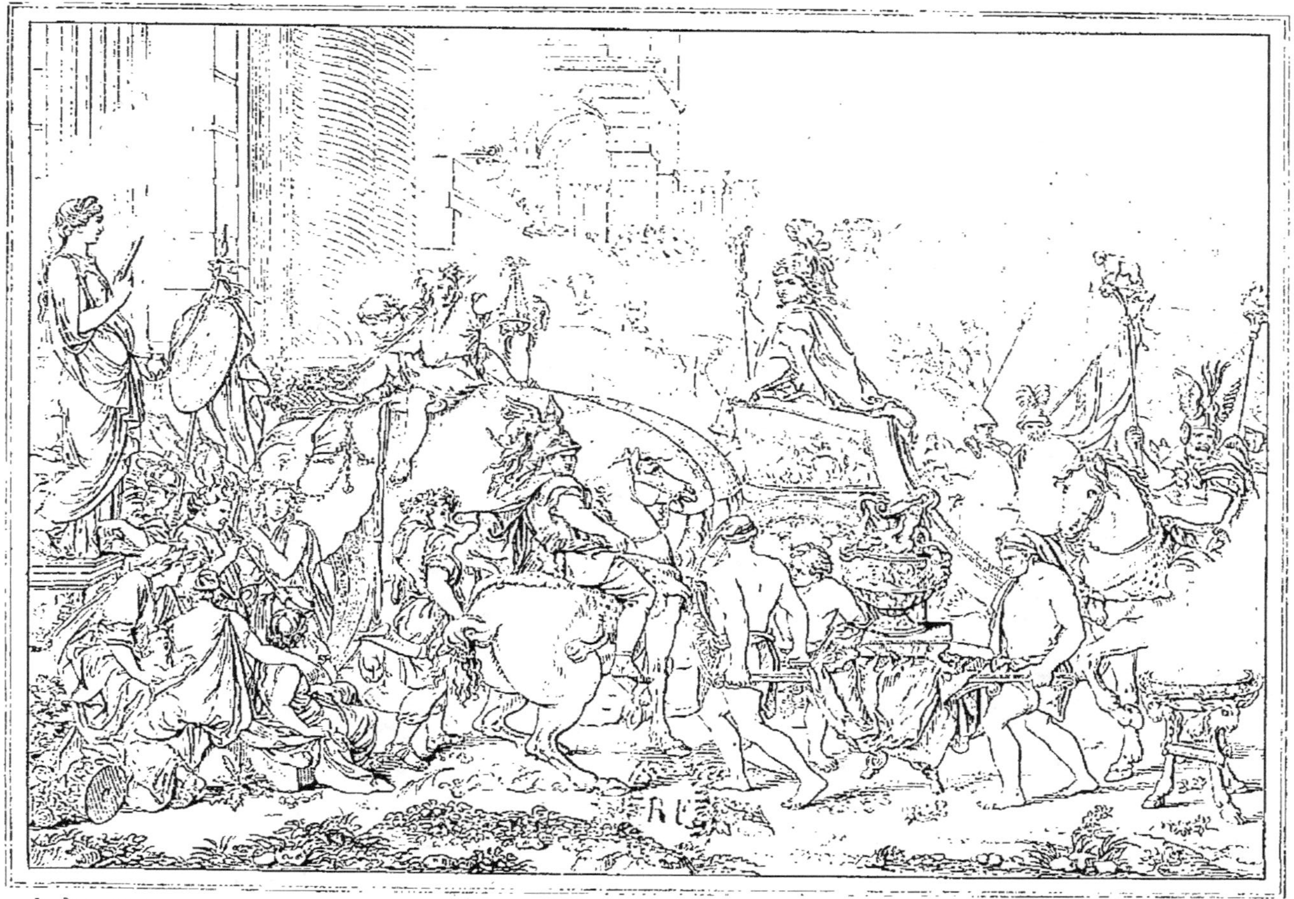

Le Brun pinx. 203.

TRIOMPHE D'ALEXANDRE.

TRIOMPHE D'ALEXANDRE.

Tandis que Boileau dans une de ses satires semblait critiquer les conquêtes de Louis XIV en blâmant Alexandre d'avoir fait la conquête du monde entier, Le Brun, ingénieux courtisan, offrait au grand roi l'image du conquérant jouissant avec délices du fruit de ses victoires.

Ce tableau ayant été fait le dernier de la suite, on l'a souvent placé à la fin des batailles d'Alexandre, mais il n'est pas probable que Le Brun ait voulu représenter Alexandre à son retour de l'Inde, puisqu'alors il n'entra dans Babylone qu'avec crainte. Quinte-Curce d'ailleurs ne donne aucun détail sur l'un des derniers événemens de la vie de son héros, tandis qu'il rapporte qu'après la bataille d'Arbelles, lorsque Alexandre entra dans la capitale de l'Asie, « une grande partie des habitans de Babylone garnissait les murailles, une foule plus considérable était sortie à sa rencontre. De ce nombre était Bagophanes, gardien de la citadelle et des trésors de Darius, qui, pour ne pas le céder en empressement à Mazée, avait fait joncher toute la route de fleurs, et dresser de chaque côté des autels d'argent où fumaient, avec l'encens, mille autres parfums. Le roi était accompagné de ses capitaines; il entra dans la ville monté sur un char, et la foule le suivit jusqu'au palais. »

Cette suite, de cinq tableaux, se compose ainsi :

478. Passage du Granique;

484. Bataille d'Arbelles;

491. La Famille de Darius;

503. Entrée d'Alexandre dans Babylone;

496. Porus vaincu présenté à Alexandre.

Larg., 21 pieds; haut., 16 pieds.

THE TRIUMPH OF ALEXANDER.

Whilst Boileau, in one of his Satires, appeared to censure the conquests of Lewis XIV, by blaming Alexander for having mastered the whole world, Le Brun a pliant courtier, was offering the great king the representation of a conqueror enjoying with delight, the fruits of his victories.

This picture, having been executed the last in the series, has often been placed after the Battles of Alexander; but it not probable that Le Brun intended to represent Alexander on his return from India, since he then entered Babylon but with fear. Besides, Quintus Curtius gives no particulars of one of the last events of his hero's life; whilst he relates, that, after the battle of Arbela, when Alexander entered the Capital of Asia, « A great part of the inhabitants of Babylon were on the walls, and a still greater number came out to meet him. Amongst these, was Bagophanes, the keeper of the citadel and treasures of Darius, who, not to be behind hand in adulation with Mazæus, had caused the road to be strewed with flowers, and silver altars to be raised on each side of it, where smoked, with the incense, numberless other perfumes. The King, accompanied by his Captains, entered the Town mounted upon a Car, and the crowd followed him to the Palace. »

This Series of five pictures is formed thus :

478. The Passage of the Granicus;

484. The Battle of Arbela;

491. The Family of Darius;

503. The Triumphal Entry of Alexander into Babylon;

496. The Defeat of Porus.

Width, 22 feet 4 inches; height, 17 feet.

503.

NOTICE

SUR

JACQUES COURTOIS, DIT BOURGUIGNON.

Jacques Courtois naquit en 1621 à St-Hippolyte en Bourgogne, et reçut, par cette raison, le nom de Bourguignon, sous lequel il est assez généralement connu.

Élève de son père Jean Courtois, il le quitta dès l'âge de 15 ans, et vint à Milan, où il s'attacha à un officier français, et suivit l'armée pendant trois ans. C'est alors qu'il eut l'occasion de dessiner des marches, des campemens et des escarmouches, qui par la suite, lui servirent d'études et déterminèrent son goût à peindre des batailles.

Pendant son séjour à Rome, Courtois étudia sous Guido Reni, et aussi sous Albani, le peintre des grâces et des amours, ce qui semblerait donner une nouvelle preuve de l'union, qui doit toujours se trouver entre Vénus et Mars.

Courtois, étant resté quelque temps à Sienne, y épousa la fille d'un peintre florentin, Horace Viviani; mais il éprouva des chagrins dans son ménage. Il passa ensuite à Venise et revint plus tard à Rome, où il fit un grand nombre de tableaux de batailles. Ayant perdu sa femme, il vécut dans la retraite pendant sept ans, et se fit ensuite recevoir dans l'ordre des Jésuites, puis orna de plusieurs tableaux les maisons de cet ordre à Rome.

Il a gravé à l'eau-forte quelques-unes de ses compositions. Il mourut à Rome en 1676, âgé de 55 ans.

NOTICE

OF

JACQUES COURTOIS, called BOURGUIGNON

Jacques Courtois, was born 1621, at Saint Hippolyte in Burgundy, and on that account received the name of Bourguignon, by which he is generally known.

He was pupil to his father John Courtois, he however quitted him at the age of 15, and went to Milan, where he attached himself to a french officer, following the army for thee years. It was at this period that he had an opportunity of sketching marches, encampments, and skirmishes, which in the end served him for study, and determined his taste for painting battles.

During his stay at Rome, Courtois studied under Guido Reni, and Also under Albani, the painter of the Graces and the Loves, which would seem to afford a new proof of the union which should always exist, between Venus and Mars.

Courtois having remained some time at Siena, married the daughter of a Florentine artist, called Horace Viviani, but he was unhappy in his marriage. He then went to Venice, and afterwards returned to Rome, where he painted several pictures of battles. Having lost his wife, he lived in retirement for 7 years, and then entered the order of Jesuits, the houses of several of which body, in Rome, he ornamented with pictures.

He etched some of these compositions, and died at Rome in 1676, at the age of 55.

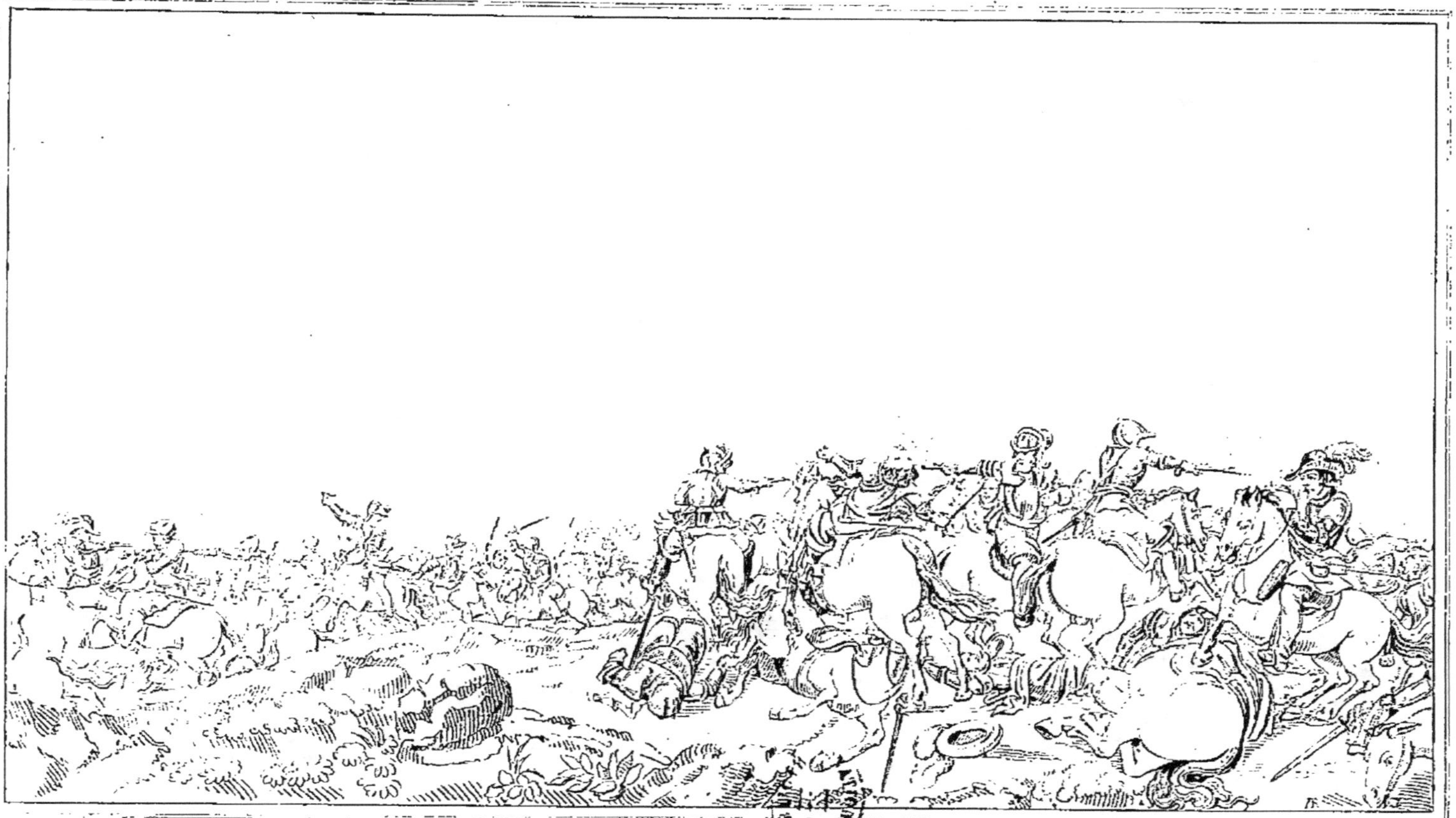

Jacques Courtois f.

929

UNE BATAILLE

COMBAT DE CAVALERIE.

Malgré la difficulté qui existe à rendre agréable une mêlé d'hommes et de chevaux, ce combat de cavalerie offre des détails remplis d'intérêt, la compösion est pleine de feu, l'exécution est soignée; les couleurs sont fortement empâtées et vigoureuses; les cuirasses et les casques sont peints avec une vérité, une force et un brillant au-dessus de tout éloge.

Ce tableau est le meilleur des trois de ce maître que possède la galerie de Vienne. Il a été gravé par L. Beyer.

Larg., 3 pieds; haut., 2 pieds.

ᗰ◦ᗰ

COMBAT OF CAVALRY.

Notwithstanding the difficulty which exists in well depicting a fight of men and horses, this skirmish of cavalry offers details full of interest, the composition is very spirited, the execution is very great, the colours well prepared, and vigourous; the cuirasses and the helmets are painted with a degree of truth, strength, and brilliancy above all praise.

This picture is the best of the three painted by this master, contained in the Gallery of Vienna. It has been engraved by L. Beyer.

Breadth, 3 feet 2 inches; height 2 feet 1 inch.

NOTICE

SUR

NOEL COYPEL.

Noël Coypel naquit en 1628, et fut placé par son père chez un peintre d'Orléans nommé Poncet. Cet artiste, élève de Vouet, étant fort incommodé de la goutte, employait Coypel à régler ses propres affaires. Le jeune élève quitta ce maître chez lequel il n'apprenait rien, et vint à Paris à l'âge de 14 ans. Etant entré dans l'église des Jacobins de la rue Saint-Honoré, il y trouva Quillerier occupé à peindre la chapelle Saint-Hyacinthe, et devint son élève.

Noël Coypel fut ensuite employé par Charles Errard qui travaillait au Louvre, et sa réputation s'accrut promptement. En 1660, il épousa Madeleine Hérault, fille d'un peintre; et, en 1663, il se présenta à l'Académie où il fut admis l'année suivante. Chargé alors de faire un tableau pour le Mai de Notre-Dame, il fit ensuite, aux Tuileries, le plafond de la salle des machines, qui se trouvait à la place où est aujourd'hui la salle de spectacle. Il fit aussi le plafond de la salle d'audience du parlement de Bretagne, et celui de la salle des gardes au Palais-Royal, puis il finit par avoir la direction des peintures de l'appartement du roi aux Tuileries.

En 1672, Noël Coypel fût nommé directeur de l'académie de France à Rome. A son retour, il fut chargé de peindre le plafond de la salle du conseil au château de Versailles, puis une parties des peintures du dôme des Invalides. Noël Coypel mourut à Paris en 1707, âgé de soixante-dix-neuf ans, et fut enterré dans l'église de Saint-Germain-l'Auxerrois.

NOTICE

OF

NOEL COYPEL.

Noel Coypel born in 1628, was placed by his father at a painter's named Poncet, living at Orleans. This artist, a pupil of Vouet, being greatly afflicted with the gout, gave Coypel the direction of all his affairs. The young pupil left his master, who by his illness could learn him nothing, and came to Paris at the age of 14. Going into the Jacobins' Church, in Saint-Honoré street, he found there Quillerier employed in painting the chapel of Saint-Hyacinthe; he became his pupil.

Noel Coypel was some time after employed by Charles Errard who worked at the Louvre, and was soon renowned. In 1660, he married Madeleine Herault, the daughter of a painter, and in 1663, he presented himself to the Academy where he was admitted on the following year. He was commissioned to make a picture for the May of Notre-Dame, and he afterwards made the ceiling of the machinery-hall at the Tuileries which was in the place where the theatre now is. He also painted the ceiling of the audience-hall of the parliament of Britain, as also that of the guard-room at the Royal-Palace, and he at length got the direction of Paintings in the King's apartments at the Tuileries.

In 1672, Noel Coypel was named director of the Academy of France at Rome. On his return, he was commanded to paint the ceiling of the council-hall at the castle of Versailles, as also part of the paintings of the dome of the Invalides.

Noel Coypel died at Paris in 1707, aged 79, he was buried in the church of Saint-Germain-l'Auxerrois.

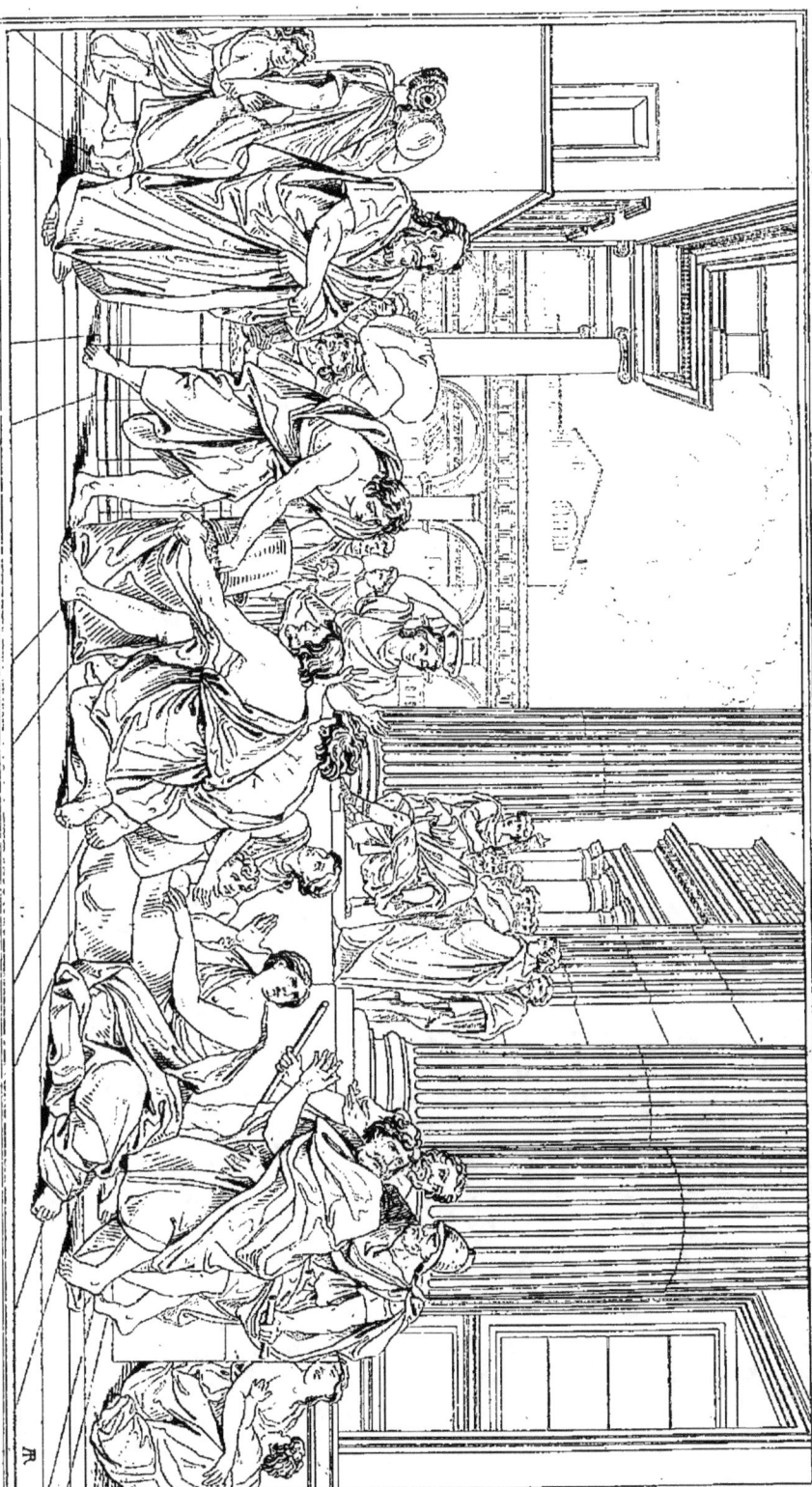

PRÉVOYANCE D'ALEXANDRE SÉVÈRE.

PRÉVOYANCE D'ALEXANDRE SÉVERE.

Alexandre Sévère fut déclaré empereur après la mort d'Héliogabale, en 222. Il fut aussi remarquable par sa sagesse et ses vertus, que son prédécesseur l'avait été par ses débauches et ses prodigalités. Son goût pour la religion chrétienne alla jusqu'à donner un édit en faveur de ceux qui la professaient. Sa bonne administration l'avait porté à faire des réserves de blé, dont il fit d'amples distributions au peuple, lors d'une grande famine qui désola l'empire.

C'est à Rome, tandis qu'il était directeur de l'Académie, que Noël Coypel fit ce tableau et les trois autres que le roi lui avait ordonnés pour décorer une des pièces du château de Versailles. Ces quatre tableaux furent exposés à Rome, dans la Rotonde, en 1675, et firent le plus grand honneur au peintre et à la nation française.

Les esquisses de ces tableaux font partie du Musée, et les tableaux sont encore au château de Versailles, dans la retombée de la voûte de la salle des gardes de la reine. Celui-ci a été gravé par Dupuis.

Larg., 15 pieds? haut.. 8 pieds?

THE FORESIGHT OF ALEXANDER SEVERUS.

Alexander Severus succeeded Heliogabalus, in 222. This prince was as remarkable for wisdom and virtue, as his predecessor had been, for prodigality and debauchery. His esteem for christianity was such that the published an edict in its favour. With the prudence that characterised his administration, he formed large magazines of corn, which he distributed to the people, in a terrible famine that desolated the empire.

This picture was painted, with three others, by Noel Coypel, while director of the Academy at Rome, for one of the rooms of the château of Versailles. The four pieces were exhibited in the Rotunda, at Rome, in 1675, and reflected great honour on the painter and his country.

The sketches of these pictures belong to the Museum ; the compositions themselves are still at Versailles, in the declivity of the vaulted cieling of the saloon of the queen's guards : the one before us has been engraved by Dupuis.

Width, 15 feet 11 inches? height, 8 feet 6 inches?

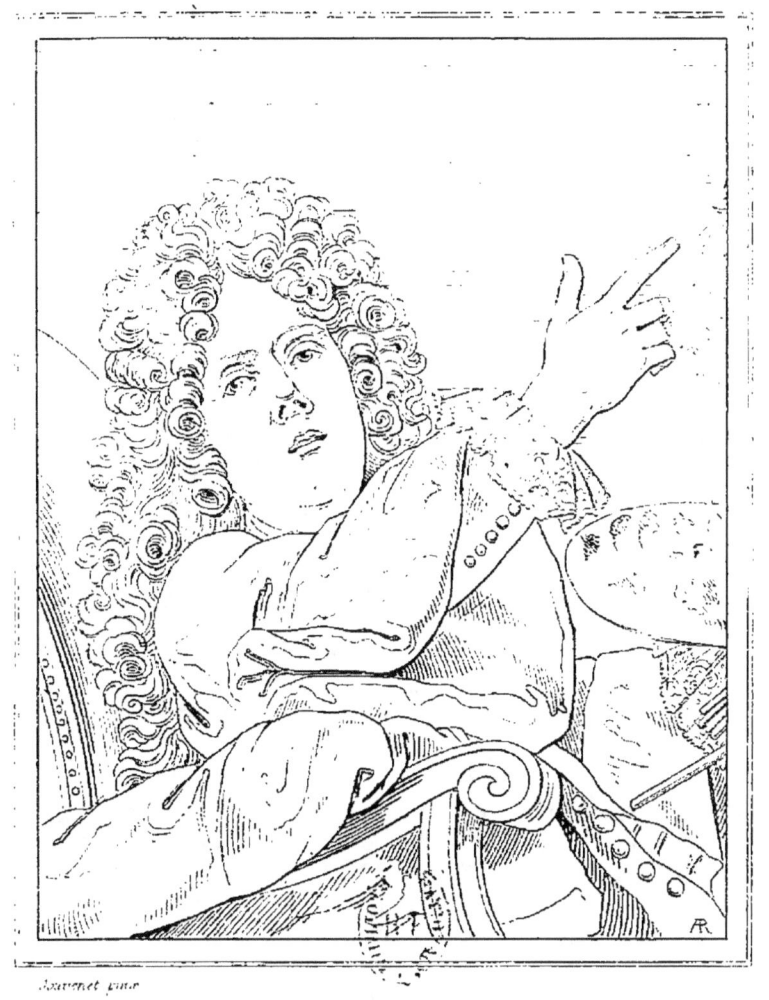

Jouvenet pinx

JEAN JOUVENET

XXIV

NOTICE

HISTORIQUE ET CRITIQUE

JEAN JOUVENET.

———

Si l'école française se glorifie de compter parmi ses peintres Nicolas Poussin, Eustache Le Sueur et Charles Le Brun, elle peut encore s'enorgueillir du talent de Jean Jouvenet. Cet artiste qui, comme Le Sueur, ne vit jamais l'Italie, naquit à Rouen en 1647, et non en 1644 comme l'ont écrit plusieurs auteurs. Élève de son oncle Laurent Jouvenet, il le surpassa bientôt, ainsi que son aïeul Noël Jouvenet, qui avait donné les premières leçons à Poussin. Jean Jouvenet vint à Paris à l'âge de 17 ans, et ne prit alors d'autres leçons que celles qu'il puisa dans l'étude de la nature; aussi son talent, entièrement original, ne tient-il en rien de ceux des autres maîtres.

On ne connaît rien de ce qu'il fit d'abord à Paris; le premier ouvrage dont on ait conservé le souvenir est la guérison du paralytique. Ce tableau, l'un des *Mais* de Notre-Dame, fut présenté à l'église en 1673, par les orfèvres Delafosse et Duhamel. Le peintre n'avait que 25 ans, et l'on trouve dans son tableau une composition hardie et une couleur vigoureuse. Un semblable début frappa tous les esprits et fit appeler l'auteur, en 1675, à l'Académie royale, où il fut présenté par Charles Le Brun. Jouvenet fit alors pour sa réception un tableau représentant Esther devant Assuérus.

Chargé ensuite de décorer les appartemens de l'hôtel de
Saint-Pouange, Jouvenet y fit trois plafonds et deux tableaux.
Dans le premier, on voyait Vénus recevant la déesse Flore;
dans l'autre, Apollon et les Muses avec Hercule; le troisième
représentait Diane disparaissant au lever du Soleil et regardant Endymion, prêt à se réveiller au point du jour. Il en-
treprit ensuite, pour l'abbaye de Saint-Martin-des-Champs à
Paris, les grands tableaux qui firent connaître toute la force
de son talent. Désignés habituellement sous la dénomination
des *quatre Jouvenet*, ces vastes compositions, publiées dans
ce Musée, représentent la Résurrection de Lazare, n°. 394;
le Repas de Simon, n°. 406; les Vendeurs chassés du
Temple, n°. 410 et la Pêche miraculeuse, n°. 411. Ces
tableaux, justement admirés, donnèrent cependant lieu à
un procès entre le peintre et les religieux. Ceux-ci, peu flattés
d'avoir de si beaux tableaux dans leur abbaye, se préten-
daient en droit de ne pas les recevoir, parce qu'ils avaient
chargé l'artiste de représenter la vie de saint Benoît, leur
patron. Jouvenet, dans sa défense en présence des juges, dit
ingénument au procureur du couvent : « J'ai dessiné sur une
grande toile plusieurs scènes de l'illustre saint Benoît entouré de ses religieux, mais cela ne pouvait réussir en peinture. Que pouvais-je faire, dans une composition, de trente
sacs à charbon comme celui que vous portez. » Les juges
ne purent s'empêcher de rire de cette repartie, et Jouvenet
gagna sa cause. Louis XIV, curieux de savoir si en effet les
religieux avaient raison de refuser les tableaux de Jouvenet,
les fit apporter à Trianon; il en fut si content qu'il ordonna au peintre d'en faire des copies pour servir de modèles à la manufacture des Gobelins.

En 1690 l'abbé de Saint-Riquier voulut faire faire un tableau du roi touchant les écrouelles au moment de son sacre.
Il ouvrit entre les meilleurs peintres de cette époque un
concours dont le prix était une médaille de 200 fr. Jou-

venet ayant remporté le prix, fut chargé de l'exécution.

Quelques années après, en 1694, Jouvenet alla à Rennes
pour peindre le plafond de la chambre du conseil, au parlement : cette grande composition représente l'Innocence pour-
suivie par le Mensonge, et se réfugiant dans les bras de la
Justice. Le roi, pour récompenser le mérite du peintre, lui
accorda une pension de 1200 fr. L'année suivante Jouvenet
peignit en quarante-cinq jours le plafond d'une galerie de 40
pieds, dans l'appartement de M. de La Motte-Piquet, greffier
du parlement de Bretagne.

De retour à Paris il s'occupa de faire pour le maître-autel
de l'église des Jésuites à Rennes, une adoration des Mages;
une annonciation pour l'une des chapelles de la même église;
un Christ au Jardin des Oliviers pour la paroisse de Saint-
Étienne. Vers le même temps il peignit, pour le couvent des
Capucines à Paris, cette célèbre descente de croix qui peut
être mise en parallèle avec celles de Daniel de Volterre et
de Rubens. Il fit aussi pour le chœur des Chartreux un tableau
représentant Jésus-Christ au bord du lac de Génésareth.

Jouvenet fut chargé en 1702 de peindre à fresque les douze
apôtres dans le bas de la coupole des Invalides; ces figures
ont 14 pieds de proportion. On en voit les esquisses au Musée
de Rouen. La manière dont il s'acquitta de ce travail engagea
le roi à le charger de refaire les peintures de la chapelle
Saint-Ambroise, mal exécutées par le peintre Poërson, mais
Jouvenet ne voulut pas faire cette peine à un confrère; il eut
en place la voûte de la tribune du roi, à la chapelle de Versailles, où il peignit la descente du Saint-Esprit sur les apôtres.
Le roi, voulant donner à l'artiste une nouvelle preuve de sa
satisfaction, augmenta sa pension de 500 fr. et donna ordre,
en 1709, au duc d'Antin d'envoyer Jouvenet en Italie; mais
une attaque de goutte retint alors le peintre à Paris, et, la
vieillesse arrivant, il ne put exécuter ce projet.

Le Musée de Rouen possède le portrait de Jouvenet, peint

par lui-même. On admire aussi dans ce même Musée la mort de St. François, et l'on place ce tableau parmi les plus belles productions de l'artiste. En 1713 Jouvenet fut surpris par une terrible attaque d'apoplexie, et resta paralysé du bras droit jusqu'à la fin de ses jours ; cependant, toujours actif, il essaya de prendre le pinceau de la main gauche, et fit le plafond de la chambre des enquêtes au parlement de Rouen. Cette composition allégorique ressemble à celle faite précédemment pour le parlement de Rennes. Il fit aussi pour l'église de Notre-Dame de Paris ce tableau du Magnificat, qui acquit tant de célébrité, par la singularité d'avoir été peint de la main gauche, et comme étant le dernier ouvrage de l'auteur. Jouvenet eut à peine le temps d'y mettre la dernière main, et mourut en 1717, âgé de 73 ans.

De mœurs douces et d'un esprit enjoué, Jouvenet fut aimé généralement : il perdit de bonne heure sa femme et n'eut pas de fils; mais il eut pour élèves ses neveux François Jouvenet et Restout.

Jean Jouvenet n'excite plus l'enthousiasme que l'on eut de son vivant; mais il mérite toujours d'être estimé. Ses ouvrages sont pleins d'énergie, l'exécution en est facile; ses compositions se font remarquer par un bel ensemble, de beaux contrastes et de grands effets de lumière; mais son dessin manque de noblesse, sa couleur, quoique vigoureuse, n'a pas assez de variété, et tombe souvent dans le jaunâtre. Sa manière de draper est originale, et ses compositions sont enrichies ordinairement d'une belle architecture. Taillasson, en parlant de Jouvenet, dit avec raison qu'il est à Poussin, et à Le Sueur, ce que Crébillon est à Corneille et à Racine.

Les tableaux de Jouvenet sont au nombre de plus de 80; les graveurs qui ont travaillé d'après ses tableaux sont Drevet, Deplaces, J. Audran, Duchange, Thomassin et Cochin.

HISTORICAL AND CRITICAL
NOTICE

OF

JEAN JOUVENET.

———

If the French School is proud of reckoning amongst its painters, Nicolas Poussin, Eustache Le Sueur, and Charles Le Brun, it may also boast of the talent of Jean Jouvenet. This artist who, like Le Sueur, never saw Italy, was born at Rouen in 1647, and not in 1644, as several authors have advanced. A pupil of his uncle Laurent Jouvenet, he soon surpassed him and also his grand father, Noël Jouvenet, who had given the first lessons to Poussin. Jean Jouvenet came to Paris when seventeen years old, and took no other lessons than those he gathered from Nature : thus, his entirely original talent is in no manner connected with that of other masters.

Nothing is known of what he at first did at Paris : and the earliest production, of which any knowledge has been preserved is the Curing of the Paralytic. This picture, one of the *Mais* of Notre-Dame was presented to that Church, in 1673, by the Goldsmiths Dalafosse and Duhamel. The painter was then but 25 years old, and his composition offers a bold and vigorous colouring. Such a beginning struck every one, and caused the artist to be, in 1675, elected a member of the Royal Academy, to which he was presented by Charles Le Brun. Jouvenet then did for his reception a picture representing Esther before Abasuerus.

Being afterwards commissioned to decorate the Rooms of the Hotel St. Pouange, Jouvenet did in them three ceilings, and two pictures : in the first was Venus receiving the goddess Flora ; in the other Apollo and the Muses wth Hercules ; the third represented Diana retiring at the rising of the sun and looking at Endymion on the point of awaking at the break of dawn. He subsequently undertook for the Abbey of St. Martin-des-Champs at Paris, the large pictures which displayed all the strength of his talent. These immense compositions generally called the *Four Jouvenets*, have been published in this work, and represent the Resurrection of Lazarus, n° 394 ; the Repast at Simon's the Pharisee, n° 406 ; the Traders chased from the Temple, n°, 410 ; and the Miraculous Draught of Fishes, n°. 411 These pictures, so justly admired, occasioned however a law-suit between the painter and the Friars. The latter feeling but little flattered to have such fine paintings in their Abbey, pretended to have the right to refuse receiving them, as they had commissioned the artist to represent the Life of St. Benedict, their patron. Jouvenet in his defense before the Judges, frankly said to the Convent's Advocate. « I drew upon a large canvas, several scenes of the illustrious St. Benedict surrounded by his followers, but this could not succeed in painting. What could I do in a composition of thirty coal sacks like the one you have there ? » The judges could not help smiling at this sally and Jouvenet won the cause. Lewis XIV, wishing to know if really the Friars were at all founded in their refusal, had Jouvenet's pictures brought to Trianon ; he was so pleased that he ordered the painter to make copies of them to serve as models for the Manufactory of the Gobelins.

In 1690 the Abbot of St. Riquier wishing to have a picture representing the King touching for the Evil, at the moment of his consecration, opened a competition for the best painter of that time for a prize medal of 200 franks, about L 8.

Jouvenet having won it, he was entrusted with the execution.

A few years later, in 1694, Jouvenet went to Rennes, to paint the ceiling of the Council Chamber in the Parliament House. This great composition represents Innocence pursued by Falsehood taking refuge in the arms of Justice. The King, to reward the painter's talent, granted him a pension of 1200 franks, about L 50. The following year Jouvenet, in forty-five days, painted the ceiling of a 40 feet gallery, in the apartment of M. de la Motte-Piquet, Register keeper to the Parliament of Britanny.

After his return to Paris he set about doing for the high Altar of the jesuit's church at Rennes, an Adoration of the Magi; an Annunciation for one of the chapels of the same church; and a Christ in the garden of olives for the Parish church of St. Etienne. About the same time he painted for the convent of the Capuchins at Paris, that celebrated Descent from the Cross which may be put on a par with those of Daniele de Volterra and of Rubens. He also did for the choir of the Carthusians a picture of Jesus Christ at the lake Genesareth.

In 1702, Jouvenet was commissioned to paint in fresco the twelve Apostles below the cupola of the Invalids; these figures are nearly 15 feet in dimension : the sketches of them are to be seen in the Museum at Rouen. The manner in which he acquitted himself of this work, induced the King to give him, to do over again, the paintings of the chapel of St. Ambroise, ill-executed by the painter Poerson, but Jouvenet was unwilling to offer this affront to a brother artist and he did, in its stead, the vaulted ceiling of the King's pew, in the chapel at Versailles, where he painted the Descent of the Holy Ghost upon the Apostles. The King willing to give the artist another proof of his satisfaction, added 500 franks, or L 20, to his pension, and in 1709, gave orders to the duke d'Antin to send Jouvenet to Italy; but an attack of the gout detained the artist in Paris, and old age prevented this plan being put into execution.

The Museum of Rouen has the portrait of Jouvenet, painted by himself. The same Museum possesses the death of St. Francis: this picture is ranked among the finest productions of that artist. In 1713 Jouvenet was attacked by a violent stroke of apoplexy, from which, his right arm remained paralysed for the remainder of his days: but ever active, he endeavoured to take up the pencil with his left hand, and did the ceiling of the Chamber of Inquests in the Parliament of Rouen. This allegorical composition is similar to the one he previously did for the Parliament House of Rennes. He also did for the church of Notre-Dame, at Paris, the picture of the Magnificat which acquired so much celebrity from the circumstance of its being painted with the left hand, and from its being Jouvenet's last work: he scarcely had time to give it the finishing touches, dying in 1717, aged 73 years.

Jouvenet was generally beloved, being of mild manners and of a playful mind: he early lost his wife and had no sons; but he had as pupils his nephews, Francis Jouvenet and Restaut.

Jean Jouvenet no longer excites the enthusiasm felt during his life: but he still deserves to be esteemed. His works are full of energy, their execution easy; his compositions are remarkable for a fine general effect, beautiful contrasts, and grand effects of light; but his drawing wants grandeur; his colouring, although strong, has not sufficient variety and often degenerates into a yellowish tinge. His manner of casting his drapery is original, and his compositions usually contain architectural embellishments. In speaking of Jouvenet, Taillasson judiciously says, that he is to Poussin, to Le Sueur, and to Le Brun, what Crebillon is to Corneille and to Racine.

Jouvenet's pictures amount to upwards of 80; the Engravers who have worked after his paintings are Drevet, Deplaces, J. Audran, Duchange, Thomassin, and Cochin.

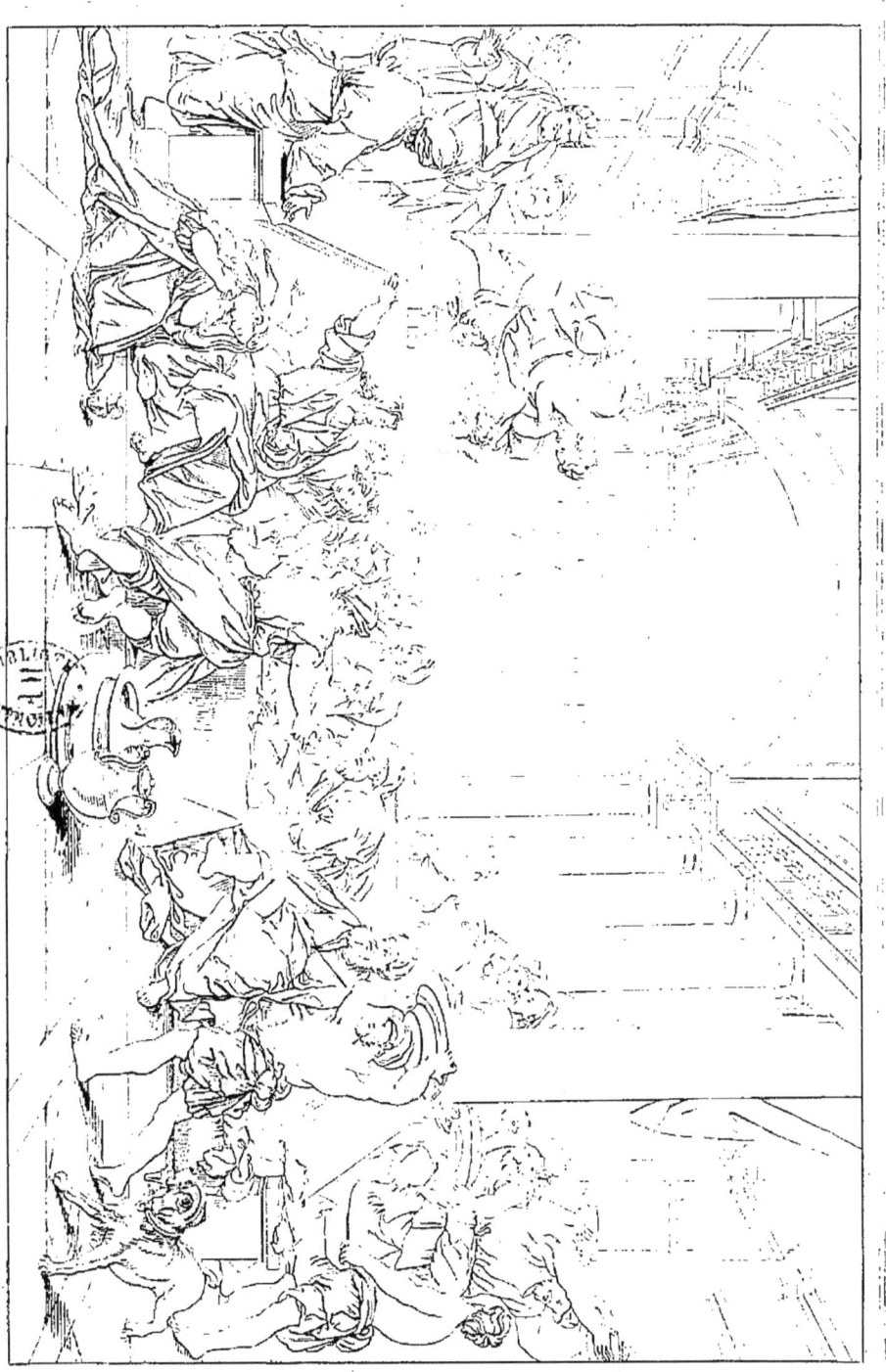

REPAS DE JÉSUS-CHRIST

CHEZ SIMON LE PHARISIEN.

Jésus-Christ ayant été invité par un pharisien nommé Simon, une femme pécheresse le sut : « elle apporta un vase d'albâtre plein d'une liqueur odoriférante, et se tenant derrière lui, prosternée à ses pieds, elle les arrosait de ses larmes, les essuyait de ses cheveux, les baisait et les embaumait de ce parfum. Le pharisien qui l'avait invité voyant cela dit en lui-même : Si cet homme était prophète, il saurait quelle est cette femme qui le touche, et que c'est une pécheresse. »

Le peintre a fait connaître son talent par la variété et la beauté des expressions qu'il a données à ses personnages; mais ne pourrait-on pas lui reprocher d'avoir mis trop de fracas dans sa composition? Que penser de la singularité d'un repas où l'un des convives est à genoux? Comment concevoir que chez un particulier il y ait sur les côtés de la salle des galeries élevées où se trouvent en quelque sorte des personnages qui ne semblent être là que pour voir le repas sans y prendre part? Comment enfin expliquer l'espèce de désordre qui règne dans la précipitation avec laquelle les serviteurs semblent apporter les mets? Parmi les personnages placés sous le portique à droite, on reconnaît le peintre Jouvenet et sa femme.

Ce tableau, l'un des quatre peints pour l'abbaye de Saint-Martin-des-Champs, à Paris, fit partie de l'exposition de 1699; il était placé du côté de la rivière, en face de celui des *Vendeurs chassés du temple* (n° 410). On le voit maintenant au Musée de Paris; il a été gravé par Gaspard Duchange. Il s'en trouve, au Musée de Lyon, une répétition qui faisait partie de la suite faite par ordre de Louis XIV, pour la manufacture de tapisseries des Gobelins.

Larg., 20 pieds; haut., 12 pieds.

V 2   406.

CHRIST'S REPAST

IN THE HOUSE OF SIMON THE PHARISEE.

Jesus Christ having been invited by a Pharisee named Simon, «Behold a woman in the city, which was a sinner, when she knew that Jesus sat at meat in the Pharisee's house, brought an alabaster box of ointment, and stood at his feet behind him weeping, and began to wash his feet with tears, and did wipe them with the hairs of her head, and kissed his feet, and anointed them with the ointment. Now when the Pharisee which had bidden him saw it, he spoke within himself, saying, This man, if he were a prophet, would have known who and what manner of woman this is that toucheth him : for she is a sinner. »

The painter has displayed his talent, by the variety and beauty of the expressions he has given to his personages : but may he not be reproached with having put too much bustle in his composition? What must be thought of the singularity of a repast where one of the guests is on his knees? How is it conceivable that at a private individual's house, there should be on the sides of the room, galleries raised, where, in a manner of speaking, are personages who seem to be there only to see the repast, without sharing in it. Finally, how explain the kind of confusion that exists from the hurry with which the servants seem to bring in the dishes? Amongst the personages placed under the portico, to the right, are discernible Jouvenet and his wife.

This picture, one of the four painted for the Abbey of Saint-Martin-des-Champs, in Paris, formed part of the Exhibition of 1699 : it was placed on the side towards the river, facing that of the *Traders driven from the Temple.* It now is in the Paris Museum : it has been engraved by Gaspard Duchange. There is, in the Museum at Lyons, a duplicate of it, which formed part of the series done by order of Lewis XIV.

Width, 21 feet 3 inches; height, 12 feet 9 inches.

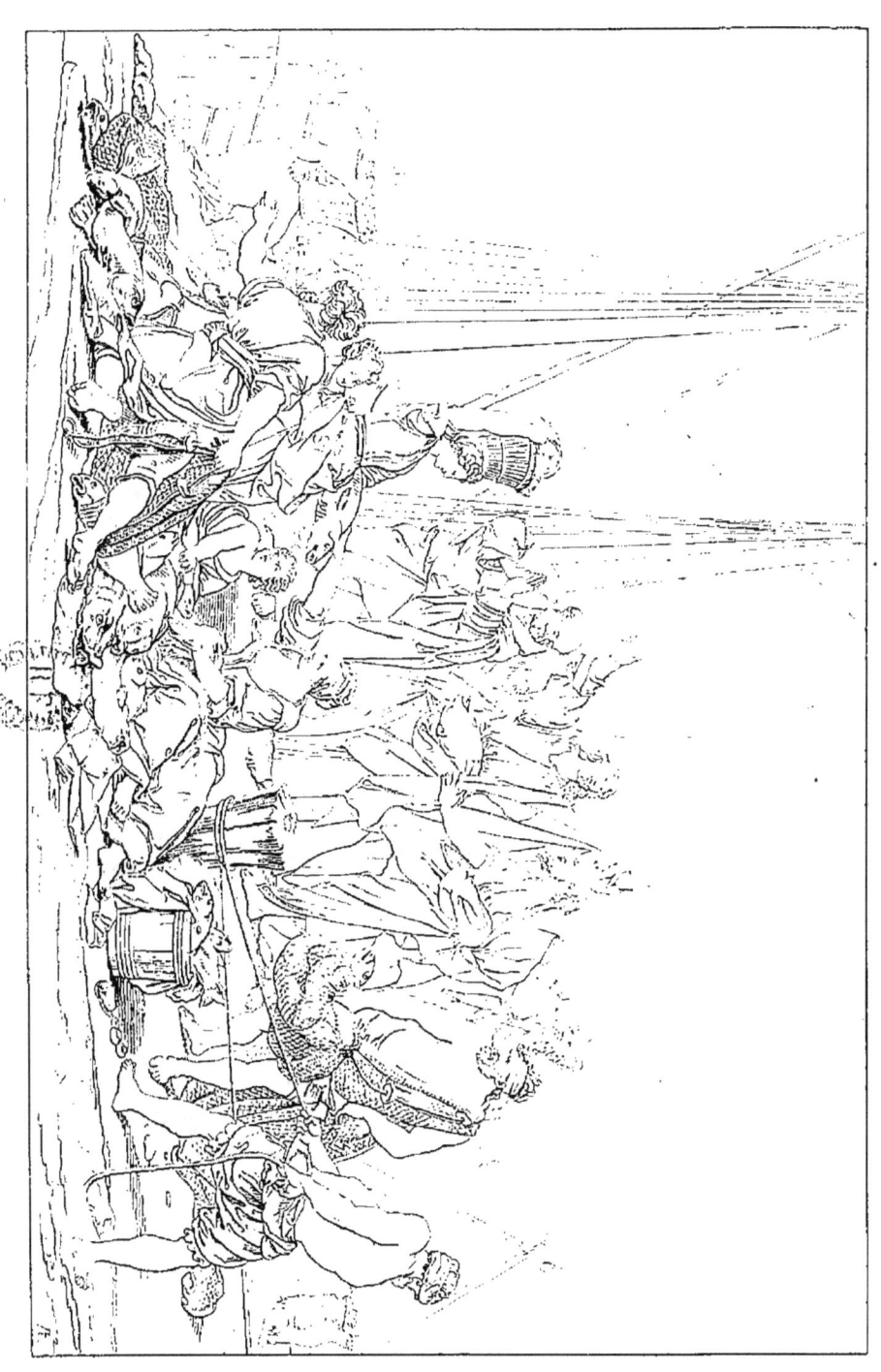

LA PÊCHE MIRACULEUSE.

Jésus-Christ, pendant sa vocation, saisissait toutes les occasions pour faire connaître au peuple sa mission ; et la morale qu'il prêchait était tellement goûtée, que souvent il était assailli par la foule. Se trouvant un jour sur le bord du lac de Génésareth, « il aperçut près du rivage deux barques arrêtées, d'où les pêcheurs étaient descendus pour laver leurs filets. Il entra dans l'une, qui était à Simon ; et lui ayant demandé de s'éloigner un peu de terre, il s'assit dans la barque, et de là il enseignait le peuple. Après qu'il eut achevé son discours, il dit à Simon : Menez-nous en pleine eau, et jetez vos filets pour pêcher. Simon lui répondit : Seigneur, nous avons travaillé toute la nuit sans rien prendre ; mais, sur votre parole, je m'en vais jeter le filet. L'ayant jeté, ils prirent une si grande quantité de poissons que leur filet se rompait. Ils firent donc signe à leurs compagnons qui étaient dans l'autre barque de les venir aider : étant venus, ils remplirent les deux barques de telle sorte que peu s'en fallait qu'elles ne coulassent à fond. Ce que voyant Simon Pierre, il se jeta aux pieds de Jésus en disant : Retirez-vous de moi, Seigneur, parce que je suis un pécheur. Mais Jésus dit : Ne craignez point, désormais vous serez pêcheur d'hommes ; et aussitôt, amenant leurs barques, ils quittèrent tout et le suivirent. »

Jouvenet a représenté les nouveaux Apôtres tout occupés de la vocation qu'ils vont suivre, et montrant leur entière soumission au Sauveur, qui rend grâce à Dieu de leur conversion.

Ce tableau, peint pour l'abbaye de Saint-Martin-des-Champs, a été gravé par Jean Audran. Il est maintenant au Musée.

Larg., 20 pieds ; haut., 12 pieds.

411.

THE MIRACULOUS DRAUGHT OF FISHES.

Jesus Christ, during his vocation, took every opportunity to make his mission known to the people, and the word he preached was so eagerly sought after, that often, he was pressed by the crowd. Being one day by the lake of Gennaseret; « He saw two ships standing by the lake : but the fishermen were gone out of them, and were washing their nets. And he entered into one of the ships, which was Simon's, and prayed him that he would thrust out a little from the land. And he sat down, and taught the people out of the ship. And when he had left speaking, he said unto Simon : Launch out into the deep, and let down your nets for a draught. And Simon answering said unto him, Master, we have toiled all the night, and have taken nothing : nevertheless at thy word I will let down the net. And when they had this done they inclosed a great multitude of fishes and their net brake. And they beckoned unto their partners, which were in the other ship, that they should come and help them. And they came, and filled both the ships, so that they began to sink. When Simon Peter saw it, he fell down at Jesus' knees, saying, Depart from me; for I am a sinful man, O Lord. And Jesus said unto Simon, Fear not, from henceforth thou shalt catch men... And when they had brought their ships to land, they forsook all, and followed him. »

In this picture, Jouvenet has represented the new Apostles wholly occupied with the calling they are going to follow; they display their entire submission to our Saviour, who is returning thanks to God for the conversion just operated.

This picture is one of those painted for the Abbey of Saint-Martin-des-Champs. It has been engraved by John Audran, and is now in the Museum.

Width, 21 feet 3 inches; height, 12 feet 9 inches.

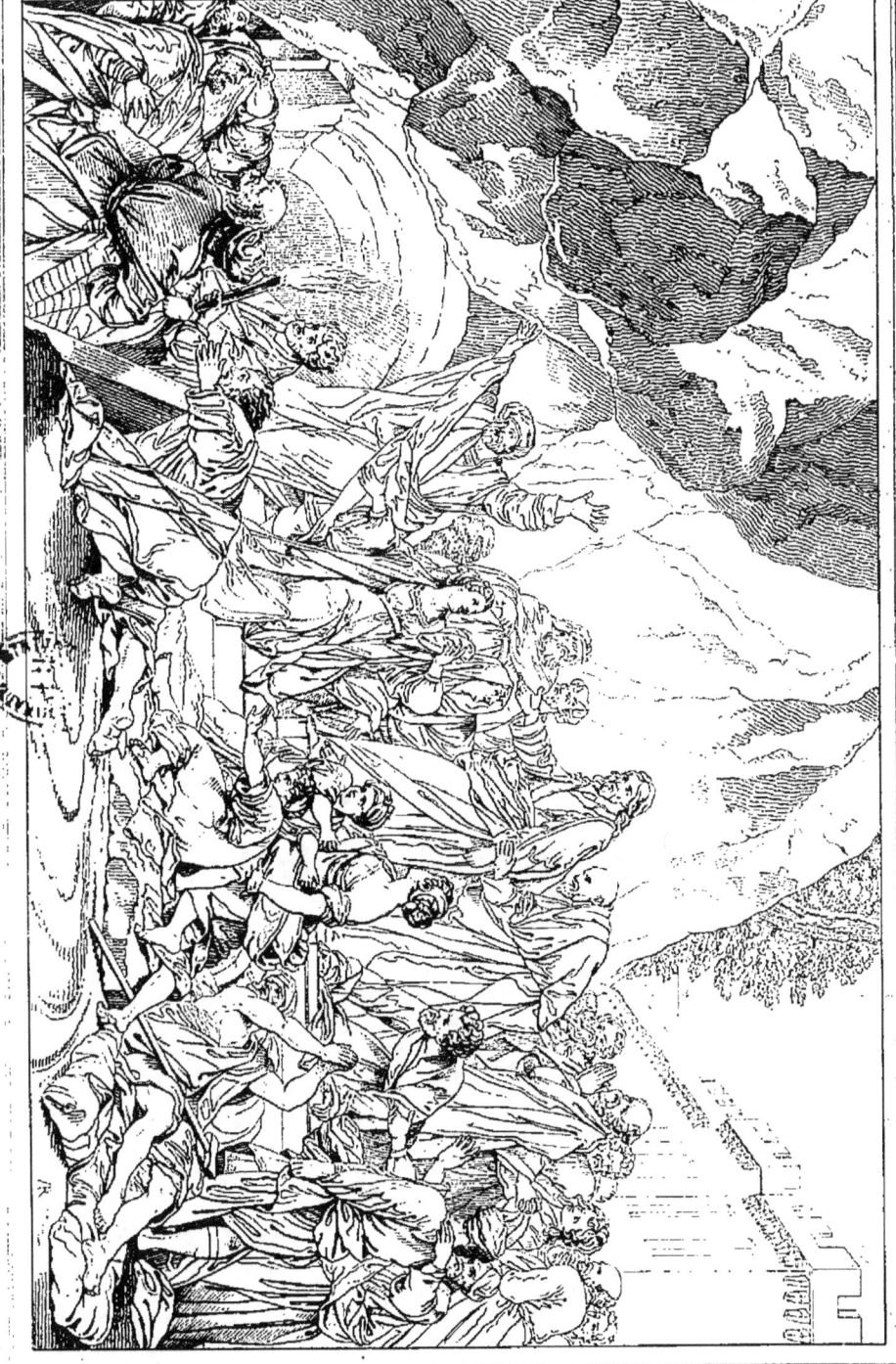

JÉSUS-CHRIST

RESSUSCITANT LAZARE.

Saint Jean, dans son Évangile, rapporte que Lazare étant tombé malade, ses sœurs, Marthe et Marie, le firent dire à Jésus-Christ, mais le Sauveur ayant tardé à revenir, Lazare était mort depuis quatre jours lorsqu'il arriva à Béthanie. Alors «Marthe dit à Jésus : Seigneur, si vous eussiez été ici, mon frère ne serait pas mort ; mais je sais que, même encore à cette heure, Dieu vous accordera tout ce que vous lui demanderez. » Marie étant survenue se jeta à son tour aux pieds du Sauveur en pleurant : Jésus donc vint au sépulcre. C'était une grotte au dessus de laquelle on avait mis une pierre, laquelle étant ôtée, Jésus-Christ dit à haute voix : « Lazare, sortez dehors ; et à l'instant le mort sortit, ayant les mains et les pieds entourés de bandes, et le visage enveloppé d'un suaire. »

Jouvenet dans cette composition a fait voir un grand talent : les expressions sont variées, les poses nobles, les draperies bien jetées, mais la couleur et le dessin laissent quelque chose à désirer.

Ce tableau est un des quatre peints pour décorer le chœur de l'église de Saint-Martin-des-Champs. Cette abbaye ayant eu une autre destination, ce tableau est maintenant dans le grand salon qui précède la galerie du Louvre. Il a été gravé par Jean Audran.

Larg., 20 pieds 5 pouces ; haut., 12 pieds.

394.

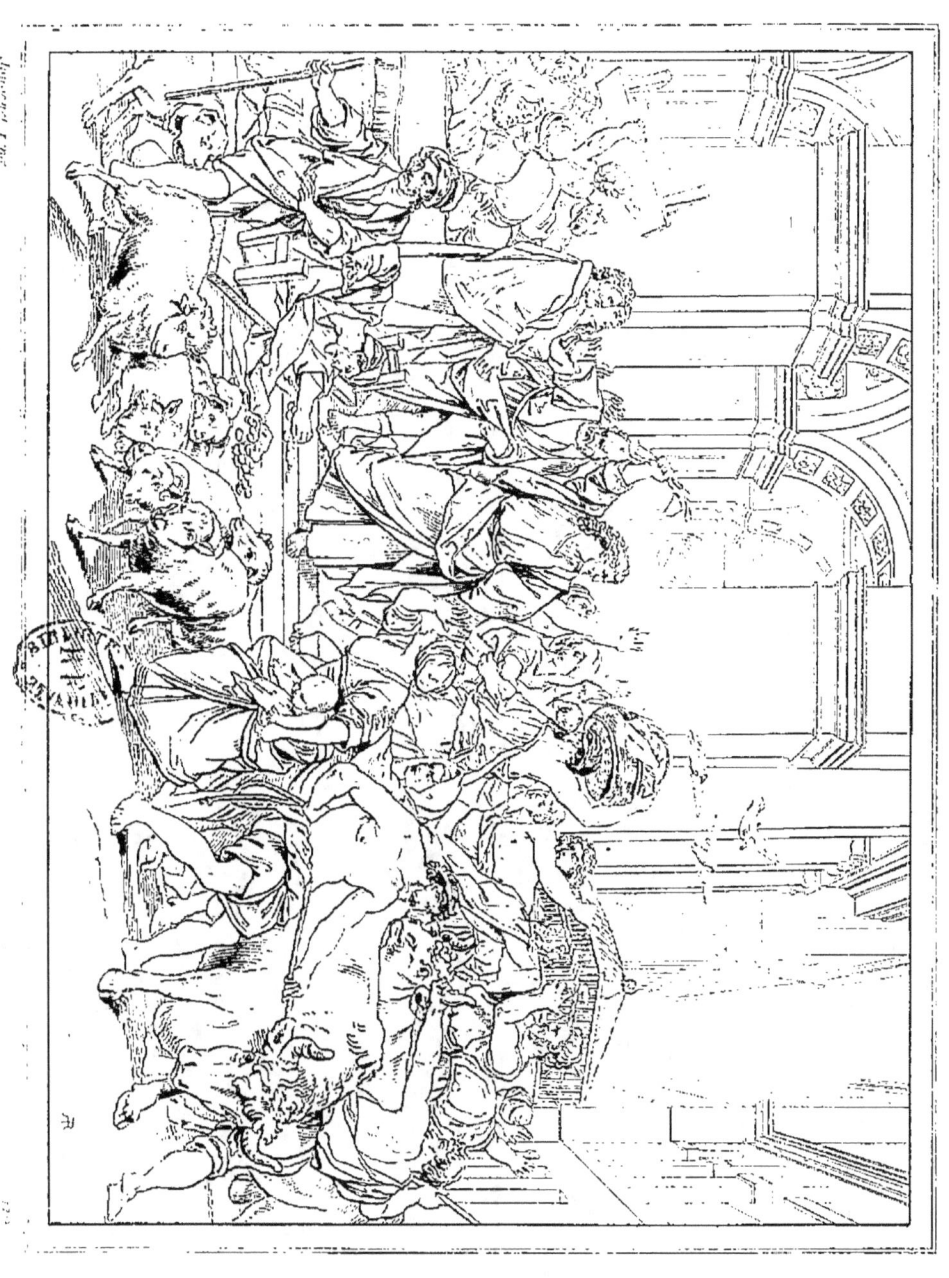

LES VENDEURS

CHASSÉS DU TEMPLE.

Jesus-Christ reprochait souvent aux Juifs de ne pas rendre à Dieu les hommages qui lui sont dus, et de manquer de respect pour le lieu où son culte était établi. Ayant quitté Capharnaüm avec ses disciples, et venant à Jérusalem pour faire la Pâque, « il trouva dans le temple des gens qui y vendaient des bœufs, des brebis, des colombes, et des changeurs qui y étaient assis. Mais ayant fait une espèce de fouet de cordes, il les chassa tous hors du temple avec les brebis et les bœufs, jeta par terre l'argent des changeurs, et renversa leurs tables ; et il dit à ceux qui vendaient des colombes : Otez cela d'ici, et ne faites pas de la maison de mon père une maison de trafic. »

Jouvenet, dans cette composition, a bien représenté les désordres que doit occasionner une telle scène. Ce tableau a été gravé par Jean Audran ; il est un de ceux exécutés pour l'abbaye de Saint-Martin-des-Champs, et fit partie de la première exposition des tableaux des peintres français qui eut lieu en 1699, dans la galerie du Louvre. Lorsque cette suite fut présentée au roi Louis XIV, à Trianon, ce prince en fut si satisfait qu'il ordonna au peintre d'en faire des copies pour servir de modèles à la manufacture des tapisseries de la couronne aux Gobelins. L'artiste fit quelques changemens dans ces répétitions, et deux des tableaux de cette seconde suite sont au Musée de Lyon.

Larg., 21 pieds ; haut., 12 pieds.

410.

THE TRADERS

DRIVEN FROM THE TEMPLE.

Jesus Christ often reproached the Jews with not paying God the homage due to him, and with wanting in respect to the spot where his worship was established. Having left Capernaum with his disciples, and coming to Jerusalem for the Passover, « he found in the temple those that sold oxen and sheep and cows, and the changers of money sitting : and when he had made a scourge of small cords, he drove them all out of the temple, and the sheep, and the oxen; and poured out the changers' money, and overthrew the tables; and said unto them that sold doves, take these things hence; make not my Father's house, an house of merchandise. »

Jouvenet, in this composition, has faithfully represented the confusion that such a scene must have occasioned. This picture has been engraved by John Audran; it is one of the four executed for the Abbey of Saint-Martin-des-Champs, and formed part of the first exhibition of paintings by French artists, which took place in 1699, in the Gallery of the Louvre. When the series was presented to Lewis XIV, at Trianon, they so highly pleased that sovereign that he ordered the artist to make copies of them to serve as models at the Royal Tapestry Manufactory of the Gobelins. The painter introduced some alterations in these duplicates, and two of the pictures of this second series are in the Museum at Lyons.

Width, 22 feet 3 ¾ inches; height, 12 feet 9 inches.

410.

NOTICE

SUR

JEAN-BAPTISTE SANTERRE.

Jean-Baptiste Santerre naquit à Magny, en 1651. Il était encore fort jeune lorsqu'il perdit ses parens, et se trouva sans fortune. Après avoir passé quelque temps chez un peintre médiocre, il entra chez Bon Boulongne, et suivant ses conseils il étudia souvent la nature.

Ayant fait pour la chapelle de Versailles un tableau de Sainte-Thérèse en extase, le Roi en fut si satisfait, qu'il lui commanda un autre tableau représentant sainte Magdeleine. Tout le monde connaît la Suzane au bain, qui fut son tableau de réception à l'Académie, et dont la réputation s'est accrue par la belle gravure qu'en a donnée Porporati. Voy. n°. 52.

Le dessin de Santerre était correcte, et son coloris agréable. Il connaissait bien la perspective et l'anatomie, aimait surtout à peindre des femmes. Il est à regretter que, dans sa dernière maladie, il ait cru satisfaire à un sentiment pieux, en brûlant un grand nombre d'études de cette nature.

Santerre est mort à Paris, en 1717, âgé de 68 ans.

NOTICE

OF

JEAN BAPTISSE SANTERRE.

Jean Baptiste Santerre was born at Magny in 1651, he lost his parents at an early age, and was left without fortune. After having passed some time with a painter of no great merit, he entered the house of Bon Boulongue, and following his advice, he often studied nature.

Having finished a painting of Saint Theresa in ecstasy for the chapel at Versailles, the king was so satisfied with it, that he commanded another of Saint-Magdalen. His Susannah in the bath is well known, and was the picture he painted for his reception at the Academy, the celebrity of which, is increased by the beautiful engraving given of it by Porporati (see n°. 52).

The design of Santerre was correct, and his colouring agreeable, he was well acquainted with perspective and anatomy, and was particularly fond of painting women. It is a circumstance to be regretted that in his last illness yielding to religious sentiments he thought it a point of duty to burn a great many studies of that kind.

Santerre died in Paris in 1717 at the age of 68.

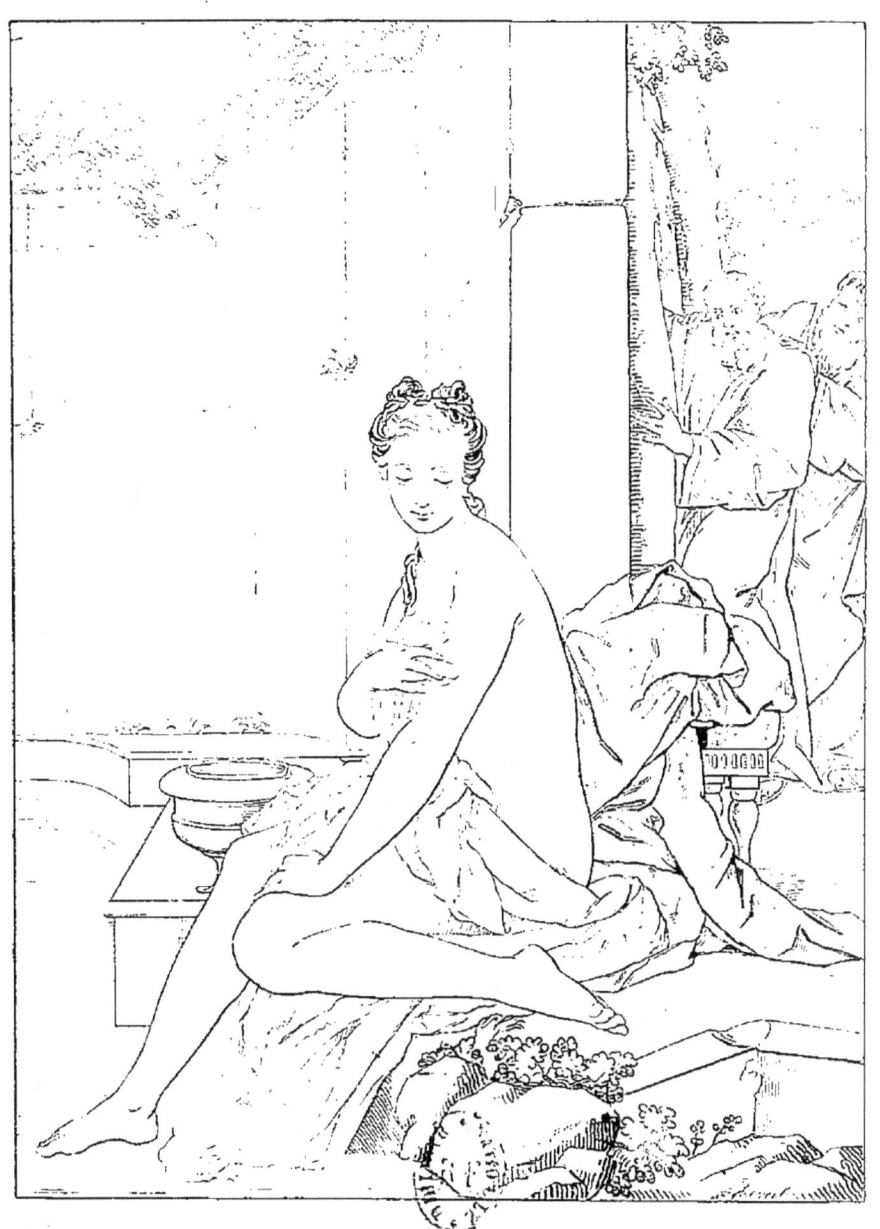

SUZANNE AU BAIN.

SUSANNE AU BAIN.

Chacun se rappelle l'histoire de Susanne, fille de Helcias et femme de Joachim, laquelle était parfaitement belle et craignait Dieu; on sait aussi que, se croyant seule dans le jardin de son mari, elle fut surprise par deux vieillards qui arrivèrent à elle en lui disant : « Les portes du jardin sont fermées, personne ne nous voit, et nous avons de l'affection pour vous; rendez-vous donc à notre désir, et faites ce que nous voulons : si vous ne le voulez pas, nous porterons témoignage contre vous, et nous dirons qu'il y avait un jeune homme avec vous. »

Santerre a suivi le texte de la Bible, et il nous montre Susanne parfaitement belle; il la fait voir allant entrer dans le bain; il nous montre son inquiétude en entendant du bruit, et sa pudeur qui l'engage à se cacher avec le peu de vêtemens qui restent à sa disposition. Les vieillards, avides de la regarder, semblent craindre de l'aborder, et paraissent délibérer sur ce qu'ils vont lui dire.

Santerre concevait lentement et travaillait de même; aussi trouve-t-on peu de tableaux de lui; celui-ci donne une idée favorable de son talent : si le dessin n'a pas toute la pureté de l'antique, on trouve dans la pose une grâce et une naïveté délicieuses; la couleur, sans être des plus brillantes, est suave, et le fini du travail ne nuit en rien à la vérité.

Porporati a fait d'après ce tableau une gravure qui est fort estimée, et qui fut son morceau de réception à l'Académie de Paris, comme le tableau avait été celui du peintre.

Haut., 6 pieds 2 pouces.; larg., 4 pieds 5 pouces.

SUSANNAH AT THE BATH.

The history of Susannah, daughter of Helcias and wife of Joachim, who was beautiful and feared God, is well known; it is also known that, imagining herself alone in her husband's garden, she was surprised by two old men who came to her and said : « Behold the garden doors are shut, that no man can see us, and we are in love with thee; therefore consent unto us, and lie with us. If thou wilt not, we will bear witness against thee that a young man was with thee. »

Santerre has adhered to the text of the scriptures, and represents Susannah in all her charms; he shows her just stepping into the bath, and depicts her alarm on hearing a noise, and her modesty that leads her to cover herself with what garments she has at hand. The old men, gazing at her with eager eyes, seem to dread to accost her, and appear to be consulting on what they shall say.

As Santerre designed and executed slowly, we have very few pictures by him; the present gives us a favourable idea of his talents; if the design has not all the purity of the antique, there is in the attitude a graceful and enchanting simplicity; the colouring, though not very bright, is soft, and the high finish is by no means prejudicial to the truth of the composition.

Porporati took from this picture an engraving which is highly admired, and which led to his reception as a member of the Paris academy, an honour which the painter also derived from his picture.

Height, 6 feet 9 inches; breadth, 4 feet 10 inches.

52.

NOTICE

ANTOINE COYPEL.

Antoine Coypel naquit à Paris en 1661. Élève de son père Noël, il n'avait que onze ans lorsqu'il l'accompagna à Rome où il étudia avec tant de succès, qu'il remporta bientôt le prix, au concours de l'académie de Saint-Luc. Avant de revenir en France, le jeune Coypel alla en Lombardie étudier les grandes compositions de Corrége, et à Venise les brillans ouvrages de Titien et de Paul-Véronèse.

Il n'avait que 18 ans lorsqu'il revint à Paris; cependant il fit deux tableaux pour l'église Notre-Dame de Versailles; l'année suivante il en fit un pour la cathédrale de Paris, et dès 1681 il fut admis à l'Académie.

Nommé peintre du duc d'Orléans, il devint le maître du duc de Chartres, depuis régent, qui avait beaucoup de goût pour les arts, et travailla à une suite de vignettes pour orner les amours de Daphnis et Chloé.

Antoine Coypel, nommé premier peintre du roi, fut chargé, avec Lafosse et Jouvenet, de peindre la voûte de la chapelle de Versailles. Il eut ensuite à peindre quatorze tableaux de l'histoire d'Énée dans la galerie du Palais-Royal.

Une maladie de langueur vint l'assaillir au milieu de sa prospérité, et il mourut en 1722, à l'âge de 61 ans.

NOTICE

OF

ANTOINE COYPEL.

Antoine Coypel was born at Paris in 1661. He was a pupil to his father Noel, and was only eleven years old when he attended him to Rome where he studied so successfully, that in a short time he got the prize at the concourse of the academy of St.-Luc. Before he returned to France, young Coypel went to Lombardy in order to study the grand compositions of Corregio, and at Venice the brilliant works of Titian and Paul Véronèse.

He was only 18 years old when he came back to Paris; however he painted two pictures for the church Notre-Dame (our Lady) of Versailles; on the following year he made one for the cathedral of Paris, and he was even admitted in the academy in 1681.

As he was appointed a painter to the duke of Orleans, he became a master to the duke of Chartres, since a regent, who had a great taste for arts and even made a series of bordering flowers to illustrate the loves of Daphnis and Chloe.

Antoine Coypel being nominated a painter to the king, was entrusted together with Lafosse and Jouvenet with the painting of the arched-roof of the chapel of Versailles. He next painted the history of Enee in fourteen pictures which are in the gallery of the royal palace.

This painter pined away in a lingering sickness which took hold of him in the height of his prosperity, he died in 1722, aged 61.

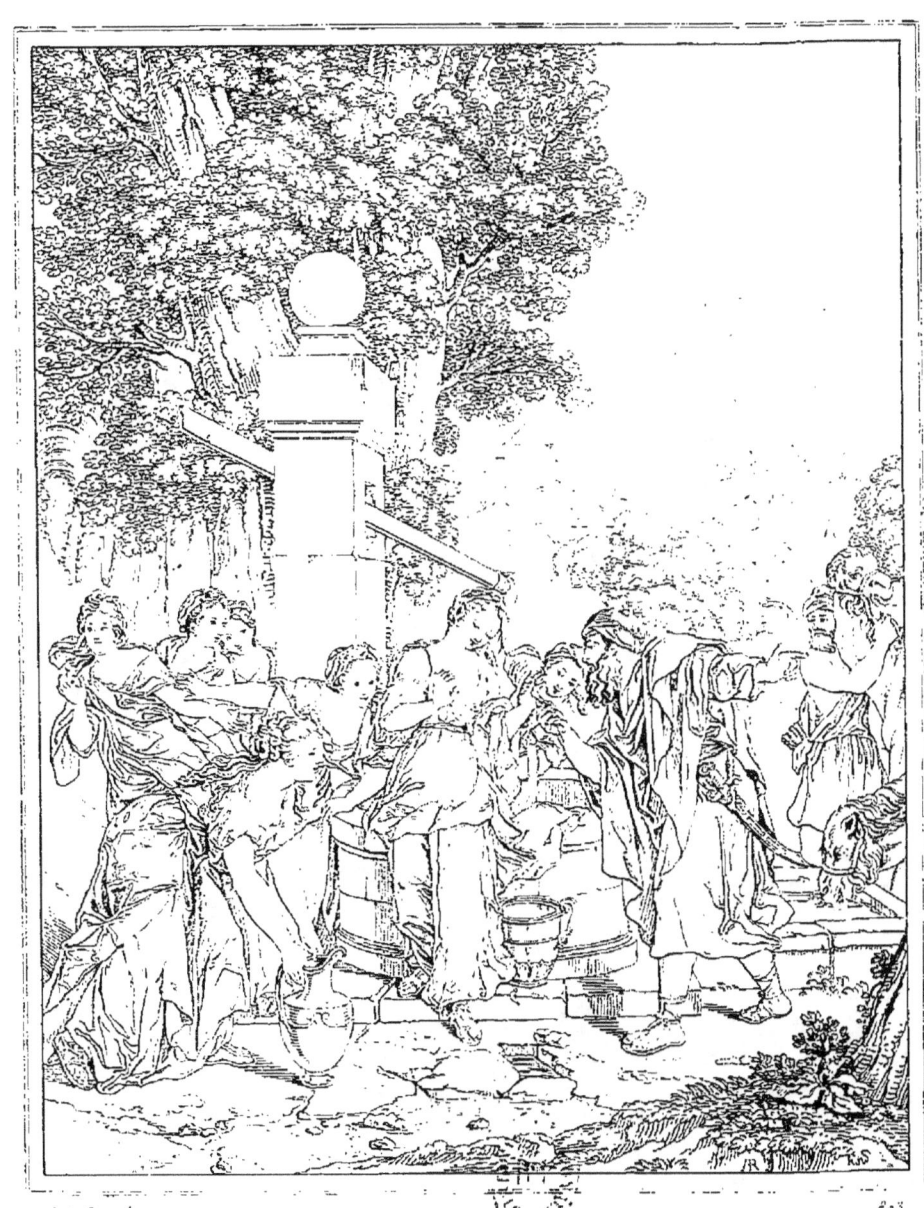

ELIEZER ET REBECCA.

ÉLIÉZER ET RÉBECCA.

Nous avons donné précédemment, sous le n°. 779, le même sujet traité par Nicolas Poussin ; on a pu voir avec quelle sagesse il est composé, et la noble philosophie dont il est empreint. C'était presqu'une témérité de vouloir offrir le même sujet, aussi la comparaison n'est pas à l'avantage d'Antoine Coypel. La figure d'Éliézer est courte, les draperies dont il est revêtu sont lourdes, celles des autres figures n'offrent pas la simplicité que présentent les statues antiques et les peintures de Poussin. Les têtes sont jolies, mais elles ont une expression agaçante, qui tient plus à la coquetterie qu'à la beauté.

Ce tableau, peint par Antoine Coypel, peintre du duc d'Orléans régent, a été long-temps dans les appartements du roi à Versailles, il est maintenant au château de Saint-Cloud, et a été gravé par Pierre-Imbert Drevet.

Haut., 3o pieds 10 pouces ; larg., 3 pieds 3 pouces.

ELIEZER AND REBECCA.

We have already seen , n°. 779, a picture on this subject by Poussin, and remarked the judgment with which it is composed, and the elevated moral character impressed upon it. It was an act of temerity to venture on the same subject, and Coypel's attempt has succeeded as might have been expected : the figure of Eliezer is short, and the drapery heavy ; that of the other figures also , by no means possesses the simplicity admired in the ancient statues, and in Poussin's pictures : the heads are pretty, but rather coquettish than beautiful.

This performance of Antoine Coypel, painter to the Regent, Duke of Orleans, was long in the King's apartments at Versailles , and it is now in the Royal Residence of St. Cloud : it has been engraved by Pierre Imbert Drevet.

Height, 4 feet 1 inch; width, 3 feet five inches.

NOTICE

ANTOINE WATTEAU

Antoine Watteau naquit à Valenciennes en 1684. Son père était couvreur, mais il n'en favorisa pas moins les études de son fils qui montrait du goût pour les beaux-arts. Il étudia sous un peintre décorateur, avec lequel il vint à Paris étant âgé de dix-huit ans. Il débuta par travailler avec son maître aux décorations de l'Opéra ; mais, remercié au bout de quelques mois, il fut réduit à faire pour des marchands de petits tableaux, qu'il donnait pour le prix de 20 francs et même moins. Le peintre Gillot, ayant eu l'occasion de voir quelques-uns de ses ouvrages, le prit chez lui, et l'engagea à concourir pour l'académie. Watteau remporta le prix, et bientôt après il retourna à Valenciennes. Ayant continué à travailler, il revint à Paris après quelques années.

Admis à l'académie en 1720, il jouit alors de la plus haute réputation, et ses tableaux furent recherchés avec la plus grande avidité. Il devint l'artiste à la mode, et sa vogue fut extrême. Il fit alors un voyage en Angleterre, mais la température du pays ne put convenir à sa santé délicate. A peine de retour en France, il alla chez M. Lefebvre, intendant des menus plaisirs, qui avait une maison de campagne à Nogent, près Paris. Il y mourut, en 1721, âgé seulement de trente-sept ans.

En mourant, il légua ses tableaux et ses dessins à quelques amis, qui payèrent ses dettes et firent élever un monument à sa mémoire.

NOTICE

of

ANTOINE WATTEAU.

Antoine Watteau was born at Valenciennes in 1684. Though his father was but a tiler, he did not neglect the studies of his son, who displayed a taste for fine arts. He practised under a decorating painter, with whom he came to Paris at the age of eighteen. He began by working with his master at the decorations of the Opera; but, in a few months was dismissed, which reduced him to paint for print-shops small pictures which he gave for 20 francs and even less. The painter Gillot having an opportunity to see some of his paintings, took him to his house, and engaged him to concur for the Academy. Watteau obtained the prize, and soon after returned to Valenciennes, where after working a few years, he came back to Paris.

Admitted into the Academy in 1720, he enjoyed the highest reputation, and his pictures were greatly sought after; he became the most fashionable painter of his time. He then travelled to England, but the temperature of the country was very hurtful to his weak state of health. Immediately on his return to France, he went to see M. Lefebvre, intendant of the Menus-Plaisirs, who had a country-house at Nogent, near Paris. There he died in 1721, only thirty seven years old.

At his death, he bequeathed his pictures and drawings to some of his friends who paid his debts, and erected a monument to his memory.

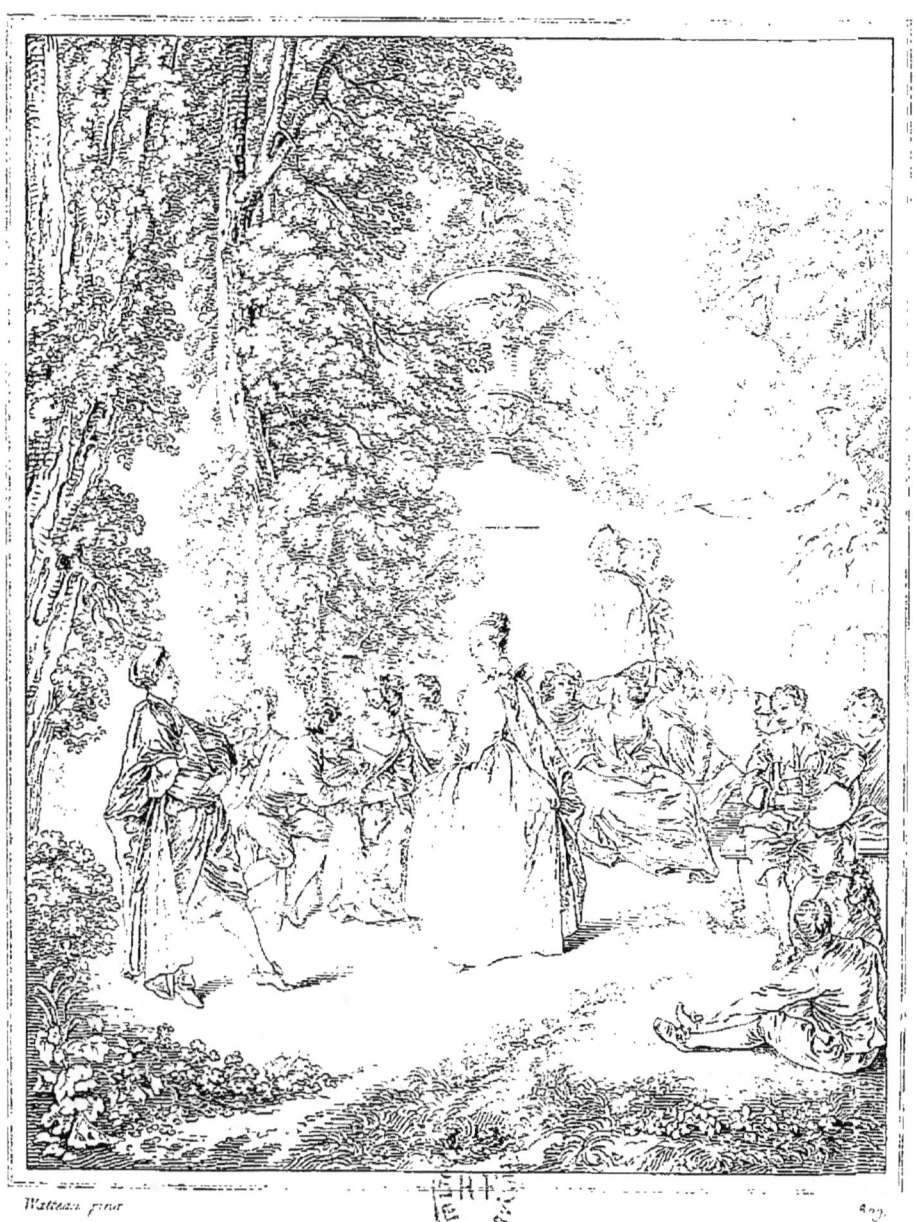

Watteau pinx.   401

FÊTE VÉNITIENNE.

FÊTE VÉNITIENNE.

Après avoir joui d'une vogue extraordinaire, et peut-être au-dessus de leur valeur réelle, les tableaux de Watteau furent non-seulement oubliés pendant long-temps, mais encore en quelque sorte repoussés comme s'ils n'avaient aucun mérite. Depuis quelque temps, voulant faire entrer dans la balance et leurs qualités et leurs défauts, on leur rend enfin justice, en admirant la couleur vigoureuse, le brillant effet, et la finesse d'expression dont ils sont empreints, tout en convenant aussi de la bizarerie des costumes, de la fougue de l'imagination, et de l'abandon avec lequel quelques parties se trouvent traitées.

Ce tableau, peint sur bois, est l'un des plus plus piquants du peintre; toutes les figures sont pétillantes d'esprit, les attitudes pleines de grâce et tout-à-fait exemptes de manière. Le coloris est suave et plein d'harmonie. Il a été gravé par L. Cars, et fait maintenant partie du cabinet de M. Migneron, amateur distingué, dont nous avons mis plusieurs fois la complaisance à contribution, en publiant les tableaux qu'il a bien voulu nous confier.

Haut., 1 pied 9 pouces; larg., 1 pieds 6 pouces.

VENITIAN FESTIVAL.

After enjoying extraordinary, and perhaps exaggerated favour, Watteau's pictures were, for a long time, not only neglected, but contemned as wholly destitute of merit. Of late, they have been more equitably appreciated : their good qualities being weighed with their defects, they are now allowed the praise of vigorous colouring, brilliant effect, and delicate expression; while they are blamed, for the oddity of the costumes, and the ungoverned licence of imagination, with which some parts of them are treated.

The piece here published, which is painted on wood, is one of his most captivating performances; the figures are ingenious and spirited, the attitudes graceful and wholly free from *mannerism*, and the colouring is, in a high degree, soft and harmonious. This picture has been engraved by L. Cars : it now belongs to M. Migneron, a distinguished amateur, to whose complaisance we have already been several times indebted. In the course of this publication.

Height, 1 foot 10 inches; width, 1 foot 7 inches.

NOTICE

SUR

JEAN BAPTISTE SIMON CHARDIN.

Jean-Baptiste-Simon Chardin naquit à Paris en 1699. Son père était menuisier, mais il avait du goût pour le dessin et se connaissait en tableaux. Il vit avec plaisir son fils crayonner tout ce qu'il voyait, et c'est presque sans maître que jeune encore il parvint à rendre, avec une vérité extraordinaire, les objets tels que la nature les lui offrait.

Chardin travaillait avec ardeur et promptitude; son morceau de réception à l'Académie en donna une preuve, puisque, au milieu de débris de comestibles, il avait placé une raie de deux pieds de diamètre, qu'il termina dans un seul jour, assurant que ce poisson avait été mangé frais dans sa famille.

Chardin ne fit jamais que de petits tableaux représentant des scènes familières, où se trouve une représentation exacte des costumes de l'époque où il vivait. Ses figures sont remplies de naïveté, son coloris des plus vrais, jusque dans les accessoires.

Chardin mourut en 1779, à l'âge de quatre-vingt un ans, des suites d'une maladie de vessie dont il souffrait depuis long-temps.

NOTICE

OF

JEAN-BAPTISTE-SIMON CHARDIN.

Jean-Baptiste-Simon Chardin was born at Paris in 1699. His father was a joiner, but he had a taste for drawing and was a connoisseur of pictures. He was delighted at his son's penciling whatever he saw, and though yet very young and almost without the lessons of any master he became learned enough to give a true extraordinary style to the object which nature set in his view.

Chardin worked with ardour and celerity; his piece of reception at the Academy proved it, for amidst some remains of eatables he had placed a thorn-back two feet in diameter which he finished in a single day, asserting that this fish had been eaten fresh in his family.

Chardin has only made small pictures describing familiar scenes, which display an exact representation of the customs of the epoch he lived in. His figures are full of ingenuity, his coloring of the truest kind even in the accessory.

Chardin died in 1779, 81 years old, of a disease proceeding from the bladder, and by which he had long suffered.

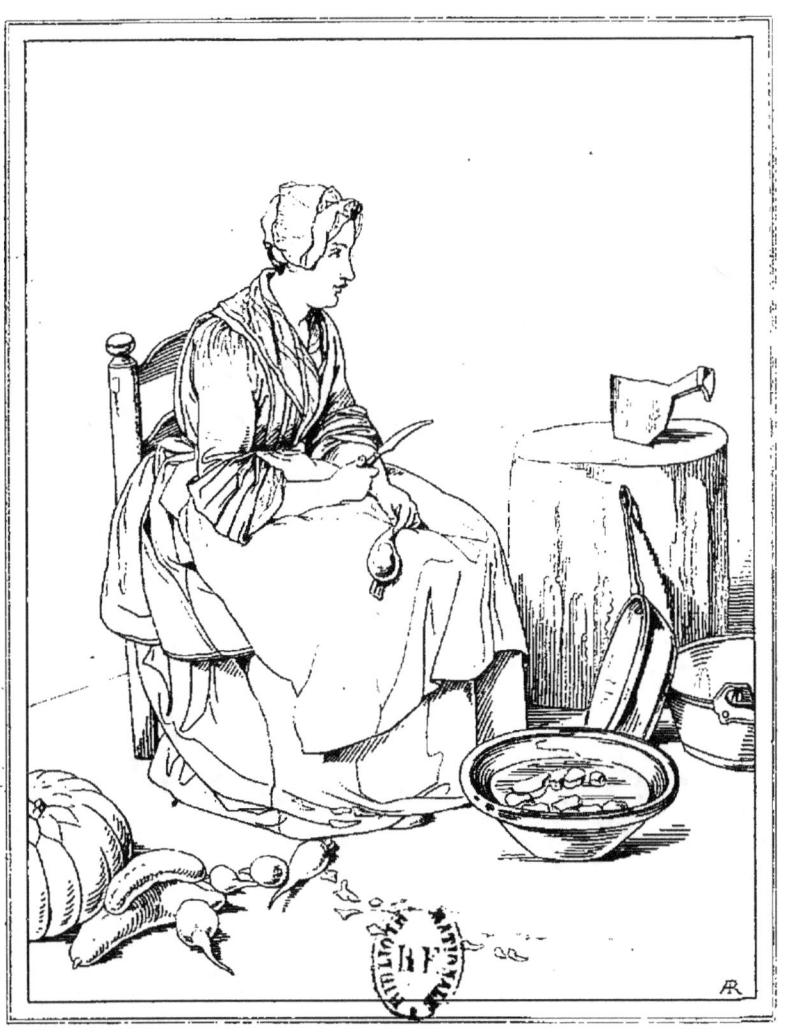

UNE CUISINIÈRE.

UNE CUISINIÈRE.

Tandis que pendant le XVIIIe. siècle tous les peintres de l'École Française semblaient oublier la nature et s'en éloigner, Chardin seul sut en être l'imitateur fidèle, soit en représentant des objets inanimés, soit en traçant sur la toile quelques scènes familières. Il est assez singulier que Hogarth, vivant à la même époque que Chardin, n'ait parlé de lui en aucune manière, dans ses observations sur la peinture, et qu'il ait dit que l'École Française n'avait pas même un coloriste médiocre.

Le peintre a placé ici une cuisinière interrompant son travail pour regarder attentivement un objet que le spectateur ne peut apercevoir. Tous les détails sont rendus avec la plus exacte vérité. Les vêtemens sont ceux que l'on portait habituellement à l'époque où vivait le peintre.

Ce petit tableau est maintenant au palais de Schleissheim; il a été lithographié par Wolfgand Flachenecker.

Haut., 1 pied 5 pouces ; larg., 1 pied 2 pouces.

A COOK-MAID.

In the XVIIIth. century, when the whole French School appeared to have lost sight of nature, Chardin continued to imitate it with fidelity, both in his representations of inanimate objects, and in his scenes of familiar life. It is singular that his contemporary, Hogarth, should not have mentioned him in his Observations on Painting; and should have asserted that the French School could not boast of even a middling colourist.

The artist has here represented a cook-maid interrupting her work to look steadfastly at some object, that is not perceived by the spectator. The details are all of the exactest truth, and the dress is the one commonly worn at that day.

This little piece is in the palace of Schleissheim, and has been lithographied by W. Flachnecker.

Height, 1 foot 6 inches; width, 1 foot 3 inches.

NOTICE

SUR

PIERRE SUBLEYRAS.

Pierre Subleyras naquit en 1699, à Uzès. Son père était un peintre médiocre, et c'est lui qui lui donna les premières leçons de son art; mais, sentant bientôt qu'il n'était plus capable de lui rien apprendre, il l'envoya à Toulouse chez Antoine Rivalz. Subleyras avait 25 ans lorsqu'il vint à Paris, où deux années d'études le mirent dans le cas de remporter le grand prix de peinture en 1726. Il resta ensuite assez long-temps à Rome, et y épousa, en 1739, Marie-Félicie Tibaldi, qui peignait la miniature, et dont la sœur avait épousé Charles Tremollière, aussi peintre français.

Subleyras fut reçu à l'académie de Saint-Luc, et aussi à celle des Arcades, dans laquelle, selon l'usage, il reçut le nom de *Protogène*. Son morceau de réception dans cette académie fut l'esquisse du tableau représentant Jésus-Christ à table chez le Pharisien. Il fit aussi plusieurs tableaux pour le pape, et eut même l'avantage, accordé rarement à des étrangers d'en faire, pour l'église de Saint-Pierre, un qui fut terminé en 1745, à son retour de Naples.

Subleyras, d'une santé faible, mourut en 1749, laissant quatres enfans fort jeunes, avec une fortune médiocre.

NOTICE

OF

PETER SUBLEYRAS.

Peter Subleyras was born in 1699, at Uzès. His father gave him his first lessons, being himself but a middling painter, he was soon sensible of being no longer able of teaching his son, and therefore sent him to Antony Rivalz, at Toulouse. Subleyras was 25 years old when he came to Paris, where two years practising enable him to get the first prize of painting in 1726.

Subleyras staid very long at Rome, and there married in 1739, Mary-Felicie Tibaldi, who painted miniature, and whose sister had married Charles Tremollière, also a french painter.

Subleyras was received at the academy of Saint-Luc, and at that of the Arcades, where according to custom, he took the name of *Protogène*. His piece of reception for the academy of Saint-Luc, was sketched from a picture exhibiting Jésus-Christ at table at the Pharisian. He also performed several pictures for the pope, and even had the advantage, very seldom granted to foreigners, of painting one for Saint-Peter's church, which was finished in 1745 on his return from Naples.

Subleyras enjoyed a poor state of health, he died in 1749, leaving behind him four very young children with a small fortune.

REPAS DE JESUS CHRIST CHEZ SIMON

Subleyras pinx.

797

REPAS DE JÉSUS-CHRIST CHEZ SIMON.

Le même sujet a été donné sous les n°s. 406 et 662 ; nous n'avons donc pas lieu de revenir sur ce que nous avons dit alors relativement à cette action de Jésus-Christ, mais nous ajouterons que ce repas eut lieu le jour où le fils de la veuve de Naïm venait d'être ressuscité. On comprend alors les motifs que pouvaient avoir des Juifs, de fêter ainsi celui qui opérait des miracles en leur faveur, quoique cependant il se fût souvent montré opposé à leur croyance.

Parmi les personnages qui, dans l'Évangile et dans l'Histoire des Juifs, portaient le nom de Simon, celui-ci est désigné par l'épithète de Simon le Pharisien.

Subleyras, qui était allé à Rome en 1728, fit ce tableau peu de temps après son arrivée, pour les chanoines de Saint-Jean de Latran, dans la ville d'Asti, en Piémont. Il est maintenant au Musée de Paris, ainsi que la petite esquisse qui lui avait servi de morceau de réception pour l'académie de Saint-Luc.

Il en existe une gravure à l'eau-forte faite par le peintre lui-même, à Rome ; elle ne fut tirée par l'auteur, qu'à un très-petit nombre. En 1787, on en fit de nouveau tirer cent épreuves.

Larg., 20 pieds ; haut., 6 pieds 6 pouces.

CHRIST SITTING AT MEAT

IN THE HOUSE OF SIMON.

This is the same subject as n°s. 406, and 662 : it is un-necessary to repeat what was there said, of this passage in the life of Christ; we shall merely add, that the repast took place on the day on which the widow of Nain's son was raised from the dead ; which sufficiently explains the conduct of the Jews , in feasting one who wrought miracles in their behalf, though he often opposed their creed.

Among the persons who, in the gospel, and in Jewish history, are called Simon, the one here in question is dis-tinguished by the epithet of Simon the Pharisee.

Subleyras went to Rome in 1728, and painted this picture soon after his arrival, for the chapter of St. John de La-teran, of Asti in Piedmont. It is now in the Paris Museum, together with the small sketch, which served for his reception by the Academy of St. Luke.

An etching of this picture was made by the author himself, at Rome; but he printed only a small number of proofs; a hundred additional copies were struck off in 1787.

Width 21 feet 3 inches; height 6 feet 10 inches.

NOTICE

SUR

FRANÇOIS BOUCHER.

François Boucher naquit à Paris en 1704 ; élève de Le Moine, il alla en Italie en 1727. Jamais peintre, dit Watelet, n'a plus abusé de dispositions brillantes et d'une extrême facilité ; jamais artiste n'a témoigné plus ouvertement son mépris pour la vraie beauté, telle qu'elle nous est offerte par la nature, telle qu'elle a été sentie et exprimée par les statuaires de l'ancienne Grèce et par Raphaël. Jamais artiste n'a excité un engouement plus général, dont il a su profiter pour faire une fortune considérable. On trouve dans ses ouvrages des groupes pleins de goût et de grâce ; mais ses figures sont maniérées. Ses bergères ne sont que des minaudières ; ses bergers manquent d'expression, ou en font paraître de ridicules. Ces bergers sont peut-être amoureux, mais certes ils ne disent pas : Je t'aime.

Boucher a fait des paysages, et aussi sans consulter la nature ; il est maniéré dans son feuillé comme dans sa couleur. Il fit aussi des décorations, surtout pour le théâtre de l'Opéra. La mode l'entraîna à tout faire, les dessus de portes comme les plafonds, les grands tableaux d'histoire, et les modèles pour la manufacture de tapisserie de Beauvais. Il peignit aussi des scènes galantes sur les portières des voitures, et fit jusqu'à des pantins.

Boucher aimait le plaisir, il avait des manières attrayantes, aussi fut-il très-recherché dans la société : cependant ses nombreuses connaissances ne l'empêchèrent pas d'être un artiste des plus laborieux. Il fit une quantité énorme de peintures, et ses dessins passèrent le nombre de dix mille. Il a gravé à l'eau-forte plusieurs pièces de son invention.

François Boucher mourut à Paris en 1760.

NOTICE

OF

FRANÇOIS BOUCHER.

Francois Boucher born at Paris in 1704 was a pupil of Lemoine, he went into Italy in 1727. There never was, says Watelet, a painter who made such a bade use of his brilliant dispositions and extreme facility, shewing openly his great contempt for true beauty such as is represented by nature, and such as is felt and expressed by the statuaries of ancient Greece and by Raphael. No artist has ever excited a more general infatuation, which he availed himself of to make a considerable fortune. There are in his works groups full of taste and grace ; but his figures are affected. His shepherdesses are nothing but prims ; his shepherds short of expression, or show ridiculous ones, perhaps they are in love, but most certainly, they don't say : I love thee.

Boucher has made landscapes without consulting nature ; he is as affected in his leaf as in his colour, he has also made decorations, above all for the opera house. Fashion prompted him to undertake every thing, the tops of the doors and the ceilings, great historical pictures, as also patterns for the carpet manufactory of Beauvais. He likewise painted on the pannel-doors of carriages gallant scenes, and even made puppets.

Boucher was very fond of pleasure, he had a very attractive manner which caused him to be greatly beloved in company : however his numerous acquaintances were no hindrance to his being a most laborious artist. He made a vast quantity of paintings, and his drawings were above the number of ten thousand. He has etched several pieces of his own invention.

François Boucher died at Paris in 1760.

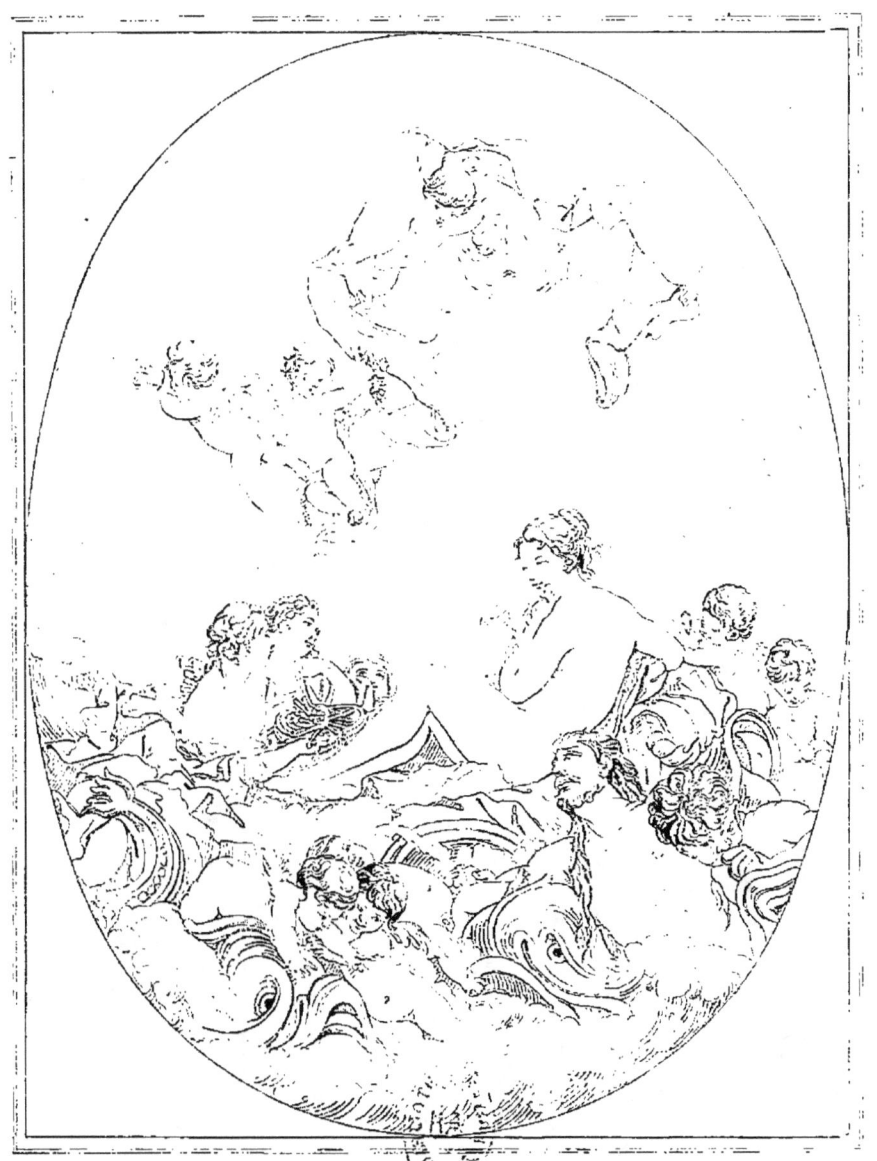

Fr Boucher pinx

NAISSANCE DE VÉNUS

NAISSANCE DE VÉNUS.

Suivant Dioné Jupiter était le père de Vénus; mais on adopte plus généralement l'opinion d'Hésiode, qui rapporte que sa formation fut le résultat de l'écume de la mer. Elle sortit donc de l'élément humide, resplendissante de beauté. Aussitôt après sa naissance les Heures s'empressèrent autour d'elle, une coquille lui servit de char, et elle fût conduite en triomphe dans l'île de Chypre, par des Tritons et des Amours.

Un tel sujet convenait bien au peintre Boucher, qui de son vivant fut appelé le peintre des Grâces : ses ouvrages furent alors portés aux nues, son talent paraissait au-dessus de tout éloge. Un demi-siècle après, l'opinion était bien changée, et les ouvrages de Boucher semblaient aux yeux des artistes n'avoir aucun espèce de mérite; mais, avant que le siècle se fût entièrement écoulé, on changea encore de manière de voir, et, sans adopter les jugemens des contemporains de Boucher, on sentit que ses détracteurs avaient été trop loin, et qu'en blâmant avec raison l'incorrection de son dessin, la minauderie de ses têtes, et son coloris blafard, on devait au moins convenir que ses compositions étaient toujours remplies de charme, et la pose de ses figures pleine de grâce.

Le tableau de la naissance de Vénus a été gravé par I. Daullé et par Claude Duflos.

BIRTH OF VENUS.

Jupiter (according to Dion) was the father of Venus, but the opinion of Hesiod is more generally believed , who asserts , that she was formed from the froth of the sea ; issuing from the humid element resplendant in beauty. Immediately after her birth , the Hours pressed round her , she used a shell for a car , and she was conducted in triumph to the island of Cyprus by Tritons and Cupids.

Such a subject as this, exactly suited the painter Boucher, who in his lifetime was called the Painter of the Graces ; his works were then highly extolled, and his talent appeared above all praise. Fifty years afterwards, the public opinion was greatly altered, and the performances of Boucher, seemed to possess no merit whatever, in the eyes of the artists. However, before a century had expired, another change took place , and without adopting the judgment of his cotemporaries, they perceived that the calumniators of Boucher had gone too far, that justly blaming the incorrectness of his outline , the affectation of his heads, and the wanness of his colouring , they ought at least to have allowed that his compositions were delightful , and that the position of his figures were full of grace.

The picture of the birth of Venus has been engraved by J. Daullè and by Claude Duflos.

NOTICE

SUR

CHARLES VANLOO.

Charles Vanloo naquit à Nice en 1705; il est ordinairement désigné sous le nom de Carle Vanloo. Il n'avait qu'un
an, lorsqu'au siége de Nice une bombe traversa toute la maison et enfonça la cave dans laquelle on avait cru le mettre
en sûreté. Son berceau fut entièrement détruit par le terrible
projectile; mais on s'aperçut que, par un hasard aussi heureux qu'inattendu, son frère, un instant avant, l'avait em-
porté dans un autre endroit.

Ce même frère ayant été envoyé à Rome par le prince de
Carignan, Carle Vanloo l'accompagna, et tous deux entrèrent
chez Benoît Lutti, qui se plut à cultiver leurs dispositions.
Carle Vanloo cependant, ayant fait la connaissance du sta-
tuaire Legros, était prêt à abandonner le pinceau, lorsqu'en
1719 la mort de cet artiste le ramena à ses premières études.

Le désir de gagner quelque argent engagea Vanloo à peindre des décorations de théâtre, ensuite il fit des portraits, puis
restaura les nombreuses peintures du palais de Fontainebleau.

En 1727 il retourna à Rome, et bientôt remporta le prix
donné par l'académie de Saint-Luc. L'Apothéose de saint
Isidore qu'il fit pour une église de Rome, un saint François
et une sainte Marthe pour les cordeliers de Tarascon, lui
attirèrent l'estime des connaisseurs et la protection du cardinal de Polignac. Le pape le créa chevalier. Il fut ensuite appelé à la cour de Turin, et revint à Paris avec une réputation qu'il ne conserva pas long-temps après sa mort, à cause
de l'incorrection de son dessin.

Vers 1730 il épousa la fille du musicien Sommis, et mourut à Paris en 1765.

NOTICE

OF

CHARLES VANLOO.

Charles Vanloo born at Nice in 1705 is commonly designed by the name of Carle Vanloo. He was only one year old,
when at the siege of Nice a bomb pierced through the house
and sank the cellar in which he was laid, thinking it to be a
place of safety. His cradle was wholly destroyed by the dreadful projectile; but it was perceived by as lucky as unexpected
a chance, that his brother had a moment before carried him
to another spot. This self same brother having been sent to
Rome by the prince of Carignan, Carle Vanloo attended
him, and they both entered the house of Benoit Lutti, who
took great delight in cultivating their propensions. Carle
Vanloo having got acquainted with the statuary Legros, was
very near forsaking the pencil, when the death of this artist
in 1719 caused him to pursue his former studies.

The desire of getting money prompted Carle Vanloo to
paint theatrical sceneries, afterwards he made some portraits,
and restored a great number of paintings at Fontainebleau's
palace.

In 1727 he returned to Rome, and very soon got the
prize given by the academy of Saint-Luc. The apotheosis of
Saint-Isidore which he painted for a church in Rome, a
Saint-François and a Saint Marthe for the cordeliers of Tarascon, drew on him the esteem of connaisseurs and the
protection of cardinal Polignac. The pope created him a
knight. After which he was invited to the court of Turin
and returned to Paris with a fame which he did not long
preserve after his death, on account of the incorrectness of
his design.

About 1730 he married the daughter of the musician
Soumis, and died at Paris in 1765.

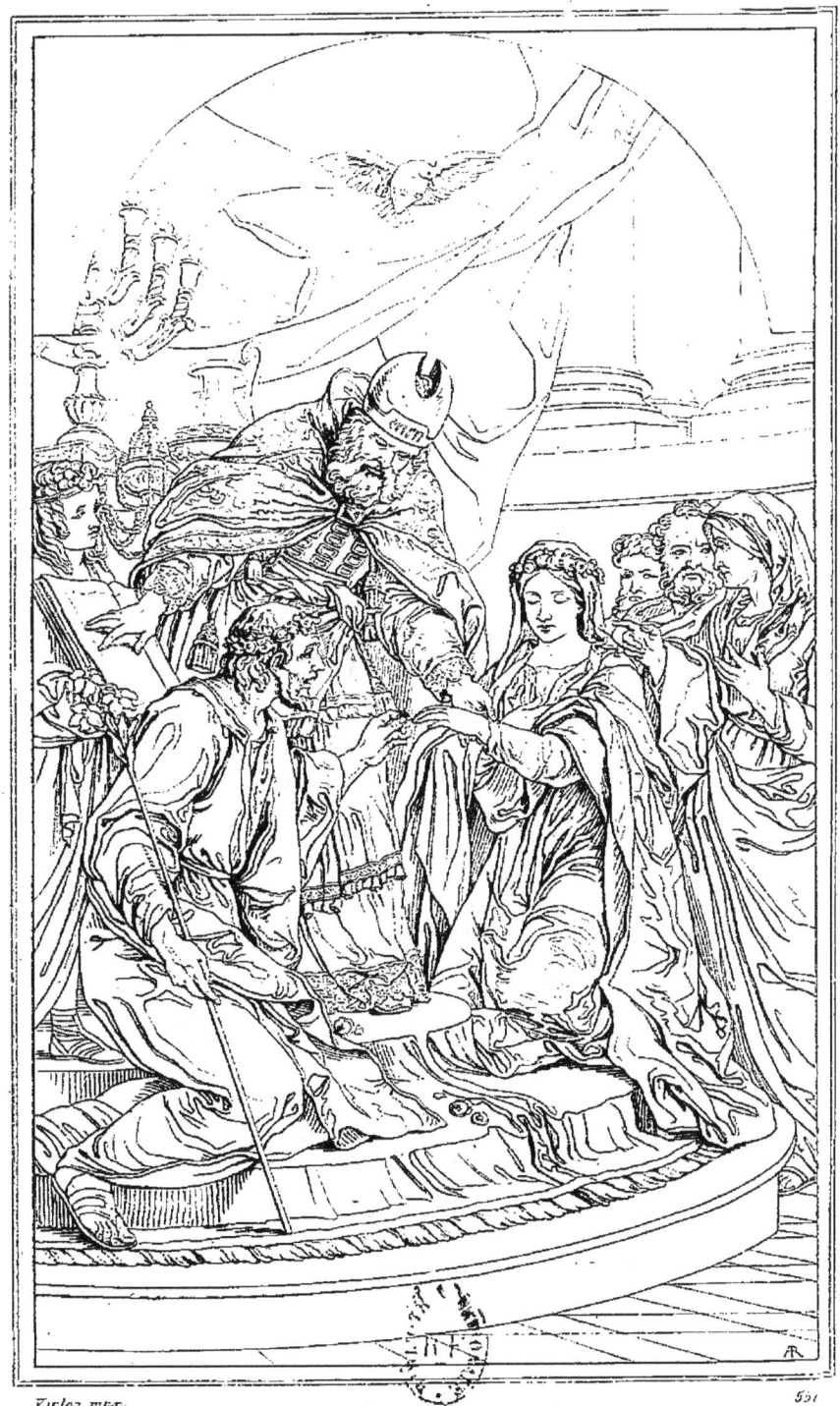

MARIAGE DE LA VIERGE

MARIAGE DE LA VIERGE.

Le nom de Vanloo est d'autant plus connu , que plusieurs membres de cette nombreuse famille se distinguèrent dans les arts, et qu'ils jouirent de leur vivant d'une assez brillante réputation. Charles-André Vanloo, plus souvent désigné sous le nom de Carle Vanloo, est le plus habile d'entre eux. Malheureusement, à l'époque où il vivait, le goût de l'école et celui du public l'entraînèrent dans une telle incorrection de dessin, que , malgré le génie habituel de ses compositions et la vigueur que l'on trouve généralement dans sa couleur, son nom est devenu un sarcasme.

On ne peut, il est vrai, se dissimuler que le dessin de ce peintre est bien loin de la nature qu'il croyait représenter ; mais il est nécessaire de dire qu'il est arrivé à ce fâcheux degré d'abaissement en regardant l'étude de l'antique comme tout-à-fait inutile.

Le mariage de la Vierge est un fait dont on ne trouve aucun détail dans les auteurs sacrés ; le peintre a donc pu se livrer entièrement à son imagination , mais il est à regretter que les costumes soient si peu exacts. La tête de la Vierge est bien , mais celle de saint Joseph présente quelque chose de comique ou de niais que l'auteur aurait dû éviter.

Ce tableau est d'une bonne couleur. Il passa du cabinet de M. Roudou de Boisset dans celui de M. de Tolosan. Acheté à la vente de ce dernier en 1801 , il fut payé 4,000 francs. On le voit maintenant dans la grande galerie du Louvre.

C. Dupuis a gravé ce tableau du vivant de l'auteur ; il l'a été depuis sa mort par Bovinet et par C. Normant.

Haut., 1 pied 11 pouces ; larg., 1 pied 1 pouce.

THE MARRIAGE OF THE VIRGIN.

The name of Vanloo is the better known as several members of that numerous family have distinguished themselves in the Arts, and enjoyed during their lives a considerable reputation. Charles Andrew Vanloo, more generally known by the name of Carle Vanloo, was the most skilful amongst them. Unfortunately, in his time, the taste of the School and of the Public led him into such a want of correctness in drawing, that, notwithstanding the usual genius o his compositions and the vigour generally found in his colouring, his name has become a term of ridicule.

It certainly cannot be disguised that this painter's designing is very far from nature, which he thought he was representing; but it is necessary to say that he fell into this wretched and degraded state from considering the study of the antique as quite useless.

The marriage of the Virgin is a fact, of which no details are found in the sacred authors; th painter has therefore been able to yield wholly to his imagination, but it is to be regretted that the costumes are very inexact. The Virgin's head is well, but St. Joseph's has something comical or silly, which the author might have avoided.

The colouring of this picture is good. It went from M. de Juliesne's Collection to M. de Tolosan : it was purchased at the sale of the latter in 1801 for 4,000 fr. or L. 1,600 and is now in the grand Gallery of the Louvre.

C. Dupuis engraved this picture in the life time of the author; and since his death it has been re-engraved by Bovinet and C. Normant.

Width, 14 ½ inches; height, 13 ¼ inches.

www.ingramcontent.com/pod-product-compliance
Lightning Source LLC
Chambersburg PA
CBHW051350220526
45469CB00001B/187